Leo Linder
Das stürmische Mädchen

Leo Linder

Das stürmische Mädchen

Die Abenteuer der Jeanne d'Arc

ELEFANTEN
PRESS

ELEFANTEN PRESS

Herausgegeben von Marion Schweizer

Umwelthinweis:
Dieses Buch wurde auf chlorfrei gebleichtem Papier gedruckt.

Gesetzt nach den Regeln der Rechtschreibreform

1. Auflage 2001
Das Programm Elefanten Press erscheint
im C. Bertelsmann Jugendbuch Verlag
© 2001 C. Bertelsmann Jugendbuch Verlag, München
in der Verlagsgruppe Bertelsmann GmbH
Alle Rechte vorbehalten
Lektorat: Marion Schweizer
Umschlagkonzeption: Atelier Langenfass, Ismaning
Umschlagillustration: Christine Skobranek, Fronreute
Gestaltung, Satz, Lithographie: Agentur Marina Siegemund
Druck: GGP Media, Pößneck
ISBN 3-570-14605-7
Printed in Germany
http://www.elefantenpress.de

Für Carlo Santachiara

Jeannes Geschichte
ist eine wahre Geschichte. Sie hat sich tatsächlich er-
eignet, in Frankreich, so wie sie hier erzählt wird. Die
Personen, die darin auftreten, haben also wirklich
gelebt, und zwar vor fast sechshundert Jahren. Und
natürlich sind auch die Dörfer, Städte und Flüsse in
dieser Geschichte real. Die wichtigsten Personen und
Orte der Handlung werden hier vorgestellt. Ausspra-
chehilfen stehen in Klammern, wobei stimmhafte Laute kursiv gesetzt sind. Eine Karte findet sich am Ende
des Buchs.
Alençon (Alanßon)
ist Jeannes schöner Herzog und liebster Mitstreiter.
Aulon (Olòng)
ist Jeannes Leibwächter und Vertrauter.
Baudricourt (Bodrikùr)
ist Stadthauptmann von Vaucouleurs
Herr und Frau Boucher (Buschèe)
sind Schatzmeister und Jeannes Gastgeber in Orléans.
Cauchon (Koschòn)
ist Jeannes Richter.
Courcelles (Kurßèll)
ist Professor in Paris und ebenfalls einer von Jeannes
Richtern.
Dunois (Dünoà)
ist Graf und Heerführer, nach anfänglichen Schwie-
rigkeiten dann auch ein Freund von Jeanne.
Fourier (Furièe)
ist Priester in Vaucouleurs.
Gilles de Rais (*Sch*ill de Rä)
ist Musikliebhaber, Mitstreiter und verrücktester
Freund von Jeanne.

7

Hauviette (Owiett)
ist Jeannes beste Freundin in Domrémy.

Jacques d'Arc (*Sch*ack Dark)
ist Jeannes Vater und Bürgermeister von Domrémy.

Jean d'Arc (*Sch*ang Dark)
ist Jeannes zweitältester Bruder.

Jean de Metz (*Sch*ang dö Metz)
ist ein Spaßvogel und Jeanne sehr zugetan.

Jeanne d'Arc (*Sch*ann Dark)
ist die Heldin der Geschichte.

La Hire (La Ihr)
ist der Schrecken aller Engländer und
ein großer Freund von Jeanne.

Louis (Lui)
ist Jeannes Page und Bannerträger.

Pierre d'Arc (Piär Dark)
ist Jeannes ältester und liebster Bruder.

Trémoille (Tremoi)
ist Kanzler von Frankreich und kein Freund
von Jeanne.

Auxerre (Oxär)
ist eine mittelgroße Stadt in burgundischer Hand,
gar nicht weit von Domrémy.

Blois (Bloà)
ist die letzte freie Stadt vor Orléans, wo sich
das französische Heer sammelt.

Chinon (Schinong)
ist eine kleine Stadt mit dem Lieblingsschloss
des Königs.

Domrémy (Domremi)
ist Jeannes Heimatdorf.

Gien (*Sch*ien)
ist eine Stadt an der Loire mit einem Schloss.
Greux (Grö)
ist ein Nachbardorf von Domrémy.
Loches (Losch)
ist eine kleine Stadt mit einem großen Schloss.
Neufchâteau (Nöfschatò)
ist eine kleine Stadt mit fester Stadtmauer,
unweit von Domrémy.
Orléans (Orleang)
ist die zweitgrößte Stadt Frankreichs an der Loire
und wird von den Engländern belagert.
Rouen (Ruong)
ist eine große Stadt an der Seine und Hauptstützpunkt der Engländer in Frankreich.
Tours (Tuhr)
ist eine große Stadt an der Loire.
Troyes (Troà)
ist eine Stadt auf dem Weg von Gien nach Reims.
Vaucouleurs (Wokulör)
ist eine stark befestigte Stadt in der Nähe
von Domrémy.
Die **Loire** (Loàr)
ist der längste Fluss Frankreichs und bildet die
Grenze zwischen dem freien Frankreich und dem
englisch besetzten Gebiet.
Die **Seine** (Sän)
ist ein großer Fluss, der durch Paris und Rouen fließt.
Die **Vienne** (Wiänn)
ist ein Nebenfluss der Loire, sie fließt an Chinon
vorbei.

1. Kapitel

Jeanne erhält ein Angebot,
das anderen Mädchen wohl
nicht gemacht würde.

Jeanne warf die langstielige Hacke weg, mit der sie seit einer halben Stunde auf das Gartenbeet hinter dem Haus ihrer Eltern eingedroschen hatte, ließ sich auf die lockere, schwarzbraune Erde fallen und haderte ein wenig mit ihrem Schicksal.

Was gab es zu hadern? Eigentlich nichts. Endlich fühlte sie sich einmal frei und unbeobachtet. Ihr Vater war auf dem Feld und pflügte mit den Ochsen, ihre zwei Brüder waren mitgegangen – obwohl es beim Pflügen nicht viel zu helfen gab –, ihre Schwester war in der Stadt und ihre Mutter mal wieder auf Wallfahrt in Südfrankreich. Für ihre Mutter gab es nichts Schöneres, als sich zusammen mit tausend anderen Menschen auf blutigen Knien die Treppenstufen von Wallfahrtskirchen hochzuquälen und sich von einer hysterisch stöhnenden Menschenmenge vor einem Altar halb tot quetschen zu lassen, bloß um einen kurzen Blick auf eine Marienstatue zu werfen, bevor sie in dem mörderischen Gedränge weitergestoßen wurde. Jedenfalls kam sie regelmäßig mit aufgeschürften Knien, zwei oder drei angeknacksten Rippen und einem seligen Lächeln von solchen Reisen zurück.

Eigentlich alles wunderbar. Jeanne schloss die Augen.

Die Frühlingsluft war mild und frisch und in den blühenden Obstbäumen zwitscherten die Vögel. Trotzdem war Jeanne in der Stimmung, ein wenig mit ihrem Schicksal zu hadern. Erstens wegen ihrer Sommersprossen. Und dann, seit einem Jahr, seit sie zwölf geworden war, mochte sie ihren Namen nicht mehr – diesen Dutzendnamen, diesen Allerweltsnamen: Jeanne! Halb Frankreich hieß Jeanne, soweit es die Frauen betraf. Und was die Männer betraf, so hieß halb Frankreich Jean. Allein in ihrem Dorf, in Domrémy, gab es in jeder der dreißig Familien mindestens eine Jeanne. Und mindestens einen Jean. Ihr eigener Bruder, der zweitälteste – selbst der hieß Jean. Und jedes Mal, wenn im Dorf von einer dieser zahllosen Jeannes die Rede war, hieß es: Jeanne? Welche Jeanne denn bitte? Wenn doch nur einmal einer antworten würde: Jeanne? Du meinst bestimmt Jeanne Darc, die Tochter des Bürgermeisters?! Denn das war sie – Jeanne Darc, die Tochter des Bürgermeisters.
Aber nein, hier waren alle gleich, in Domrémy, diesem Kaff. Und seine 213 Einwohner störte es nicht im Geringsten, dass es bei ihnen von Jeannes und Jeans nur so wimmelte. Nichts als Bauern und Handwerker. Nicht einmal Knechte gab es hier, nicht einmal Mägde. Dafür eine Unmenge rotznäsiger Kinder, die an Stelle von Knechten und Mägden ihren Eltern bei der Arbeit helfen mussten, sobald sie vier oder fünf waren. Mädchen durften Kühe auf die Weide treiben, Kühe zur Tränke führen, Kühe wieder nach Hause treiben, Kühe melken, Schweine füttern, Wasser holen und manchmal, immer samstags, stundenlang hinter der Mutter herlaufen, in jeder Hand ein kopf-

über baumelndes, flatterndes, randalierendes Huhn, das auf dem Markt von Neufchâteau oder Vaucouleurs verkauft werden sollte. Jungen halfen beim Anschirren der Ackergäule, ritten auch mal wegen eines neuen Hufeisens mit stolzgeschwellter Brust zum Schmied ins Nachbardorf Greux, gingen dem Vater ein bisschen bei Aussaat und Ernte zur Hand und saßen ansonsten auf den Grabsteinen neben der Kirche im Schatten, spielten Karten und tönten groß herum, wobei sie manchmal so laut grölten, dass es dem alten Perrin nebenan unmöglich war, seinen Rausch in Ruhe auszuschlafen.

Überhaupt – was war mit Perrin schon wieder los? Jeanne sprang auf, klopfte mit beiden Händen schwarzbraune Erdkrumen von ihrem roten Kleid und lauschte. Das Mittagsläuten hatte eingesetzt. Jeanne unterschied deutlich den hellen Klang der Glocke von Maxey und den dunkleren Ton der Glocke von Greux, und wenn sie sich nach Süden drehte, hörte sie sogar die große Glocke von Neufchâteau heraus. Und das bedeutete nichts anderes, als dass ausgerechnet in Domrémy mal wieder nicht geläutet wurde! Bestimmt hatte er sich schon wieder mit Rübenschnaps voll laufen lassen, dieser Perrin, dieser Nichtsnutz von einem Küster, dieser ... Warum regte sich eigentlich sonst niemand auf? Warum taten eigentlich alle so, als ginge sie das nichts an? Warum war sie die Einzige, der etwas daran lag, dass in Domrémy geläutet wurde – und zwar pünktlich, nicht nach Lust und Laune des alten Perrin mal zu früh, mal zu spät, mal überhaupt nicht?

Sie wartete noch einen Augenblick, lief dann ins Haus,

vergewisserte sich, dass ihr Vater nicht gerade heimgekommen war, brach ein Stück aus dem Kuchen auf dem Küchentisch – ein Abschiedsgruß ihrer Mutter – und rannte damit durch die Gärten zu Perrins schäbiger Hütte neben der Kirche.

Wie erwartet lag der Küster leicht zusammengekrümmt hinter seiner Hütte in der Frühlingssonne und schnarchte. Sie beugte sich über ihn und zupfte ihn am Bart.

»Perrin, an die Arbeit!«

Er gähnte, schlug die Augen auf und verdrehte sie, als er Jeanne erkannte.

»Ha, Jeannette. Die strenge Jeannette. Der Schrecken von Domrémy.«

»Perrin, bitte. Es ist Zeit zum Läuten.«

»Jeannette, glaub mir. Ich kenne die Glocke. Der ist es egal, wann sie geläutet wird.«

»Aber mir nicht«, fuhr Jeanne ihn an. »Perrin, dieses Stück Kuchen hier ist für dich. Wenn du es schaffst, eine Woche lang pünktlich zu läuten, backe ich eine ganze Apfeltorte nur für dich.«

Perrin blinzelte in Richtung Kuchen.

»Der ist vergiftet, stimmt's? Du willst mich aus dem Weg räumen und selbst Küster werden.« Perrin grinste und rappelte sich auf. »An den Glockenstrang kommst du ja schon.«

»Seit letztem Jahr bin ich größer als du, Perrin.«

»Dazu gehört nicht viel.«

Grinsend schlang der Küster Jeannes Geschenk mit zwei Bissen herunter. Dann verschwand er kopfschüttelnd in der Kirche und gleich darauf setzte sich die Glocke oben im Turm in Bewegung.

14

Jeanne rührte sich nicht von der Stelle. Sie lauschte. Und je länger sie zuhörte, desto sicherer war sie, dass die Glocke zu ihr sprach. Dieses Gefühl beschlich sie jedes Mal. Sie war dann wie verzaubert. Jeder Glockenschlag schien ein Versuch zu sein, sich ihr verständlich zu machen – sie hörte förmlich einzelne Worte aus dem Dröhnen heraus. Aber egal, wie angestrengt sie hinhörte, noch nie war sie aus der Botschaft der Glocke klug geworden und auch diesmal gelang ihr das nicht. Mit Gewissheit konnte sie nur eins sagen: Die Glocke sprach Französisch.

Jeanne riss sich los – Zeit, das Mittagessen zu machen, bevor ihr Vater und ihre Brüder heimkamen. Irgendwann würde sie schon noch hinter das Geheimnis der Glocke kommen. Sie nahm den Weg über die Dorfstraße. Es waren nur wenige Schritte, das Haus ihrer Eltern lag direkt neben der Kirche, auf der anderen Seite. Auf der Straße trippelte eine kleine Karawane von Packeseln an ihr vorbei, hoch beladen mit Brennholzknüppeln, und vor der Kirche hockte ein Bettler im Dreck und bewegte unaufhörlich die Lippen. Oder das, was von seinen Lippen noch übrig war. Ein großer Teil der Unterlippe fehlte. Hinter dem Loch zwischen seinen eingefallenen, stoppelbärtigen Wangen hätte man Zähne vermuten sollen, aber auch die fehlten. Als sie vorüberging, streckte er die Hand nach ihr aus. Jeanne hatte ihn noch nie gesehen, aber der Anblick von Bettlern war für sie nichts Ungewöhnliches. Fast jeden Tag kamen fremde Männer durch Domrémy, denen in einer der letzten Schlachten das Bein, der Arm oder sonst was abgehackt worden war. Jeanne nahm sich vor, ihm den letzten Rest Kuchen zu bringen. Doch kurz vor ihrer Haustür holte Michel Lebuin sie ein, ihr bester Freund.

»Jeannette, ich muss dir was sagen«, keuchte er. »Komm mit ins Versteck.«

»Ich hab keine Zeit. Ich muss Mittagessen machen.«

»Jeannette, es ist wichtig! Bitte!«

»Michel, du weißt doch, wie mein Vater ist. Das gibt sofort Ärger.«

»Ganz kurz nur. Wir brauchen dich.«

Sie schlugen sich durch das Gestrüpp am Maasufer. Die Maas war, wie jeder wusste, ein großer Fluss, der irgendwo, ganz hoch im Norden, weit jenseits ihres Tals, ins Meer mündete. Aber auch große Flüsse fangen klein an, und hier in Domrémy war die Maas noch nicht einmal ein Flüsschen, höchstens ein breiter Bach. Sie ließen sich auf der kleinen Lichtung zwischen den Uferbirken ins Gras fallen. Seit einiger Zeit war dies der Ort ihrer heimlichen Zusammenkünfte.

»Jeannette«, sprudelte Michel los, »wir planen einen Überfall auf burgundisches Gebiet. Und wir möchten, dass du mitkommst. Diesmal müssen wir diese Scheißburgunder aus Maxey so fertig machen, dass ihnen Hören und Sehen vergeht. Du darfst jetzt nicht Nein sagen.« Er legte seine Hand auf ihren Arm. Seit letztem Jahr prickelte es angenehm, wenn er sie berührte.

»Wann?«

»Heute Abend. Wir treffen uns zum Angelusläuten am Fluss unten bei der Pappel. Dann ist es noch lange genug hell.«

»Ihr wollt euch also wieder blutige Nasen holen?«

»Wir wollen uns rächen für letztes Mal.«

16

Jeanne zögerte. »Vielleicht«, sagte sie und blickte den kleinen, glitzernden Wellen nach, die über die Kieselsteine im flachen Bett der Maas hüpften. »Das hängt nicht allein von mir ab.«

»Von wem noch?«

»Von der heiligen Margarete.«

»Jeannette!« Michel tat, als fiele er in Ohnmacht. »Die heilige Margarete hilft bei Schwangerschaften, nicht bei Prügeleien! Bei Prügeleien helfen nur der Schutzpatron von Frankreich und ein Dutzend Kerle wie du.«

»Für ein Mädchen mit meiner zarten Figur«, entgegnete sie streng, »ist es nicht unbedingt ein Kompliment, als Kerl bezeichnet zu werden«, und verkniff sich ein Lächeln. Wie nett von Michel. »Na gut. Ich werde mit ihr sprechen.«

Sie sprang auf, arbeitete sich hastig durch das Ufergesträuch, blieb mit dem Kleid irgendwo hängen, rannte weiter, stieß auf der Straße beinah mit einem Packesel zusammen, Hühner und Gänse stoben kreischend auseinander, und als sie ins Haus stürzte, waren schon alle da. Wie befürchtet saßen sie um den leeren Tisch herum, sprachen über den neuen Ochsen, der beim Pflügen immer noch aus der Spur geriet, und taten so, als hätten sie sie überhaupt nicht bemerkt. Jeanne zauberte mit lauwarmem Wasser einen Haferschleim, der offenbar nicht an den heranreichte, den ihre Mutter sonst machte, und während des Essens hüllte sich ihr Vater in bürgermeisterliches Schweigen. Weshalb auch Jean und Pierre ihre Holzschälchen wortlos auslöffelten.

Nach der Mahlzeit suchte Jeanne einen Grund, diese

öde Gesellschaft so schnell wie möglich zu verlassen. Sie stellte fest, dass die Wasservorräte fast aufgebraucht waren, und machte sich mit zwei Kübeln auf den kurzen Weg zum Dorfplatz. Dort bot sich ihr das gewohnte Bild: Leere Tonkrüge, Kübel und Holzbottiche reihten sich in einer langen Schlange vor dem Brunnen, und ihre Besitzerinnen standen in Grüppchen herum und schnatterten, was das Zeug hielt. Soeben leerte Hauviette den ledernen Schöpfeimer in ihren Krug. Hauviette war ihre beste Freundin, zwei Jahre älter als sie und ein beneidenswertes Mädchen, wie Jeanne fand: Sie hatte keine Sommersprossen und hieß auch nicht Jeanne. Hauviette sah auf, erblickte Jeanne und grinste.

»Hast du gemerkt, Jeannette? Perrin hat heut Mittag zu spät geläutet.«

»Er hing zehn Vaterunser hinter seinen Kumpeln von Greux und Maxey her, das ist bei ihm noch nicht zu spät. Was machst du heute Nachmittag?«

»Wir könnten zusammen spinnen«, schlug Hauviette vor. Kein besonders origineller Vorschlag, aber Jeanne fiel auch nichts Besseres ein.

»Ich bin heute mit dem Vieh an der Reihe«, sagte sie. »Wir könnten auf der Weide spinnen. Aber lass dir ruhig Zeit, ich will vorher noch in die Kirche.«

»Jeannette, unsere Dorfheilige!«, lachte Hauviette, während sie den gefüllten Krug auf ihre Schulter wuchtete. »Pinkelst du eigentlich schon Weihwasser?«

Alle kicherten. Jeanne konnte es nicht ausstehen, wenn man sich über sie lustig machte, nur weil sie ein paar Sachen ernster nahm als andere hier im Dorf.

18

Den Gottesdienst zum Beispiel. Oder die Beichte. Und ganz besonders die heilige Margarete. Hauviettes Lieblingsheilige war die heilige Agnes, die nach Jeannes fester Überzeugung im Vergleich zur heiligen Margarete absolut zweitklassig war. Und so jemand glaubte, sich spöttische Bemerkungen über ihre Frömmigkeit erlauben zu dürfen. Geschmacklos. Jeanne sparte sich jeden Kommentar.

Es dauerte eine Weile, bis sie mit dem Schöpfen an die Reihe kam, dann schleppte sie die überschwappenden Kübel nach Hause. Ihrem Vater erzählte sie ganz beiläufig, so als sei das längst abgemacht, dass sie den Abend bei Hauviette und ihren Eltern verbringen würde, der Haferschleim von heute Mittag reiche im Übrigen auch noch fürs Abendessen. Dann füllte sie noch Öl in ein kleines Messinglämpchen, setzte es zurück auf den Holzkeil, der neben dem Kamin aus der Wand ragte, und schon war sie wieder verschwunden.

Weil sie gleich nebenan wohnte, war sie mit ein paar Schritten in der Kirche. Es war eine winzige Kirche, eine Dorfkirche eben, aber die Dunkelheit machte sie groß und feierlich. Und an der Größe und Feierlichkeit dieser Dunkelheit konnte sich Jeanne berauschen. Gleich rechts neben dem Eingang stand das steinerne Taufbecken. Im Vorübergehen strich sie mit der Hand über das verwitterte Figurenrelief im Beckenrand. Hier war sie vor dreizehn Jahren auf den Namen Jeanne getauft worden. Johannes, der wortgewaltige, unerschrockene Täufer Johannes, der auf Französisch Jean hieß, war der Lieblingsheilige ihrer Eltern, weshalb es bereits einen Bruder Jean gab, als sie im Jahr 1412 zur Welt kam. Besser gesagt: Er war der Lieblingsheilige ihres Vaters, der sich nicht satt hören konnte an den Schimpfkanonaden, die der Täufer den selbstgerechten Pharisäern und Schriftgelehrten im Evangelium entgegenschleuderte.

Jeanne hatte nichts gegen den Täufer Johannes, fand aber sein speckiges, verlaustes Fellmäntelchen, das kaum über die haarigen Oberschenkel reichte, ekelhaft. Da hielt sie sich doch lieber an die heilige Margarete, die unweit des Taufbeckens in einer Nische stand: hoch gewachsen, mit kleinen, nur eben angedeuteten Brüsten unter dem lang herabfallenden, roten Gewand und dem Anflug eines Lächelns auf den roten Lippen. Wenn man genau hinsah, erkannte man im Schatten der Nische sogar einen fauchenden Drachen zu ihren Füßen und, halb von einer Gewandfalte verdeckt, ein Schwert. Das war eine Heilige! Die verhalf nicht nur Schwangeren zu einer glücklichen Geburt – manchmal, wenn Jeanne nur lange genug mit ihr sprach, erlaubte sie sogar Dinge, die ihr Vater verboten hatte. Die heilige Agnes dagegen half bestenfalls bei Haarausfall. Wenn man Glück hatte!

Jeanne warf sich vor der heiligen Margarete auf die kalten Steinplatten, schloss ganz fest die Augen und betete. War es recht, gegen die Burgunder zu kämpfen? Recht war es ganz gewiss, und gottgefällig auch. Alle Burgunder waren Feinde des Königs von Frankreich und damit verabscheuenswert. Aber dass sie als Mädchen selbst mitkämpfte – war das auch gottgefällig? Und wenn sich im Kampfgetümmel nun alle auf Michel stürzten – wer sollte ihm dann beistehen? Gott konnte unmöglich wollen, dass Michel ernsthaft verletzt würde. Aber wer sollte auf ihn aufpassen, wenn sie selbst nicht mitkäme? Zuschlagen würde sie auch nur, um zu verhindern, dass Michel etwas Schlimmes passierte. Also, wenn sie jetzt die Augen aufschlug, und die Heilige lächelte immer noch, dann hieß das, sie war einverstanden.

Jeanne blickte auf – und wirklich, die heilige Margarete in ihrer dunklen Nische lächelte noch immer.

2. Kapitel

Jeanne macht eine nicht besonders angenehme Erfahrung und zieht daraus ihre eigenen Schlüsse

Männer! In letzter Zeit kannte Hauviette nur noch ein Thema: Männer.

Sie saßen, mit dem Rücken zur Abendsonne, am Rande des großen Eichenwalds, der den ganzen Höhenzug hinter Domrémy bedeckte, und ließen mechanisch die Wolle durch ihre Finger in die kreisenden Spindeln laufen. Einmal kam eine grasende Kuh bis an den Rand des langen Schattens, den ihre sitzenden Körper warfen, und drehte dann mit unendlicher Langsamkeit wieder ab – das war der einzige Besuch, den sie an diesem Nachmittag erhielten.

An solchen Nachmittagen hätte Jeanne gern einfach nur ihren Gedanken nachgehangen, und davon schwirrten ihr eine ganze Menge im Kopf herum. Stattdessen drehte sich alles um – nun, heute war es ein gewisser Gérardin, der es Hauviette angetan hatte. Ausgerechnet Gérardin, den Jeanne seit geraumer Zeit schon im Verdacht hatte, mit den Burgundern unter einer Decke zu stecken! Nein, ein Junge konnte so gut aussehen, wie er wollte – selbst wenn er so gut aussah wie Gérardin, würde Jeanne ihn nicht einmal mit der Heugabel anfassen, solange sie nicht todsicher war, dass er zum König von Frankreich hielt. Und allem Anschein nach hatte Hauviette ihn sogar schon geküsst!

Jeanne ließ sich ihre Empörung nicht anmerken, denn gerade jetzt brauchte sie dringend Hauviettes Hilfe. Eigentlich wäre es Jeannes Aufgabe gewesen, die Herden vor Sonnenuntergang zurück in die Ställe zu treiben. Doch weil sie heute Abend etwas Besseres vorhatte, hatte sie Hauviette gebeten, das für sie zu übernehmen. Jeanne hatte nur so viel verraten, dass sie noch eine wichtige Verabredung mit Michel einhalten müsse. Aber ihre Freundin hatte gleich größtes Verständnis dafür gezeigt und sofort eingewilligt. Wahrscheinlich glaubte sie, da sei Liebe im Spiel.

Zum Dank dafür tat Jeanne so, als könnte sie Hauviettes Männergeschichten etwas abgewinnen. In Wirklichkeit jedoch horchte sie angestrengt in die Stille über dem Tal. Sie fieberte dem ersten Glockenschlag des Angelus entgegen und mit den Augen suchte sie immer wieder die Gegend nach verdächtigen Bewegungen ab. Jeden Augenblick musste es so weit sein – wahrscheinlich rotteten sich da drüben schon die Schlägertruppen des Feindes zusammen.

Von dort, wo sie saß, hatte sie tatsächlich alles im Blick: die Gemeindewiese, weiß gesprenkelt mit den Kühen der Bauern von Domrémy, und dahinter die Weiden und Felder der ganzen fruchtbaren Talsenke, die vom gewundenen, birkenbestandenen Lauf der jungen Maas durchschnitten wurde. Das war Jeannes Welt, dieses Tal am äußersten Rand des Königreichs Frankreich, gar nicht weit von der Grenze zu Deutschland entfernt. Und das Ende ihrer Welt war die bewaldete Hügelkette gegenüber, auf der anderen Seite des Tals. Rechter Hand sah man die ersten Gehöfte von Domrémy, linker Hand den Kirchturm von Greux und gegenüber, jenseits der Maas, das Gewimmel der Strohdächer von Maxey.

Maxey unterschied sich durch nichts von Domrémy oder Greux – alles Bauern oder Handwerker und jede Menge Jeannes und Jeans. Nur dass Maxey am falschen Ufer lag. Seit fünf Jahren nämlich bildete die Maas die Grenze zwischen Gut und Böse. Damals hatten sich die Burgunder auf die Seite der Engländer geschlagen – obwohl sie doch Französisch sprachen und praktisch auch Franzosen waren. Eine böse Überraschung war das gewesen! Denn die Engländer führten seit Menschengedenken gegen den König von Frankreich Krieg, brannten französische Dörfer, Ställe und Mühlen nieder, zündeten Heuhaufen an, verwüsteten Obstgärten und Weinberge, schnitten Mensch und Vieh die Kehle durch, eroberten und plünderten Städte, stürmten sogar Kirchen und Klöster – und hatten auch noch Erfolg damit: Fast jeder Kriegskrüppel, der durch Domrémy gehumpelt kam, konnte von einem neuen Sieg der Engländer berichten. Mittlerweile schien ihnen schon halb Frankreich zu gehören. Des Weiteren glaubten diese Krüppel zu wissen, dass alle Engländer Kuhschwänze hätten, die sie beim Anziehen morgens in ein Hosenbein stopften. Jeanne wollte das gerne glauben, denn so grausame Feinde konnten keine gewöhnlichen Menschen sein.

Die Guten jedenfalls, das waren seit dem Verrat der Burgunder die Einwohner der wenigen Ortschaften am linken Maasufer, die dem französischen König in seiner Bedrängnis nach wie vor die Treue hielten. Die

Bösen, das waren seither die Nachbarn auf der anderen Seite des Flusses, die ganz Frankreich den grauenhaften Engländern ausliefern wollten. Gut, das waren die Einwohner von Domrémy und Greux und Vaucouleurs. Und böse, das waren zum Beispiel die Bauern von Maxey, die zu den Burgundern hielten. Sollten die Engländer wirklich Kuhschwänze haben, dann waren diesen Burgundern da drüben gewiss inzwischen Schweineschwänze gewachsen. Nicht mehr lange, und Jeanne würde es genau wissen.

Wahrhaftig, Perrin war der Erste! Jeanne sprang auf, zwickte ihre Freundin zum Abschied freundschaftlich in die Nase, rannte los und erreichte die Pappel unten am Fluss vor allen anderen.

Auf der Wiese jenseits der Maas hatten sie wieder ihr Andreaskreuz aufgestellt: zwei lange, schräg in den weichen Ufergrund gerammte Äste, die sich auf halber Höhe kreuzten – das Wappenzeichen Burgunds. Und dahinter, zwischen den grasenden Kühen der Bauern von Maxey, bewegten sich Gestalten – unmöglich alles Hirten.

Jetzt trafen auch ihre Leute nach und nach ein, Burschen zwischen zwölf und sechzehn Jahren aus Domrémy und aus Greux. Zwei Dutzend kamen schließlich zusammen, darunter auch Jeannes ältester Bruder Pierre. Den meisten von ihnen hatte sie schon nach den Kämpfen der Vergangenheit eine Platzwunde verbunden oder einen ausgekugelten Arm eingerenkt. Sie gehörte zum harten Kern der Königstreuen von Domrémy und keiner nahm Anstoß daran, dass sie heute selbst mitkämpfen wollte – keiner, außer Pierre.

»Wenn du wüsstest, was Vater heute Morgen gesagt

hat, dann wärst du vorsichtiger, Jeanne«, raunte er ihr
zu.
Jeanne fertigte ihn kurz ab: »Erzähl's mir hinterher.«
Michel fand, die Armee des Königs dürfte ruhig noch
etwas mächtiger werden, aber keiner wollte länger
warten. Da mischte sich Jeanne ein. Sie fand, dass
nach den letzten Niederlagen eine kleine Anfeuerungs-
rede nicht schaden könnte, und sagte: »Hört mal her.
Das letzte Mal hat mich die heilige Margarete hinterher gefragt, ob ihr allesamt ein Haufen feiger Memmen seid. Ich habe mich dumm gestellt und so getan,
als wüsste ich nicht, was sie meinte.« Dann holte sie
tief Luft und sagte noch lauter: »Aber eins sage ich
euch – wenn die Heilige mich morgen wieder fragen
sollte, dann will ich, in aller Demut, von zwei oder
drei Heldentaten berichten können!«
Das saß, jetzt waren sie nicht mehr zu halten. Mit vier,
fünf Sprüngen setzten sie über den Fluss, rissen als
Erstes johlend das Andreaskreuz um, warfen die Äste
in die Maas und drangen dann weiter vor, bis sie die
ersten Kühe von Maxey fast erreicht hatten. Da sprangen die anderen brüllend aus ihrer Deckung. Ihr Ge-
brüll wurde mit Gebrüll beantwortet.
»Ihr Feiglinge von Domrémy!«
»Ihr Engländerknechte von Maxey!«
Und plötzlich trat Stille ein.
»Ein Kleid! Ein rotes Kleid!«, rief einer. »Die aus
Domrémy haben ein Mädchen dabei!«
»Wenn das mal nicht die kleine Jeanne vom Bauern
Darc ist!«, blökte ein anderer.
Da trat der Anführer der Burgunder vor, ein bulliger,
dickschädliger Kerl.

26

»Gegen Mädchen kämpfen wir nicht!«

Jeanne fühlte die Wut in ihrem Bauch aufkochen. Im nächsten Augenblick war das Versprechen, das sie der Heiligen gegeben hatte, vergessen. Sie stürzte sich auf ihn und sofort fielen alle übereinander her und schlugen mit verbissener Wut aufeinander ein. Jeanne bekam Hiebe ab, schlug mit aller Kraft zurück und freute sich über jeden ihrer Treffer. Da riss einer mit seinem ganzen Gewicht an ihren Haaren, sie ging in die Knie und fiel rücklings ins feuchte Gras. Der Anführer der Burgunder warf sich auf sie, presste sie mit seinem schwabbeligen Leib auf die Erde und umklammerte ihre Arme.

»Jetzt gehörst du mir, mein Lämmchen«, flötete er und verzog sein Gesicht zu einer hämisch grinsenden Fratze.

Bevor er jedoch seine dicken, speicheltriefenden Lippen auf ihren Mund drücken konnte, spuckte sie ihm ins Gesicht. Im nächsten Moment traf ihn ein Fußtritt, er rollte zur Seite, Pierre stürzte sich auf ihn. Jeanne kam wieder auf die Beine. Die meisten wälzten sich ineinander verknäult fluchend und keuchend im Gras. Dazwischen kniete einer aus Maxey und erbrach sich. Als er Jeanne sah, griff er neben sich und schleuderte einen Stock nach ihr. Der Stock traf sie am Mund. Mit drei Sätzen war Jeanne bei ihm, trommelte mit den Fäusten auf ihn los und drückte seinen Kopf in einen Kuhfladen.

Bei Anbruch der Dämmerung lagen sie alle abgekämpft im aufgewühlten Morast, Burgunder und Königstreue durcheinander. Die Ersten traten den Rückzug an. Niemand beanspruchte den Sieg für sich.

Hatten sie nun Schweineschwänze? Jeanne wusste es immer noch nicht. Alles, was sie wusste, war, dass sie selbst nach Kuhmist und Schweiß und Erbrochenem stank, schlimmer als der Fischhändler auf dem Markt von Vaucouleurs, und dass ihr Blut vom Kinn aufs Kleid tropfte. Ihr war elend zu Mute.

»Diesmal lief's besser als letztes Mal«, bemerkte Michel bloß, als sie wieder am eigenen Ufer waren. Er war mit einem zugequollenen Auge davongekommen. Im Dorf verabschiedete sich einer nach dem anderen von ihr. Schließlich ging Jeanne nur noch von Pierre begleitet durch die Dunkelheit; ihr Elternhaus lag als eines der letzten etwas abseits der Dorfstraße.

»Was hat Vater über mich gesagt?«, fragte sie, als sie allein waren, weil Pierre nicht von sich aus damit herausrückte. Pierre blieb stehen.

»Er hat vorletzte Nacht geträumt, Soldaten seien durchs Dorf gezogen und du seist mit ihnen fortgegangen«, sagte er leise. »Ich weiß von Mutter, dass er solche Träume in letzter Zeit häufig hat.«

»Ja, und?«

»Mit dir redet er ja kaum. Aber mit Jean und mir hat er heute auf dem Feld darüber gesprochen. Er hat gesagt, du hättest den Ausreißerdämon im Leib. Und er hat allen Ernstes von uns verlangt, dich in der Maas zu ersäufen, sollte er dich jemals in Gesellschaft von Kriegsvolk erwischen.«

Jeanne wandte sich ab und brach in Tränen aus. Pierre nahm sie wortlos in den Arm. Es dauerte eine Weile, bis sie sich wieder gefangen hatte.

»Würdet ihr das wirklich tun?«, schluchzte sie.

»Nein, Jeannette«, flüsterte er und strich ihr über das

28

wirre, verklebte Haar. »Natürlich nicht. Aber für den Fall, dass wir es nicht über uns brächten, hat er damit gedroht, es selbst zu tun. Jeanne. Warum bist du so wild? Warum mischst du dich in Dinge, die dich nichts angehen? Warum kannst du nicht einfach so sein wie andere Mädchen auch?«

Jeanne befreite sich wütend aus seinen Armen.

»Pierre«, fauchte sie. »Du kennst die Heiligengeschichten so gut wie ich. Mutter hat sie uns oft genug erzählt. Ist unter den Heiligen eine einzige Frau, die immer brav getan hat, was man von ihr verlangte? Die heilige Margarete hat sich lieber foltern und köpfen lassen, als ihrem Vater zu gehorchen. Glaubst du, Gott hätte sie gleich nach ihrem Tod ins Paradies aufgenommen, wenn sie sich dem Willen ihres Vaters nicht widersetzt hätte?«

Pierre sah seine Schwester entgeistert an. »Was willst du damit sagen?«, stammelte er. »Dass du es mit deinem unbeherrschten Temperament noch bis zur Heiligen bringen kannst? Jeanne, ich bitte dich! Komm wieder zur Vernunft!«

Aber Jeanne dachte gar nicht daran, zur Vernunft zu kommen. Sie dachte auch nicht daran, eine Heilige zu werden. Aber vor allem dachte sie nicht daran, ihr Leben als brave Ehefrau in einem Kaff wie Domrémy zu verbringen, wovon ihr Vater wohl träumte. Was sie wirklich dachte, hätte sie nicht einmal Pierre sagen können. Und deshalb schwieg sie für den Rest des Wegs.

Im Hof wären sie fast gegen einen Wagen gelaufen, der da nicht hingehörte. Der jedenfalls nur dann dort stand, wenn Onkel Laxart aus Burey zu Besuch war.

Tatsächlich – als sie vorsichtig um die Hausecke bogen, sahen sie einen Lichtschimmer hinter dem kleinen Küchenfenster und hörten Stimmengemurmel. Offenbar blieb Onkel Laxart über Nacht, im Bett der Eltern war ja ein Platz frei. Sie schlichen zu der Regenwassertonne am Stall und wuschen sich leise Blut und Dreck von Gesicht und Händen ab. Dann zog Pierre ein Seil aus dem Stroh im Stall hervor, verknotete es mit einem großen, eisernen Haken, umwickelte den Haken mit seiner Jacke, baute sich unter seiner Schlafkammer im ersten Stock auf und warf das Seil mit geübtem Schwung so geschickt durchs offene Fenster, dass sich der Haken an der Fensterbrüstung verfing. Den Trick hatte er von einem Bogenschützen gelernt, der an mancher Belagerung teilgenommen hatte.

Als Erster hangelte sich Pierre hoch, danach Jeanne. Sie wollte gerade hinüber in ihre Kammer huschen, als sie aus der Küche Onkel Laxarts raue Stimme vernahm. Sie hielt den Atem an und schnappte ein Wort auf: »Engländer.« Da legte sie sich vor der Treppe flach auf den Boden. Die Treppe war nichts als eine große Hühnerleiter. Vorsichtig schob sie sich ein kleines Stück weiter vor, dann konnte sie zwischen den beiden obersten Sprossen hindurch im schwachen Licht des Öllämpchens die Füße ihres Onkels, die wie üblich mit lehmverschmierten Lappen umwickelt waren, und seinen breiten Hintern auf einem Hocker erkennen.

»... aus Paris ein zweites London gemacht«, schimpfte ihr Onkel. »Nein, wir müssen unser Recht in die eigenen Hände nehmen. Wie diese Kneipenwirtin in Paris, von der jetzt in Vaucouleurs alle reden.«

»Welche Wirtin?«, brummte ihr Vater. »Davon soll's in Paris Tausende geben.«

»Na, das war so.« Onkel Laxart dämpfte seine Stimme. »Diese Kneipenwirtin will gerade zu Bett gehen, da poltert es unten gegen ihre Tür. Sie schaut aus dem Fenster und sieht zwei Engländer, die dabei sind, ihre Tür aufzubrechen. Sie brüllt ihnen zu, sie sollen morgen wiederkommen. ›Today Schluss mit Schnaps‹, schreit sie. Aber die Engländer werfen sich weiter gegen ihre Tür. Sie warnt die beiden noch und dann bombardiert sie das Pack mit Steinen. Keine Kieselsteine – solche Brocken. Einen erwischt sie gleich am Kopf, sodass er auf der Stelle krepiert, der andere nimmt Reißaus. Und das Gericht spricht sie frei – weil's Notwehr war.«

»Heilig gesprochen gehört das Mädchen«, schnaubte ihr Vater und schlug mit der Faust auf den Tisch. »Heilig gesprochen! Ein verdammter Gentleman weniger auf dieser Welt!«

Jeanne lag da wie erstarrt. Sie hatte es geahnt! Sie hatte es gewusst! Auch Frauen konnten etwas ausrichten in jener Welt dort draußen jenseits des Eichenwalds, in der ein endloser Krieg tobte, in jener Welt der nackten Gewalt, in der alles nach dem Willen der Männer ging. Aber auch das ahnte sie: Eine Frau musste die Welt der Frauen verlassen, wenn sie in dieser Welt der Männer ein Wörtchen mitreden wollte. Kein Ehemann, keine Kinder, keine warme Stube daheim, vielleicht nicht einmal Liebe. Entweder – oder. Plötzlich fühlte sie sich ihrer Sache sicher, so sicher wie nie zuvor: Wer im Leben eine Rolle spielen wollte, für den gab es nur eins – diese weite und freie und grausame

Welt der Männer. Und Jeanne verspürte bei diesem Gedanken ein Prickeln, das war heftiger und angenehmer, als wenn Michel sie berührt hätte.

»Eine Rolle will ich spielen«, murmelte sie – und biss sich im nächsten Moment auf die Zunge. Doch die beiden Männer dort unten hatten nichts gehört. Sie stand leise auf und schlich auf Zehenspitzen in ihre Kammer. Sie streifte ihr rotes Kleid ab und ließ es auf den Dielenboden fallen. Die Blutflecken wollte sie morgen früh auswaschen, wenn man sie auf dem roten Stoff überhaupt sah.

Ihre Schwester Catherine schlief bereits. Es gab nur ein Bett für sie beide, und kaum hatte sich Jeanne dazugelegt, drehte ihr Catherine den Rücken zu und sagte mit schläfriger Stimme: »Jeanne, wie du stinkst. Schlimmer als der Fischhändler auf dem Markt von Vaucouleurs.«

3. Kapitel

*Jeanne erlebt etwas, was noch
keiner erlebt hat – jedenfalls nicht
in Domrémy.*

Am nächsten Sonntag war Taufe. Ganz Domrémy hatte sich vor der Kirche versammelt und wartete auf den Priester. Vom vielen Schreien hatte sich
das Neugeborene längst puterrot verfärbt, und Perrin,
der sich die Arme aus dem Leib läutete, verlangte
schon mit kläglicher Stimme nach einem Becherchen
Rübenschnaps. Da tauchte am Ende der Dorfstraße
endlich Hochwürden Bartholomé auf: ein schwarz-
weißer Wirbelwind aus flatternden Gewändern, der
zügig näher kam, umtanzt von einer Meute kläffender
Straßenköter. Hinter ihm versuchte ein atemloser
rotweißer Wirbelwind, dem stürmischen Priester auf
den Fersen zu bleiben – der Messdiener. Hochwürden
lief mit geblähten Segeln in die Kirche ein, die Gemeinde folgte ihm und los ging's.
Jeanne war selig. Andere Kinder sprangen während
des Gottesdienstes in der Kirche herum, spielten zwischen den Erwachsenen Verstecken und lachten sogar
dabei. Für Jeanne aber bestand die Messe aus einer
Folge überwältigender Höhepunkte, die ihre ganze
Aufmerksamkeit erforderten: zunächst das Glockenläuten, dann die Gesänge und Weihrauchschwaden,
als würde man schon durch die Wolken dem Para-

dies entgegenschweben, und dann die majestätischen Gesten des Priesters, der in wohlklingendem Latein geheimnisvolle Beschwörungsformeln von sich gab. Aber das Schönste kam ganz zum Schluss, wenn Jeanne allein mit dem Priester in der leeren Kirche zurückblieb: die Beichte. Denn das war ihr Auftritt.

Hochwürden Bartholomé wusste, dass er viel Zeit mitbringen musste, wenn er nach Domrémy kam. Wenn Jeanne nämlich erst einmal zu beichten anfing, gab es kein Halten mehr. Jeanne hätte mit dem größten Halunken der Welt um die Wette beichten können und gewonnen. Sie hätte ihn einfach an die Wand gebeichtet.

Jeanne beichtete einfach alles. Heute beichtete sie zum Beispiel, dass sie ihrer Schwester durch üblen Geruch einen Grund zum Ärgernis gegeben und ein paar Jungen vermöbelt habe.

Wie – das war alles? Hochwürden Bartholomé sah sie fragend an. Ja, wirklich, heute wollte sich Jeanne tatsächlich mit zwei Verfehlungen zufrieden geben! Der Priester erteilte ihr erleichtert die Absolution.

Aber anstatt aufzustehen, blieb Jeanne weiter vor ihm knien. Sie sah ihn an und ihre Wangen glühten wie Feuer.

»Vater«, stieß sie atemlos hervor, »ich will mit Männern nichts zu tun haben. Niemals. Ich will Jungfrau bleiben, solange ich lebe.«

Der Priester ließ sich auf eine Kirchenbank fallen und sah ihr in die Augen.

»Hast du deswegen etwa die Jungen ›vermöbelt‹, wie du dich ausgedrückt hast?«

»Nein, Vater. Das war etwas anderes.«

34

»Magst du denn keine Jungen? Michel, zum Beispiel, Michel Lebuin?«

»Doch. Aber ich will ihn nicht. Ich will überhaupt keinen Mann.«

Hochwürden holte Luft und setzte zu einem längeren Vortrag an: »Jeanne«, sagte er. »Manchmal fassen wir Menschen Entschlüsse, weil wir große Hoffnung mit ihnen verbinden. Aber dieselben Entschlüsse können wir auch aus Verzweiflung fassen. Da gilt es klug zu unterscheiden. Denn Hoffnung kann uns hinauftragen bis an die Pforten des Himmels. Aber Verzweiflung kann uns hinabreißen bis an die Tore der Hölle.« Er fingerte ein kariertes Taschentuch aus einer Falte seines Gewands, betupfte sich damit die Stirn und fuhr dann fort: »Dein Entschluss ist, glaube ich, ein schönes Beispiel für die Grenzenlosigkeit der Hoffnung. Was darfst du dir nicht alles davon versprechen! Einmal wirst du so der Jungfrau Maria, der heiligen Mutter Gottes, ähnlich. Und dann bist du auch sicher davor, eine Hexe zu werden, denn den Teufel graust es vor Jungfrauen und deshalb lässt er sie in Ruhe. Und schließlich würde dir deine Entscheidung auch den Weg zu einem gottgeweihten Leben im Kloster öffnen – wovon unsere kleine Jeanne ja wohl träumt. Doch andererseits ...«

Jeanne fiel ihm ins Wort. Sie sagte ihm nicht, dass sie von allem Möglichen träumte, aber nie und nimmer von einem Leben im Kloster. Sie sagte bloß: »Dann schwöre ich jetzt vor Gott, immer eine Jungfrau zu bleiben«, und zwar so laut, dass Hochwürden Bartholomé zusammenzuckte. Dann stürzte sie, weil ihr auf einmal die Tränen kamen, aus der dunklen Kirche hinaus ins grelle Sonnenlicht bis an den Rand des Eichenwalds, wo sie sich fallen ließ und lange reglos im Gras lag.

Knapp zwei Wochen später lag auch Hochwürden Bartholomé im Gras, irgendwo zwischen Vaucouleurs und Domrémy, allerdings mit gespaltenem Schädel. Und ein atemloser Messdiener torkelte kreidebleich durch Domrémy, deutete hinter sich und schrie mit letzter Kraft: »Soldaten!«

Jeanne hastete aufs Feld, um ihren Vater zu holen. Das ganze Dorf lief zusammen. Sie seien auf dem Weg nach Burey gewesen, wimmerte der Messdiener. Da seien Soldaten aus dem Wald gekommen. Und die hätten den Priester erschlagen, mit einer Streitaxt. Und dann hätten sie ihm die Kleider abgezogen. Und einer sei lachend und grölend als Priester verkleidet herumgetanzt. Und mehr habe er aus der Entfernung nicht gesehen. Hochwürden sei nämlich fast eine halbe Meile vor ihm gewesen.

»Wie viele?«, fragte Jeannes Vater.

»Fünfzig. Oder achtzig.«

»Engländer?«

»Engländer oder Schotten oder Italiener oder Deutsche – was weiß ich!«

»Berittene?«

»Fußsoldaten!«

Fußsoldaten! Das war noch schlimmer als Berittene. Ritter töteten wenigstens nicht aus purer Mordlust. Aber Fußsoldaten – das konnten nur arbeitslose Söldner sein. Kriegsknechte aus ganz Europa, die sich zwischen zwei Schlachten auf eigene Faust durchschlugen

36

und jeden umbrachten, der ihnen in die Quere kam. ›Schinder‹ wurden sie genannt. Schinder versetzten die Menschen im Norden von Frankreich seit langem in Angst und Schrecken. Aber niemand hätte damit gerechnet, dass sie auch ins Maastal kämen. Wenn es Schinder waren, wüteten sie wahrscheinlich in diesem Augenblick in Burey. Da wohnt Onkel Laxart, dachte Jeanne. Und morgen schon konnten sie mit gezückten Streitäxten in Domrémy auftauchen. Da wohnen wir, dachte Jeanne. Und wie alle anderen starrte auch sie mit panischem Entsetzen auf ihren Vater, Jacques Darc, den Bürgermeister.

Und nun hatte sie endlich einmal Grund, auf ihren Vater stolz zu sein. Denn Jacques Darc, der Bürgermeister, dachte an alles.

»Perrin! Wo ist Perrin?«, rief er. »Er soll Sturm läuten, damit die Männer auf den Feldern Bescheid wissen! Und die Kinder: das Vieh an der Maas zusammentreiben! Wartet! Nur die Kühe und Schafe! Ziegen und Gänse bleiben hier! Die Frauen sollen die Wagen mit Vorräten und Hausrat beladen! Aber nur das Allernötigste mitnehmen! Michel, sag deinem Vater, er soll seinen Karren nicht beladen. Den brauchen wir für die Waffen. Und über die vollen Wagen dann Decken und Mäntel ausbreiten, damit sich die Schwachen und Kranken drauflegen können!«

Die Ziegen- und Gänsebesitzer protestierten erbittert – für viele waren ihre Ziegen oder ein paar Gänse der einzige Besitz. Aber Jacques Darc erklärte ihnen mit ruhiger Stimme, dass die Schinder von Domrémy nur qualmende Trümmer übrig lassen würden, wenn sie im Dorf überhaupt nichts zu essen vorfänden.

Dann lieber Ziegen und Gänse opfern. Aus demselben Grund solle auch niemand seine Haustür verriegeln. »Mit abgesperrten Häusern machen die Schinder kurzen Prozess, die brennen sie einfach nieder. Besser, sie zertrümmern Tische und Bänke, aber das Haus bleibt heil.«

Perrin läutete Sturm, Frauen häuften Vorräte in Heuwagen, Männer spannten Pferde davor oder keuchten mit Schürhaken, Dreschflegeln, Heugabeln und Schlachtermessern beladen zum Waffensammelplatz vor dem Haus von Michel. Und Jacques Darc war überall gleichzeitig, herrschte eine Frau an, die gerade dabei war, ihr gesamtes Mobiliar aus dem Haus zu schaffen, und schickte mit barschen Worten einen alten Mann zurück, der seine Ziege unter die Kühe schmuggeln wollte.

Vor lauter Aufregung kam Jeanne gar nicht dazu, über das schreckliche Ende von Hochwürden Bartholomé nachzudenken. Gemeinsam mit Hauviette und ihrer Schwester Catherine trieb sie Kühe aus den Ställen und versuchte mit Stockschlägen dem störrischen Vieh Beine zu machen. Ein Blöken und Grunzen und Zetern und Rufen war das! Als sich alles schon unten an der Furt durch die Maas staute, rannte sie noch einmal zurück in die Kirche, riss die heilige Margarete aus ihrer Nische, rannte wieder zum Fluss hinunter und verstaute die Statue in einem Sack mit Schüsseln und Holzschalen, an denen noch Reste von Haferschleim klebten.

»Pierre!«, schrie sie. »Diesen Sack lässt du mir nicht aus den Augen!«

»Zum Schloss!«, rief ihr Vater, und dann setzte sich

der ganze Zug unter Geschrei und Anfeuerungsrufen in Bewegung, immer dem Lauf der Maas entlang. Nach einer guten Stunde tauchte eine halb verfallene Burg auf einer kleinen Insel zwischen zwei Maasarmen vor ihnen auf. Das also war das ›Schloss‹ – nichts weiter als ein befestigter Zufluchtsort mit zwei turmartigen Gebäuden aus Holz und einem hohen Zaun aus unbehauenen Eichenstämmen drumherum, der so lückenhaft war wie das Gebiss des alten Perrin. Die Maas bot keinen Schutz, das merkte jeder, als er hindurchwatete. Immerhin war im Innenhof genug Platz für Vieh und Wagen.

»Da gehen wir doch beim ersten Angriff hops«, stöhnte Hauviette und legte einen Arm erschöpft um Jeannes Schulter.

»Nicht, wenn wir beide das Schloss verteidigen«, sagte Jeanne und lachte.

Sie war tatsächlich guter Dinge. Das war ein Abenteuer ganz nach ihrem Geschmack. Seit ihrem Schwur hatte sie ständig auf eine solche Bewährungsprobe gehofft, denn insgeheim hatte sie sich von ihrem Gelübde vor allem eins versprochen: die Kraft zu einem unvergesslichen Auftritt in der Welt der Männer. Und hier war sie nun, ihre Bewährungsprobe.

Da brüllte ihr Vater durch den Lärm: »Alle Frauen und Kinder nach Neufchâteau! Männer und Kranke bleiben hier! Perrin! Wo ist Perrin? Perrin soll die Frauen begleiten!« Was Perrin außerordentlich freute, denn Neufchâteau war eine stark befestigte Stadt mit dicken Mauern. Jeanne hingegen wurde zornrot. Wofür hatte sie denn ewige Jungfräulichkeit geschworen? Doch nicht dafür, dass sie sich weiterhin wie jede gewöhnliche Frau behandeln lassen musste! Sie arbeitete sich wütend durch das Gewühl der Leiber zu ihrem Vater durch. Aber als sie in seine Nähe kam, fing sie seinen unerbittlich strengen Blick auf und verstand: Hier fing die Welt der Männer an. Hier ging es um Leben und Tod. Hier zählte nur der Wille der Männer. Und nichts hätte ihren Vater in dieser Stunde weniger beeindrucken können als ihre kleine Stinkwut.

So kam es, dass Jeanne und Hauviette in Neufchâteau in der Gastwirtschaft einer Frau Unterschlupf fanden, die wegen ihrer spitzen Nase die ›Füchsin‹ genannt wurde, und von morgens bis abends Essen auftrugen, Geschirr spülten und Kneipenböden schrubbten – während die Männer mit den seltsamsten Mordwerkzeugen bewaffnet in ihrem ›Schloss‹ saßen und den Angriff der Schinder erwarteten. Eine ganz kleine Rolle allerdings durfte Jeanne dann aber doch in diesem Drama spielen: die Rolle der Trösterin. Jeanne sprach Hauviette Mut zu, wenn sie sich nachts im Bett um ihren Gérardin Sorgen machte. »Unseren Männern wird schon nichts passieren«, sagte sie dann und nahm Hauviette in den Arm, »die haben den Sack mit der heiligen Margarete dabei. Und auf die ist Verlass.«

Nach sechs Tagen tauchte dann auch tatsächlich Gérardin hoch zu Pferd in den Gassen von Neufchâteau auf und rief die Frauen aus Domrémy auf, nach Hause zu kommen, die Gefahr sei vorbei. Dann schnappte er sich die freudestrahlende Hauviette, setzte sie hinter sich aufs Pferd und galoppierte lachend davon.

Brandgeruch empfing die Frauen, als sie am Ortseingang durch die Maas wateten. Im Dorf kräuselte sich hier und da Rauch über verkohlten Trümmern. Vor jedem Haus waren Männer bei der Arbeit. Kaum einer sprach ein Wort. Von der Kirche war nur noch eine ausgebrannte Ruine übrig. Und in den Häusern sah es aus, als hätten tausend Dämonen gewütet: Auf Lehmwände und Türen hatten sie mit Äxten und Schwertern eingehackt, aus Tischen und Hockern ihre Lagerfeuer gemacht und die Küchenböden mit Kothaufen und abgenagten Ziegenknochen übersät. Betrat man eins dieser Häuser, stiegen riesige Schwärme von Schmeißfliegen auf, ihr Summen klang wie Donnergrollen. Doch die meisten Gehöfte standen noch und wie durch ein Wunder hing auch die Glocke noch im Turm. Und als Jeanne mit vielen anderen Frauen zusammen die Kirchenruine betrat und über die Trümmer des eingestürzten Dachs kletterte, da stand die heilige Margarete schon wieder an ihrem alten Platz. Alle waren sich einig, dass ihre wunderbare Heilige die Schinder mit Blindheit geschlagen hatte, sodass sie am ›Schloss‹ nichts ahnend vorbeigelaufen waren.

Langsam erholte sich das Dorf von dem Überfall. Die Kirche erhielt ein neues Dach. Und die Gemeinde einen neuen, jungen Pfarrer. Auch die Glocke läutete wieder, nachdem Perrin eigenhändig ein neues Seil angebracht hatte. Und dann, nachdem fast alle Spuren der Katastrophe beseitigt waren, kam auch Jeannes Mutter zurück – mit aufgeschürften Knien, einem Stechen in der Brust und einem seligen Lächeln auf den Lippen, das nur für einen kurzen Moment verschwand, als sie hörte, in welcher Gefahr ihre Familie geschwebt hatte.

41

Aber Jeanne hatte sich verändert. Sie war stiller als früher. Sie vermisste schmerzlich ihren alten Pfarrer, Hochwürden Bartholomé, den Einzigen, der alle ihre geheimsten Gedanken gekannt hatte – nun ja, fast alle. Dem neuen Priester beichtete sie nicht mehr ganz so oft und auch nicht mehr ganz so ausführlich. Dafür versuchte sie nun, Gott im Gebet aus eigener Kraft näher zu kommen, und betete so inbrünstig, als müsste sie um Gottes Aufmerksamkeit kämpfen. Oft, wenn das Glockenläuten einsetzte, fiel sie auf die Knie, redete mit Gott und lauschte dann auf die Stimme der Glocke.

Eines Tages, es war im Hochsommer während der Ernte, verließ Jeanne gerade mit einem Krug das Haus, um den Männern frisches Wasser aufs Feld zu bringen. Da setzte sich oben im Kirchturm die Glocke in Bewegung. Jeanne stellte den Krug ab, ließ sich auf die Knie nieder und schaute sich um. Sie mochte es nicht, wenn sie beim Beten beobachtet wurde, doch das Dorf lag wie ausgestorben.

In diesem Augenblick flammte neben ihr ein Licht auf – so blendend hell, als wäre die Sonne vom Himmel gefallen, als schwebte sie gleich neben ihrem Kopf. Jeanne erschrak wie noch nie in ihrem Leben. Sie wollte die Augen abwenden, aber sie konnte nicht, sie musste in dieses Licht starren. Da sah sie, wie in dem glühenden Kreis farbige Wolken ineinander flossen wie bunte Schlieren in einem See, und plötzlich, als hätte jemand einen beschlagenen Spiegel blank gewischt, erkannte sie im strahlenden Mittelpunkt des Lichts den Erzengel Michael, den Anführer der himmlischen Heerscharen, in voller Rüstung, mit Harnisch und Helm und Schwert. Um ihn herum flatterten und schwirrten zahllose kleine, goldschimmernde Gestalten – und alles schien ihr so klar und wirklich, als stünde Perrin oder Hauviette vor ihr.

Jeanne musste ihre ganze Kraft zusammennehmen, um nicht ohnmächtig ins Gras zu sinken. Wie ganz von fern drang das Läuten der Glocke an ihr Ohr und mit jedem Schlag bewegte der Erzengel die Lippen. Sie lauschte, sie versuchte von seinen Lippen zu lesen, sie rutschte sogar auf ihren Knien noch etwas näher an ihn heran – doch so sehr sie sich auch bemühte, sie verstand kein Wort, er sprach zu leise, zu undeutlich. Beim letzten Schlag der Glocke löste der Erzengel sich auf, das Licht verblasste und alles war wie zuvor – neben ihr der Wasserkrug, vor ihr die Kirche und über ihr der Sommerhimmel.

Jeanne brauchte eine Weile, um wieder einigermaßen zu sich zu kommen. Probeweise berührte sie den Wasserkrug. Er fühlte sich kühl an und ließ sich hochheben. Sie machte einige Schritte – der Boden unter ihren Füßen gab nicht nach. Auch das Feld war noch da und auch die Männer hockten immer noch mit ihren Sicheln im Weizen, rafften Halme zusammen und schnitten sie ab. Wortlos stellte sie den Krug bei ihnen nieder, setzte sich abseits in die Stoppeln und starrte mit zusammengekniffenen Augen in die Luft.

»Jeanne, was ist los?«, rief ihr Vater herüber. »Hat es dir die Sprache verschlagen?«

Aber Jeanne antwortete nicht. Sie dachte nach – wenn man das wilde Geflacker in ihrem Kopf als Denken bezeichnen konnte. »So was«, murmelte sie fast unhörbar. »So was.« Und dann: »Geträumt hab ich nicht. Oder ich träume noch immer. Wenn das eben ein Traum war, dann muss das jetzt auch ein Traum sein.« Sie beobachtete eine Weile, wie die Männer bei der Arbeit schwitzten. »Nein, das hier ist kein Traum. Also ist eben der Erzengel Michael bei mir gewesen. Der Erzengel Michael. Das glaubt mir keiner. Und wenn ich's jemandem erzählen würde, würde mir nie wieder irgendjemand irgendetwas glauben. Nie wieder.« Sie atmete ein paar Mal tief durch. »Aber mit irgendeinem muss ich darüber sprechen. Mit Hochwürden Bartholomé. Nein, der ist tot. Mit dem neuen Priester. Nein, der versteht davon nichts. Mit meiner Mutter. Nein, dann weiß es noch am selben Abend mein Vater. Mit Hauviette. Nein, dann weiß es spätestens am nächsten Morgen das ganze Dorf. Mit Michel?«

Sie beschloss, mit Michel darüber zu reden.

Am Abend fand sie ihn unter den Kartenspielern auf den Grabsteinen neben der Kirche und zog ihn durch das Ufergestrüpp zu ihrem Versteck an der Maas.

»Michel«, sagte sie und tat so harmlos wie möglich, »hast du schon einmal den Erzengel Michael gesehen?«

»Na klar.« Michel warf sich ins Gras und blinzelte in die untergehende Sonne. »Kannst du dir doch denken. Mein Lieblingsheiliger. Der nächste steht in Vaucouleurs in der Kirche, soviel ich weiß. Gleich rechts vom Eingang. Der König soll ihn sogar auf seiner Fahne haben. Aber die hab ich natürlich noch nicht gesehen.«

»Ich meine: ihn selbst. Kein Bild.«

»Du stellst Fragen. Wie soll man einen sehen, der im

44

Himmel ist? Aber wenn ich in den Himmel komme, gehe ich gleich zu ihm – das ist das Erste, was ich mache.«

»Glaubst du nicht, dass man ihn jetzt schon sehen kann, solange man noch lebt?«

»Jeanne«, stöhnte Michel. »Wenn man ihn sieht, solange man noch lebt, dann ist man tot, man weiß es bloß noch nicht.«

Sie beschloss, mit gar keinem über ihre Begegnung mit dem Erzengel zu reden. Nicht über diese Begegnung – und nicht über alle anderen. Denn in den nächsten Wochen und Monaten besuchte der Erzengel Michael sie regelmäßig und mit der Zeit verstand sie ihn immer besser. Zunächst kam er höchstens einmal die Woche, später immer häufiger. Anfangs ließ er sich nur in der Nähe ihres Elternhauses sehen und auch nur dann, wenn Perrin läutete. Aber mit der Zeit nutzte er alle möglichen Gelegenheiten und manchmal kam er ihr sogar entgegen, wenn sie in der Abenddämmerung allein durch den Eichenwald lief.

Eines Tages kündigte er an, dass die heilige Margarete und die heilige Katharina ihn ablösen würden. Und als Jeanne das Licht das nächste Mal sah, schwebten tatsächlich zwei Frauen wie von einer Wolke getragen heraus, und Jeanne wusste sofort: Die mit dem roten Kleid, die mit dem feinen Lächeln, das war ihre Lieblingsheilige! Beide trugen sie goldene Kronen, beide bewegten sie ihre Lippen, und als ihre Gesichter zum Greifen nah waren, da verstand Jeanne jedes Wort. Denn wie der Erzengel sprachen auch Margarete und Katharina ein klares, sauberes Französisch.

Sie erschrak schon lange nicht mehr. In der Gesellschaft dieser beiden Frauen erlebte sie Augenblicke überwältigender Freude und oft brach sie in Tränen aus, wenn ihre Stimmen matter wurden und das Licht schwächer und die irdischen Dinge wieder an ihren Platz rückten. Aber so beglückend diese Begegnungen waren – diese Boten des Himmels verlangten etwas von ihr, und das war furchtbar. Furchtbar, weil es unmöglich war. Jeanne, befreie Frankreich von den Engländern!, sagte die heilige Margarete. Jeanne, sorge dafür, dass im ganzen Land wieder Frieden einkehrt!, sagte die heilige Katherina. Jeanne, geh zum König und lass dir von ihm eine Armee geben!, sagte die heilige Margarete. Jeanne, verlasse dein Dorf, aber heimlich, sodass dein Vater nichts davon merkt!, sagte die heilige Katherina.

Nein – diesem Auftrag fühlte Jeanne sich dann doch nicht gewachsen. Was die Himmlischen verlangten, war reiner Wahnsinn. Und so ging sie nicht zum König und forderte keine Armee von ihm und befreite Frankreich nicht von den Engländern, sondern blieb in Domrémy, bemühte sich, ihren Eltern eine gehorsame Tochter zu sein, und tat so, als wäre nichts geschehen.

Doch die Himmlischen ließen nicht locker.

4. Kapitel

Jeanne stößt in einer sehr fremden
Welt gegen sehr dicke Mauern.

Am Rande des weiten Maastals, und zwar auf
der guten Seite des Flusses, lag die Stadt Vaucouleurs,
vier Wegstunden zu Fuß von Domrémy entfernt. Vaucouleurs
war der einzige befestigte Außenposten des
Königreichs Frankreich hier im Osten des Landes –
alle anderen Städte ringsum hatten sich im Laufe des
Kriegs den Burgundern ergeben, auch Neufchâteau.
Und der Mann, der es wagte, als Letzter dem Herzog
von Burgund die Stirn zu bieten, der Mann, der
für alle Aufforderungen zur Kapitulation nur ein heiseres
Lachen übrig hatte, das war der Ritter Robert de
Baudricourt, Stadtkommandant von Vaucouleurs.
Andere in seiner ungemütlichen Lage, auf ähnlich
verlorenem Posten, hätten ihr Mäntelchen nach dem
Wind gehängt und längst die Seiten gewechselt. Gestern
noch in französischen Diensten, heute schon bei
den Engländern oder Burgundern im Sold – das war
in diesen unsicheren Zeiten eine Frage der Überlebenskunst
und der Bezahlung. Wer so unklug war, an seinen
Überzeugungen festzuhalten, der hatte gute Aussichten,
sich nach der nächsten verlorenen Schlacht in
einem dunklen Turm tief unter der Erde zwischen
Spinnen und Ratten wieder zu finden.
Natürlich wusste auch Robert de Baudricourt, was

ihm blühte, sollten die Burgunder seine Stadt eines Tages erobern. Bis jetzt allerdings hatten sie noch nicht einmal den Versuch gemacht. Denn Vaucouleurs mit seinen dreiundzwanzig Wehrtürmen war eine der stärksten Festungen Frankreichs. Und der Herr Baudricourt war ein abgebrühter alter Krieger, der sich vor dem Tod nicht mehr fürchtete als vor einer verlorenen Schachpartie. In zahllosen Schlachten hatte er ihm ins Auge geblickt, dem Tod, und daher hielt er das Sterben für eine leichte und selbstverständliche Angelegenheit, die man ohne großes Tamtam hinter sich brachte.

Seit er vor acht Jahren Kommandant und Vertreter des Königs in Vaucouleurs geworden war, hatte er es jedenfalls verstanden, seine Stadt aus den Wirren dieses Kriegs herauszuhalten. Umso mehr wunderte er sich über das aufgeregte Geschrei draußen vor seinem Schloss, als er zusammen mit seinem Offizier und engsten Vertrauten Jean de Metz an diesem strahlend schönen Junitag nach dem Mittagessen den Audienzsaal betrat.

»Was bedeutet denn dieser Tumult? Das hört sich ja an, als wären die Burgunder schon über die Stadtmauer geklettert!«

»Mach dir nicht in den Waffenrock«, sagte Jean de Metz und grinste. »Deine Untertanen haben sich nur ein neues Spiel ausgedacht.«

»Auf dem Schlossplatz?«, schnauzte Baudricourt, während er so schnell er konnte zu einem der Fenster humpelte. »Wieso treiben die ihre blöden Späße nicht auf dem Markt?«

»Ich hab's genehmigt. In der Hoffnung, dass es meinem Herrn und Gebieter die ewig schlechte Laune vertreibt.«

»Du hast hier überhaupt nichts zu genehmigen.«

»Beruhige dich, Robert. Es wird dir gefallen.«

Sie beugten sich beide aus dem Fenster. Ganz Vaucouleurs schien auf den kleinen Schlossplatz zu strömen. Gleich unter dem Fenster hatten sie ein Sechseck aus Bretterwänden errichtet, eine provisorische Arena offenbar. Und darin schnüffelte ängstlich eine Sau.

Da bahnte sich auch schon ein kleiner Zug seinen Weg durch die grölende Menschenmenge – vorweg ein Trommler, dann ein Fahnenträger, der Sprünge wie ein besoffener Laubfrosch vollführte, und dahinter drei klapperdürre Männer in zerrissenen Pluderhosen, die ihren Weg mit langen Knüppeln ertasteten. Baudricourt warf einen erzürnten Blick auf Jean de Metz.

»Wer sind denn die? Blinde?«

»Erraten«, grinste Jean zurück. »Sie haben die drei Ärmsten vor dem Stadttor aufgelesen und ihnen die Chance ihres traurigen Lebens geboten. Wer die Sau totschlägt, der darf sie behalten. Ein Akt der Barmherzigkeit – findest du nicht?«

Der Zug hielt in der Arena an. Trommler und Fahnenträger zogen sich zurück, der Durchlass wurde verriegelt, ein Pfiff gellte, und im selben Augenblick holten die Blinden mit ihren Knüppeln aus und droschen mit voller Kraft auf den Boden ein, während die Sau wie von Sinnen zwischen ihnen umherraste. Wie erwartet trafen sie mit ihren Schlägen allerdings nur selten die Sau, dafür immer häufiger Beine oder Kopf eines Konkurrenten, der zusammenbrach, sich wieder aufrappelte und mit verdoppelter Wut um sich schlug.

»Was baumelt dem einen denn da aus der Hose?«, brüllte Baudricourt gegen den Lärm der jauchzenden Menge an.

»Alle Teufel«, staunte Jean. »Ein Kuhschwanz! Der soll wohl den Engländer spielen. Da, schau her. Der zweite hat eine französische Lilie am Po. Und der dritte ein Andreaskreuz.«

»Dann ist die Sau wohl Frankreich?«

»Sieht ganz so aus.« Jean kicherte. »Robert, ich glaube, wir erleben soeben die Entscheidungsschlacht um unser geliebtes Vaterland!«

»Und so was genehmigst du«, sagte Baudricourt, ohne seinen Blick von dem Spektakel abzuwenden. »Apropos geliebtes Vaterland. Was sagst du zu dem Mädchen?«

»Die von heute Vormittag? Dieses Rotkehlchen?«

»Genau die.« Baudricourt trat vom Fenster weg und bugsierte Jean de Metz in die Mitte des Saals. »Genau die.«

»Hübsch.« Jean leckte sich die Lippen, als hätte er schon von dem Schweinebraten gegessen, der unten vorm Fenster noch als Rohkost herumsprang. »Jedenfalls keine unappetitliche Erscheinung.«

»Leider Sommersprossen. Magst du Sommersprossen?«

»Das sind die besten!«, grinste Jean. »Solltest du auch mal probieren.«

»Schon gut, mein tapferer Frauenheld. Und welchen Eindruck hat sie sonst auf dich gemacht?«

»Keinen. Ich hab sie nur an der Wache abgeholt und bis vor deine Tür begleitet, sie und ihren Onkel. Der Onkel hat kein Wort herausgebracht und von ihr hab ich lediglich erfahren, dass sie Jeanne heißt und aus Domrémy kommt und deine Hilfe braucht.«

»Meine Hilfe«, grunzte Baudricourt. »Dass ich nicht lache.« Er ließ seine Pranke auf Jeans Schulter niedersausen. »Mein lieber Jean, glaub bitte nicht, ich hätte zu viel getrunken, aber ... diese Bauerngöre will allen Ernstes die Engländer besiegen und alle Gentlemen aus Frankreich rauswerfen! Mal eben so. Und der gute, alte Baudricourt soll ihr dabei ein wenig zur Hand gehen und ihr Pferde und Bewaffnete stellen, damit sie hopplahopp zum König reiten kann. Alles andere traut sie sich dann selbst zu. Und weißt du, wie sie darauf kommt? Der liebe Gott hat ihr erzählt, dass sie das Zeug dazu hat!«

Er nahm seinen Stock vom Tisch und begann, auf und ab durch den Saal zu humpeln.

»Weißt du, Jean, ich bin jetzt seit acht Jahren Stadtkommandant von Vaucouleurs, aber so eine übergeschnappte Gans habe ich noch nicht erlebt. Da zerbrechen sich seit neunzig Jahren die erfahrensten Heerführer Frankreichs vergeblich die Köpfe darüber, wie man die englische Pest wieder loswird – und dann kommt eine, die bisher nichts anderes gemacht hat als Schweine zu füttern und Ställe auszumisten und will dem König erzählen, wie man Frankreich rettet. Was sagst du dazu?«

Jean musste sich zusammenreißen, um nicht laut loszulachen. Endlich mal jemand, der es geschafft hatte, Robert de Baudricourt aus der Fassung zu bringen!

»Na, so sind sie, diese Einfaltspinsel vom Dorf«, antwortete er, als Baudricourt schnaubend vor ihm stehen blieb. »Aber«, fuhr er unbeirrt fort, »hässlich war sie nicht. Schlank, große Brüste, langes braunes Haar, ein hübsches Gesicht ...«

»Zu groß für meinen Geschmack«, brummte Baudricourt. »Zu groß – und zu selbstsicher. Wie alt mag sie gewesen sein?«

»Sechzehn? Höchstens siebzehn. Hast du nicht daran gedacht, sie dir für ein Stündchen ins Bett zu holen? Geplagte Menschen wie du haben doch Anspruch auf Abwechslung.«

»Rührend, wie du an mich denkst. Nein, ich mag diese Hochnäsigen nicht. Ich hab sie rausgeworfen und ihrem stummen Onkel geraten, sie mit einer ordentlichen Tracht Prügel wieder zur Vernunft zu bringen.«

»Würdest auch keinen Spaß an ihr haben«, feixte Jean de Metz. »Du fummelst an ihr rum und die ist mit ihren Gedanken die ganze Zeit beim König von Frankreich!«

Während sich beide vor Lachen krümmten, ertönte draußen ein spitzer Schrei aus tausend Kehlen.

»Aha, die Sau ist tot«, prustete Baudricourt. »Schau mal nach, wer gewonnen hat.«

Mit drei Sätzen war Jean am Fenster. »Tja«, rief er in den Saal, »der mit dem Kuhschwanz, wie's aussieht.«

»Siehst du, hab ich befürchtet«, japste Baudricourt. »Du brauchst nur einen Bettler zum Engländer zu ernennen und schon gewinnt er. Die sind unschlagbar. Jean, mit uns ist es aus!« Er unterstrich seine Worte mit einem lang gezogenen Furz. Dann wurde er plötzlich ernst. »Schluss mit den Albereien«, sagte er im Befehlston. »Ich hab zu tun. Und du gehst jetzt runter und sorgst dafür, dass die drei verarztet werden – auf Kosten der Stadt.«

Als Jean de Metz gegangen war, griff Baudricourt zu Fasanenfederhut und Stock, um sich an die tägliche Inspektion der Befestigungsanlagen zu machen. Auch sein steifes Bein, in dem vor acht Jahren plötzlich ein englischer Pfeil gesteckt hatte, konnte ihn nicht davon abhalten.

An der Stadtmauer arbeitete er sich die Holztreppe zum Wehrgang hoch. Er überzeugte sich, dass hinter den Mauerzinnen in regelmäßigen Abständen Fässer mit Steinen standen und dass die Steine schwer genug waren, um Angreifer damit von den Sturmleitern ins Jenseits oder wenigstens in die Gräben zu befördern. »Kerl!«, fuhr er einen Wächter an. »Du wirst noch wegen Schlamperei in die Hölle kommen! Füll dieses Fass da auf, oder willst du nach zehn Vaterunsern schon mit leeren Händen dastehen?«

Über dem Stadttor ließ er probeweise die Kippvorrichtung für die Pechpfanne in Gang setzen. Knarrend bewegten sich die großen Zapfen in den Gelenken, die gewaltige Pfanne neigte sich nach vorn und Baudricourt sah im Geist, wie ein dicker Strahl von brodelndem Pech durch die Öffnung im Boden schoss. Im Ernstfall würde sich dieser tödliche Strahl über Angreifer ergießen, die das Stadttor unten mit dem Rammbock bearbeiteten. »Das Lager hier fetten«, sagte er kurz.

Helle Freude hatte er wie üblich an seinen Kanonieren, die die Talseite der Stadtmauer schützten. Wie akkurat sie die steinernen Kanonenkugeln zu kleinen Pyramiden aufgeschichtet hatten! Es waren deutsche Kanoniere – in der ganzen Christenheit gab es keine besseren und dennoch überkam ihn hier ein mulmiges Gefühl. Denn von seinen acht Kanonen waren nur noch fünf einsatzbereit und das waren im Ernstfall womöglich zu wenig.

Auf dem mächtigen südöstlichen Eckturm angekommen, hängte er seinen Fasanenfederhut an den Zünder einer Kanone. Wie sanft und kühl der Wind hier oben wehte. Er liebte den Wind und wie er durch die grünen Halme der Weizenfelder im Tal strich. Nie hatte der Wind den Lärm des Kriegs bisher in dieses Tal getragen. Zwar hatten vor drei Jahren einmal Schinder ein paar Dörfer überfallen, doch großer Schaden war dabei, soweit er wusste, nicht entstanden, weil ihre Bewohner sich rechtzeitig in Sicherheit bringen konnten. Der Frieden schien sie allmählich übermütig zu machen.

Oder wie sollte er sich sonst erklären, dass heute Morgen dieses blutjunge Ding aus Domrémy bei ihm aufgetaucht war, das sich offenbar nichts sehnlicher wünschte, als auf den Schlachtfeldern Frankreichs mittanzen zu dürfen? Und wie ernst es dieser Jeanne gewesen war! Auf allen Wehrgängen hatte sie die Soldaten verrückt gemacht und geheimnisvoll getan und nach dem »hohen Herrn Baudricourt« gefragt. Und ihr Onkel war wie ein Zirkusbär immer hinter ihr hergetrottet.

Weshalb hatte er sie überhaupt angehört? Als Kommandant einer Stadt, die von Feinden umzingelt war, durfte man eben nichts unversucht lassen. Da klammerte man sich an jeden Strohhalm. Insgeheim hatte er wohl gehofft, dass sie ihm einen vergrabenen Goldschatz in einem Brennnesselfeld zeigen könnte oder eine verwunschene Scheune voll nagelneuer Nürn-

54

berger Kanonen. Es gab ja tatsächlich Mädchen und Frauen, die Träume hatten und in die Zukunft sehen konnten und Dinge wussten, die eigentlich keiner wissen konnte. Überall in Frankreich wurde in diesen Tagen gewahrsagt und prophezeit, und wenn eine echte Jungfrau was träumte, dann galt ihr Wort mehr als das eines Bischofs oder Papstes.

Vermutlich, weil kein Bischof und kein Papst einem noch sagen konnte, wie es mit Frankreich weitergehen sollte. Die englischen Armeen standen bereits an der Loire. Früher oder später, vielleicht in ein paar Monaten schon, würden sie sich auch den Süden des Landes unter den Nagel reißen. Sie brauchten nur noch Orléans zu erobern, wo die einzige Brücke über die Loire führte, und schon hätten sie freie Bahn. Sein König hatte den fanatisch kämpfenden Engländern jedenfalls nichts mehr entgegenzusetzen, der konnte froh sein, wenn er mit heiler Haut das Schiff erreichte, das ihn nach Spanien bringen sollte. Keine berauschende Aussicht – und trotzdem musste Baudricourt plötzlich schmunzeln. Karl VII. nannte sein König sich. Aber bei vielen hieß er nur noch Karl der Letzte.

Baudricourt nahm seinen Hut und machte sich an den Abstieg. Auf ihn, den Stadtkommandanten von Vaucouleurs, wartete leider nirgendwo ein Schiff. Auf ihn wartete nur der Turm oder der Tod. Mit Frankreich wäre es dann vorbei, ein für alle Mal vorbei. Und diese Jeanne mit ihrem geflickten roten Kleid und dieser Duftwolke, bei der man gleich an Fliegen und Stallmist denken musste – die hätte für immer ausgeträumt.

5. Kapitel
Jeanne legt sich ordentlich ins Zeug, kommt aber trotzdem nicht viel weiter.

Schneller, als Baudricourt befürchtet hatte, braute sich das Unheil über Frankreich zusammen. An einem der letzten Oktobertage – seit dem frühen Morgen goss es in Strömen – zügelte ein atemloser Reiter seinen dampfenden Apfelschimmel vor dem Frankreichtor von Vaucouleurs. Der Wächter warf einen Blick unter seiner tropfenden Sturmhaube hervor auf das Pferd und winkte ihn durch, worauf der Reiter seinem nervös auf der Stelle tanzenden Tier sogleich wieder die Sporen gab. Es war ein Wunder, dass ihm in den belebten Straßen kein Hund und kein Kind unter die Hufe geriet, aber selbst dann hätte er wohl nicht angehalten. Wütende Blicke aus schlamm-bespritzten Gesichtern folgten ihm, bis er sein Pferd im Schlosshof zum Stehen brachte, mit einem Ächzen aus dem Sattel glitt und ohne sich noch einmal umzusehen im Schloss verschwand. Das konnte nur einer gewesen sein: Colet de Vienne, der Bote des Königs. Der durfte sich alles erlauben.

»Jetzt sagt mir nicht, die Engländer belagern Orléans«, empfing ihn Robert de Baudricourt.

»Gratuliere«, keuchte der Bote des Königs. »Ihr seid ein Hellseher. In der vergangenen Woche haben eng-

56

lische und burgundische Truppen Orléans eingeschlossen. Die Stadt wird bereits beschossen.«

Der Knall, mit dem Baudricourts Stock auf dem Tisch im Audienzsaal aufschlug, war noch im Schlosshof zu hören.

Von diesem Tag an breitete sich in Vaucouleurs Untergangsstimmung aus. Und mit jedem Besuch des stets atemlosen Colet de Vienne erschien die Lage düsterer.

»Seit zwei Monaten wird Orléans jetzt schon belagert«, polterte Baudricourt im Winter. »Was unternimmt der König eigentlich? Oder hat er sich zum Winterschlaf eingerollt?«

»Der König berät sich mit seinem Kanzler, Herrn Trémoille«, hechelte Colet empört.

»Also, Herr de Vienne. Das nächste Mal erzählt Ihr mir, dass der König ein Heer zur Befreiung von Orléans aufstellt, oder ich erteile euch Hausverbot!«

Aber auch das half nichts. Seit ihr erster Sturmangriff auf Orléans gescheitert war, hatten sich die Engländer darauf verlegt, die Stadt mit Bollwerken von der Außenwelt abzuschneiden und auszuhungern. Und der König stellte sich weiterhin tot.

An einem dieser grauen Januartage stapfte Jean de Metz missmutig durch den Brei aus Kot und Schneematsch in der Schmiedegasse von Vaucouleurs. Hier wie überall in der Stadt versperrten Handkarren und Pferdewagen den Weg, von denen Brennholz abgeladen wurde, und ohne auf Fußgänger zu achten, warfen die Holzknechte mit halben Baumstämmen um sich. Jean musste mehrmals den Kopf einziehen, um nicht getroffen zu werden. »In Orléans lebt man sicherer als in Vaucouleurs«, schimpfte er vor sich hin. Da bemerkte er auf der anderen Straßenseite eine junge Frau. Unter ihrem grauen Wollumhang trug sie ein rotes Kleid. Und dieses Rot kam ihm bekannt vor.

»Jeanne!«, rief er über die Straße. Mehrere Frauen blieben stehen und drehten sich nach ihm um, auch das Mädchen im roten Kleid. Schau an, sie war es wirklich – Jeanne aus Domrémy! Mit drei Schritten war er bei ihr und fasste sie beim Arm.

»Teufel noch mal, was machst du denn hier, Herzchen?«, sprudelte er los. »Wieder mal Frankreich retten? Hat sich inzwischen erledigt, oder? Sieht ganz so aus, als würden wir alle bald Engländer sein. Bleibst du länger in Vaucouleurs?«

Ihr Blick brachte ihn zum Schweigen. Sie sah ihn nur an, ohne zu lächeln, mit leicht geöffneten Lippen. Sie wartete mit ihrer Antwort, bis Jean ihren Arm losließ.

»Schade«, sagte sie mit ihrer angenehm weichen Stimme. »Ihr redet wie alle andern. Aber das sage ich Euch: Ob wir Engländer werden oder nicht, hängt ganz allein von Eurem Herrn Baudricourt ab. Ich muss bis Mitte März beim König sein. Wir haben also keine Zeit zu verlieren. Und deshalb werde ich diesmal auch in Vaucouleurs bleiben, bis Euer Herr Baudricourt auf mich hört. Richtet ihm das bitte aus. Wenn Ihr mich sucht – ich wohne da drüben in der Schmiede.«

Sie deutete auf die Schmiede von Martin und Catherine Royer, aus der hell und scharf das rhythmische Knallen von Hämmern auf einem Amboss drang.

»Donnerwetter, du gehst ja ran!« Jean de Metz verkniff sich ein Grinsen. »Weißt du überhaupt, wo sich der König gerade aufhält?«

58

»In Chinon, hat man mir gesagt. Und einer von euch im Schloss wird ja wohl wissen, wo das liegt.«

»Teufel, ja, da gäb's schon den einen oder anderen. Ich würde nur zu gern wissen, was du dem König so verdammt Wichtiges zu sagen hast?«

Sie rümpfte die Nase und bekreuzigte sich.

»Flucht Ihr immer so viel, Herr de Metz? Das ist ja grässlich. Natürlich ist es wichtig. Wenn es nicht wichtig wäre, würde ich Herrn Baudricourt nicht behelligen. Und alles Weitere geht Euch nichts an.«

»Schon gut, schon gut!«, beschwichtigte er sie lachend. »Wahrscheinlich sitzt der König schon auf heißen Kohlen. Ich werde dir sofort eine nette, kleine Armee zusammenstellen. Zwanzig Ritter, fünfzig Armbrustschützen, eine Belagerungsmaschine für den Fall, dass du unterwegs Lust bekommst, eine Stadt zu erobern – sonst noch was? Also, bis später. Wir erwarten deine Befehle.«

Er ließ sie stehen und machte sich vergnügt auf den Weg zum Schloss, wo er Baudricourt im Gespräch mit Colet de Vienne antraf.

»Diese Nervensäge«, brummte Baudricourt, nachdem Jean ihm Bericht erstattet hatte. »Herr de Vienne, richtet dem König bitte aus, ich werde belagert. Ich brauche dringend Hilfe.«

Das Scherzen sollte ihm bald vergehen. Es verstrich kein Tag mehr, an dem Robert de Baudricourt nicht bei einem zufälligen Blick aus dem Fenster das rote Kleid gesehen hätte. Jeanne redete auf die Wachen ein, lief den Soldaten im Schlosshof nach, fragte überall nach Herrn Baudricourt und schreckte nicht einmal davor zurück, den Pfarrer der Schlosskirche, Hochwürden Fourier, nach der Beichte mit der Bitte zu löchern, ihr Zugang zum Schloss zu verschaffen. Nach einer Woche war sie in Vaucouleurs bekannt wie ein bunter Hund.

Baudricourt verstand die Welt nicht mehr. Da machte dieses Luder den Leuten weis, sie könne – mit Gottes Hilfe selbstverständlich – den Belagerungsring um Orléans sprengen und alle Engländer nach Hause schicken, und niemand brach in schallendes Gelächter aus! Im Gegenteil! Dieselben Menschen, die vor Vergnügen aus dem Häuschen geraten konnten, wenn drei Blinde sich gegenseitig mit Knüppeln umsäbelten, hörten ihr jetzt fast andächtig zu. Wenn er sich nicht täuschte, hatte sogar der gute Jean de Metz sie schon ins Herz geschlossen. Sie verhexte die Leute! Das war's. Sie verhexte die Leute. Vielleicht war sie eine Hexe? Das wäre ein Grund, sie rauszuschmeißen. Und auf dem schnellsten Weg dem Inquisitionsgericht zu übergeben.

»Jean«, raunzte Baudricourt seinen ersten Offizier an, »bring mir die Nervensäge her!«

Und seinem zweiten Offizier Bertrand de Poulengy befahl er, Hochwürden Fourier anzuschleppen, tot oder lebendig.

Den Priester platzierte er im Audienzsaal in die Ecke hinter der Tür, sich selbst ließ er auf einen Lehnstuhl beim Fenster fallen. Da ging die Tür auf und Jean trat mit ihr ein. Jeanne blieb in respektvoller Entfernung vor Baudricourt stehen. Da war er wieder, dieser Geruch nach Stallmist und Holzkohlefeuer und versengten Pferdehufen. Augenblicklich beschlich ihn dasselbe Unbehagen wie beim letzten Mal. Jean nahm

60

geräuschlos beim Kamin Platz. Baudricourt räusperte sich.

»Was willst du hier in der Stadt? Deinen Herrn bespitzeln? Die Leute gegen den Vertreter des Königs aufwiegeln?«

Jeanne lief rot an. »Herr Baudricourt«, platzte sie heraus, »warum behandelt Ihr mich wie Luft? Ihr wisst doch, worum es geht. Wir haben jetzt keine Zeit mehr zu verlieren! Wenn Orléans fällt, ist alles zu spät. Spätestens Mitte März muss ich beim König sein. Gebt mir Pferde und Begleiter. Bewaffnete und Leute, die den Weg kennen. Und setzt ein Empfehlungsschreiben an den König auf, damit ich die Herrschaften bei Hof nicht erst wieder mühsam davon überzeugen muss, dass ich nicht verrückt bin.«

Baudricourt atmete schwer. Es fiel ihm nicht leicht, sich zu beherrschen.

»Und was soll in diesem Schreiben stehen?«

»Dass ich der einzige Mensch bin, der Frankreich retten kann. Und dass der König wegen Orléans nichts unternehmen soll, bis ich mit ihm gesprochen habe. Und dass ich vor Mitte März bei ihm sein werde.«

Baudricourt hielt es nicht länger auf seinem Stuhl. Er baute sich vor ihr auf und beschnüffelte und beäugte sie, als müsste man eine Fischvergiftung befürchten, wenn man sie nur berührte. Er zielte mit der Spitze seines Stocks auf ihre Brust.

»Du willst dem König von Frankreich Vorschriften machen? Du – Jeanne aus Domrémy?«

Sie wartete mit ihrer Antwort, bis er den Stock wieder gesenkt hatte.

»Herr Baudricourt. Ihr wisst doch selbst: Der König

ist noch gar nicht König. König darf sich nur nennen, wer in Reims gekrönt worden ist. Und der edle Herr Karl hat sich bis heute noch nicht nach Reims getraut.« Sie warf einen kurzen Blick auf Jean de Metz und verschränkte die Arme vor der Brust. »Jetzt sagt mir nicht, Reims sei in burgundischer Hand und der Weg dahin viel zu gefährlich. Wegen der Feinde braucht sich niemand Sorgen zu machen. Weil ich selbst nämlich den edlen Herrn Karl nach Reims führen werde, sobald Orléans befreit ist.«

Das wurde ja immer bunter! Offenbar dachte sie daran, den König unter ihre Fittiche zu nehmen. Wie konnte sich eine Bauerngöre bloß einen derartigen Unfug ausdenken? Da kam Baudricourt ein Verdacht.

»Sag mal, wer hat dich geschickt?«, fragte er leise.

»Wer mich schickt? Gott. Wer denn sonst? Und ich werde Orléans befreien – ich will mich nämlich nicht vor Gott blamieren. Ihr glaubt wahrscheinlich, der Himmel hätte den Untergang Frankreichs beschlossen. Aber ich weiß es besser. Vielleicht bin ich die Einzige in Frankreich, die es besser weiß. Aber das reicht.«

Baudricourt warf Jean de Metz und Fourier verzweifelte Blicke zu. Der Priester verdrehte die Augen zur Saaldecke. Jean ermunterte ihn durch ein kurzes Nicken zu größerer Geduld. Womöglich hatte er Recht. Wahrscheinlich brauchte Fourier noch weitere Anhaltspunkte für Hexerei.

»Jeanne«, sagte er mit nachsichtigem Lächeln. »Angenommen, ich ginge auf deine Wünsche ein. Der König würde von dir sicher wissen wollen, welchen Plan du dir für die Befreiung von Orléans ausgedacht hast.

Möchtest du mir diesen Plan nicht jetzt schon einmal verraten?«

Sie wurde ungeduldig.

»Das geht allein den König etwas an. Herr Baudricourt, es eilt, ich muss los. Ich bitte Euch um Pferde und Mannschaft.«

Da platzte Baudricourt der Kragen. Er fuhr hoch und donnerte sie an: »Weißt du überhaupt, was Krieg ist? Weißt du, was dich da erwartet? Hat dir das schon mal jemand erzählt? Was das für ein Erlebnis ist, wenn englische Dolchmänner die Visiere unserer Ritter hochreißen, wenn sie hilflos am Boden liegen, und ihre Messer in die offenen Helme bohren? Du weißt doch gar nicht, wovon du sprichst!«

Jeanne hatte sich die Ohren zugehalten. Tränen liefen ihr übers Gesicht. Und ihre feste, sanfte Stimme klang plötzlich weinerlich.

»Herr Baudricourt, bitte. Ihr habt ja Recht. Natürlich weiß ich nicht, wie man Kriege führt und Schlachten gewinnt. Und ich würde in diesem Augenblick tausendmal lieber mit meiner Freundin bei uns am Waldrand sitzen und spinnen, als hier vor Euch zu stehen. Aber die Himmlischen lassen mir keine Ruhe. Und der heilige Erzengel Michael hat mir ausdrücklich gesagt, ich soll mich wegen der Pferde an Euch wenden.«

Baudricourt musste plötzlich lachen. Er lachte lange und laut. Vielleicht war sie doch keine Hexe! Vielleicht hatte Gott sie wirklich gesandt – um ihn zum Lachen zu bringen! Aber jetzt hatte er von dieser Komödie genug.

»Welche Himmlischen?«, japste er. »Du erhältst also Besuch von den Himmlischen, ja? Irgendjemand redet mit dir, wenn du auf der Weide bei deinen Schafen bist und im Gras liegst und ein bisschen eingenickt bist, ja? Und wenn du wieder aufwachst, dann sind da nur deine Schafe, und du hast das Gefühl, eins davon ist der Erzengel Michael. So etwa, ja?«

Sie schwieg.

Baudricourt wedelte mit seinem Stock, als Zeichen, sie hinauszuschaffen. Aber noch bevor Jean de Metz sie beim Arm fassen konnte, stampfte Jeanne wütend an ihm vorbei aus dem Raum.

»Hochwürden«, sagte Baudricourt nach einer Weile. Der Priester saß immer noch stumm in seiner Ecke. »Hochwürden! Jetzt sagt Ihr doch mal was. Hexe oder nicht?«

»Hexe? Hexe?« Der Priester wischte sich den Schweiß von der Stirn. »Natürlich müssen wir das Urteil des Inquisitionsgerichts abwarten. Aber, mit Verlaub gesagt, für mich liegt hier eher ein kleiner Dachschaden vor. Ich kenne sie doch. Seit sie hier ist, vergeht kein Tag, an dem ich ihr nicht die Beichte abnehmen darf. Und mein Eindruck ist: ein ganz liebes Mädchen. Auch was ich jetzt gehört habe, lässt mich nicht an ihrer Frömmigkeit zweifeln. Worum ich mir allerdings Sorgen mache, das ist ihr Verstand.«

»Ihr Verstand?«, fuhr Baudricourt dazwischen. »Sie hat überhaupt keinen. Und was ist mit diesen Himmlischen?«

»An und für sich nichts Ungewöhnliches. Ich selbst habe schon mehrfach die Stimme des heiligen Lorenz vernommen. Aber der Auftrag ihrer Himmlischen – höchst merkwürdig. Dennoch: eine harmlose Spinnerei, möchte ich meinen. Der Pfarrer ihrer Heimat-

64

gemeinde wird gewiss eine simple Erklärung dafür haben.«

»Mit anderen Worten: Zur Hexe reicht es nicht«, fasste Baudricourt erschöpft zusammen. »Sie wird also weiter frei herumlaufen. Immerhin verstehen wir beide jetzt, warum ihr Vater sie nicht schon längst zurückgeholt hat. Der wird erleichtert aufgeatmet haben, als er sie endlich los war.« Und dasselbe dünne Lächeln, das die Worte des Priester begleitet hatte, erschien jetzt auch auf Baudricourts zerfurchtem Soldatengesicht.

Nach dem Reinfall mit Baudricourt fühlte sich Jeanne wie damals, als sie eines schönen Frühlingsabends die Burgunder von Maxey vermöbelt hatte – elend. Wieder mal war eine Chance zum Sieg vertan. Wann würde sie die nächste bekommen? Aber sie durfte die Himmlischen nicht enttäuschen! Sie musste ihnen beweisen, dass sie sich nicht geirrt hatten. Dass auf Jeanne aus Domrémy Verlass war. Dass sie die Richtige war und niemand sonst! Aber wie? Chinon erschien ihr nach wie vor so unerreichbar wie der Mond.

Und genauso unerträglich wie die Tage des Wartens waren die Nächte dazwischen. Oft hörte sie im Traum die wütende Stimme ihres Vaters durch die leere Schmiede hallen – dann fuhr sie hoch, saß hellwach auf ihrem dünnen Strohsack und lauschte zitternd in die eisige Finsternis. Doch nie regte sich im Haus etwas anderes als die Kampfhähne des Schmieds, die Nacht für Nacht, lange vor Anbruch der Dämmerung, loskrähten – alle zweiundzwanzig Hähne auf einmal.

Erleichtert sank sie dann zurück und schlief weiter, bis die alte Magd sie mit einem Tritt gegen die Tür weckte.

Die alte Magd führte sich ihr gegenüber noch feindseliger auf als der alte Baudricourt. Eigentlich hätte Jeanne ihr alle unangenehmen Arbeiten abnehmen sollen. Aber längst behandelte die junge Frau des Schmieds, Catherine Royer, das sonderbare Mädchen aus Domrémy wie ihre eigene Tochter. Schlimmstenfalls musste Jeanne den nervös zuckenden Kampfhähnen mit ihren blutroten, kahl gerupften Bäuchen draußen im Hof Futter bringen. Oder das Eis in der Regentonne aufhacken. Die meiste Zeit aber verbrachte sie in der Kirche, sprach mit Leuten auf der Straße oder saß mit ihrer Wirtin in der geheizten Stube und versuchte sich nichts von ihrer Verzweiflung anmerken zu lassen.

Drei Tage nach ihrem Erlebnis mit Baudricourt hörte sie vertraute Stimmen in der Toreinfahrt, und als sie hinunterstürzte, waren es tatsächlich Laxart und Hauviette! Jeanne verschlug es die Sprache – woher wusste Hauviette von ihrem Versteck?

»Jeannette!«, strahlte Hauviette und fiel ihr um den Hals. »Sei mir nicht böse, meine Liebe, aber es war so langweilig in Domrémy ohne dich. Und weil du allen erzählt hast, du seist bei Onkel Laxart, bin ich heut morgen einfach nach Burey gegangen. Wer war nicht da? Meine Jeannette! Erst wollte dein Onkel nicht mit der Sprache herausrücken – stimmt's?« Sie drückte Laxart einen Kuss auf die Wange. »Aber dann war er so reizend, mich auf seinem Wagen herzufahren.«

Laxart stand dabei, lächelte verlegen durch seinen vereisten Bart und zuckte mit den Schultern. Gegen die ist man machtlos, sollte das heißen. Jeanne führte die beiden hinauf. Catherine rückte auf ihrer Bank zur Seite und trug der Magd auf, heiße Milch mit Honig zu bringen. Sogleich sprudelte Hauviette wieder los.

»Wann kommst du endlich zurück, Jeannette? Michel wird schon ganz ungeduldig. Was willst du eigentlich hier in der Stadt? Und warum hast du deiner Familie den Bären aufgebunden, du wärst zum Kinderhüten bei Onkel Laxart? Dein Vater glaubt sowieso schon nicht mehr daran – wenn du mich fragst.«

Ach du grüne Neune! Je weniger Hauviette wusste, desto besser. Jeanne tauschte einen verschwörerischen Blick mit Onkel Laxart, der mit seinem dicken Hintern schuldbewusst auf seinem Schemel herumrutschte, und bastelte an einer kleinen Notlüge. Baudricourt habe sie rufen lassen, sagte sie dann, wegen eines Auftrags in der burgundischen Angelegenheit, und sobald das erledigt sei, komme sie zurück und alles sei wie früher. So, das sollte reichen.

»Burgundische Angelegenheit?«, staunte Hauviette.

Da platzte Catherine dazwischen. »Unsere Jeanne meint, dass sie zum König geht und Orléans befreit. Wisst ihr das in eurem Dorf nicht? Hier weiß das jeder.«

Jeanne starrte Catherine an. Hauviette starrte Jeanne an. Und Laxart starrte auf die kleine Wasserlache am Boden, die ihm aus dem Bart getropft war.

»Zum König?«, stammelte Hauviette endlich. »Was um alles in der Welt willst du beim König?«

»Wie Catherine gesagt hat: Ich will ihm helfen, Orléans zu befreien«, sagte Jeanne unsicher.

»Jeannette, Liebes, ich komme mit!« Hauviette lachte laut auf. »Wir machen uns schön und besuchen den König und fahren mit ihm nach Orléans!«

»Hauviette«, flehte Jeanne. »Bitte. Ich kann niemanden dabei gebrauchen. Auch dich nicht. Aber ich komme wieder. Ich gehöre zu euch.«

Die Magd watschelte herein, stellte zwei dampfende Holzbecher mit heißer Milch vor Catherine ab, streifte die ganze Gesellschaft mit einem vernichtenden Blick und watschelte wieder hinaus.

»Ich lass mich überraschen«, murmelte Hauviette. Sie angelte sich einen Becher, fischte mit dem Finger die Haut von der Milch und nahm einen Schluck. Im nächsten Moment fuhr sie schon wieder mit strahlendem Lächeln zu Jeanne herum. »Oder ist das alles gar nicht euer Ernst? Steckt vielleicht ein Kerl dahinter? Hast du einen neuen Verehrer, Jeannette?«

Jeanne schüttelte gereizt den Kopf. Am liebsten hätte sie sich im Kamin verkrochen. Sie brannte nicht gerade auf Neuigkeiten aus ihrem Elternhaus. Und Hauviette weiter in ihre Pläne einzuweihen, kam überhaupt nicht in Frage. Schon deshalb nicht, weil sie überhaupt keine Pläne hatte. Und das brauchte nun wirklich niemand zu wissen.

Wenig später brachen die beiden auf.

»Weißt du, Jeannette«, sagte Hauviette zum Abschied mit ihrem spöttischen Lächeln, »vergiss Michel. Du heiratest einfach den König und ihr werdet drei wunderschöne Söhne haben. Der eine wird Kaiser, der andere Papst und der dritte löst den lieben Gott ab. Das kriegst du schon hin.«

Sie kletterte neben Laxart auf den Kutschbock, die

Pferde zogen an und ganz am Ende der Straße winkte sie noch einmal, ohne sich umzuschauen.

Jeanne fühlte sich sterbenselend. In der folgenden Nacht hörte sie die Stimme ihres wutschnaubenden Vaters gleich neben sich in der Kammer. Sie wachte auf und lauschte, die Decke über den Kopf gezogen. Nichts. Alles still. Nur die Hähne schrien kurz darauf los.

6. Kapitel
Jeanne macht die Erfahrung, dass
sie nicht die Alte bleiben darf, wenn
sie ihr Ziel errreichen will.

Wenigstens hatte sie Jean de Metz. Der Einzige aus dem Schloss, der sie ab und zu ernst nahm. Der einzige von diesen vornehmen Wüstlingen, der sie in ihrer Schmiede besuchte, wenn er nicht gerade durch die Gegend ritt, um von den Bauern Gänsefedern für Armbrustpfeile einzutreiben, oder Saufgelage mit Baudricourt veranstaltete. Jetzt mach dir nicht in den Waffenrock, sagte er, wenn Jeanne ihn fragte, ob sie im Schloss nichts Besseres zu tun hätten. Aber sonst war er wunderbar. Ihr zuliebe hatte er sogar das Fluchen aufgegeben.

»Seit zwei Wochen hänge ich jetzt in Vaucouleurs herum«, stöhnte Jeanne, als er wieder einmal seine langen Beine unter Catherines Tisch steckte und sie selbst zum hundertsten Mal wie eine aufgescheuchte Küchenschabe durchs Zimmer lief. »Ich bin hier nicht mehr sicher. Was glaubt ihr: Wie lange braucht man von Vaucouleurs nach Chinon?«

Catherine zuckte die Schultern; Jean stützte seinen Kopf in die Hand und dachte laut nach.

»Bis Orléans sind es sieben oder acht Tage. Bis Chinon dürften es dann noch mal vier bis fünf sein. Bei gutem Wetter. Und jetzt wirf mal einen Blick aus dem

70

Fenster. Eine schlechtere Jahreszeit hättest du dir nicht aussuchen können. Die Pferde versinken im Schlamm. Und hinter jedem Busch von hier bis Chinon lauert vermutlich ein Schinder. Sicher«, er nahm einen Schluck honigsüßer, heißer Milch, denn bei Catherine gab es nichts anderes, »es besteht eine geringe Chance durchzukommen, selbst wenn man nicht Colet de Vienne heißt. Aber sich in einem roten Kleid da draußen blicken zu lassen, das wäre glatter Selbstmord. Im Umkreis von drei Meilen würdest du jedem ins Auge springen. Außerdem müsstest du im Damensitz reiten, beim ersten Galopp würdest du abgeworfen – und Ende der Vorstellung.«

»Was soll ich denn machen?« Jeanne raufte sich dramatisch die langen braunen Haare. »Selbst wenn dieses Kleid Taschen hätte, sie wären leer! Ich besitze keinen Sou.«

Statt einer Antwort erhob er sich, ging um den Tisch herum auf sie zu, fasste sie bei den Armen und sah ihr tief in die Augen.

»Jeanne. Willst du diese Reise wirklich machen? Sie kann dich und jeden, der mit dir kommt, Kopf und Kragen kosten.«

»Herr de Metz, was soll diese Frage?« Sie wollte sich losmachen, aber er hielt sie nur noch fester. »Wenn ich in Vaucouleurs hängen bleibe, ist Frankreich verloren. Ich muss zum König, und wenn ich auf blutigen Knien durch halb Frankreich rutsche. Außerdem wird uns unterwegs nichts zustoßen – mir nicht und meinen Begleitern auch nicht. Das haben mir die Himmlischen schon fest versprochen.«

Da nahm Jean ihre Hände in seine und sagte so feierlich wie ein Priester, der die Hostie weiht: »Ich habe lange nachgedacht, Jeanne. Und ich habe keinen Grund gefunden, dir zu glauben. Keinen – außer einem: dass ich dir glauben möchte. Das letzte Mal hast du zu Baudricourt gesagt, du wüsstest nicht, wie man Schlachten gewinnt. Aber das wissen unsere Heerführer und Hauptleute auch nicht. Jedenfalls nicht, wenn es gegen die Engländer geht. Also, warum sollen wir beide es dann nicht versuchen? Ich bin bereit, dich nach Chinon zu bringen, sobald Robert de Baudricourt es erlaubt.«

Fast hätte Jeanne ihn geküsst. Im letzten Moment fiel ihr gerade noch ein, dass sie ewige Jungfräulichkeit geschworen hatte. Da hätte Küssen im Himmel vielleicht einen schlechten Eindruck gemacht. Aber Catherine umarmte ihn stürmisch. Und Jeanne warf ihm einen Blick zu, der war fast so gut wie ein Kuss.

Jean, der freche, unbekümmerte Witzbold Jean – meinte er es wirklich ernst? Jeanne in ihrer winzigen, kalten Kammer quälte sich die ganze Nacht mit dieser Frage. Oder hatte er sich doch nur wieder über sie lustig gemacht, zum tausendsten Mal?

Sie hätte sich nicht zu quälen brauchen. Am nächsten Morgen schon stand er wieder im Hof, einen prallvollen Lederbeutel in der Hand, und rief ihren Namen.

»Nichts Besonderes«, murmelte er ungewöhnlich schüchtern, als sie ihn einließ. »Abgetragene Kleider von meinem Pagen Caspar. Aber vielleicht passen sie dir.«

Jeanne schnappte sich den Beutel, sprang die knarrende Stiege zu ihrer Kammer im Hinterhaus hoch und zog als Erstes ein taubenblaues Beinkleid heraus, dann eine fliegenpilzrote Mütze mit Ohrenklappen, als Nächstes eine rotgrün gewürfelte Leinenjacke und schließlich eine gelbe Weste. Nichts zerschlissen, nichts geflickt, nur etwas grell und knallig für ihren Geschmack. Jeanne zog ihr rotes Kleid aus und hängte es vors Fensterloch, als Schutz gegen den Wind, der in eisigen Böen hereinblies. Sie hatte Mühe, das Beinkleid überzustreifen, so eng war es. Zwischen den Hosenbeinen gab es eine Art Latz, der sich öffnen ließ, wenn man die Häkchen löste – das war ihr zunächst peinlich und fast hätte sie den Kleidertausch abgebrochen. Sie schnupperte an Weste und Jacke, beides roch unverkennbar nach Reiten und Jagen und Saufen, nach Männern und Männerwelt. Sie überwand sich und machte weiter, mit zitternden Händen. Die Weste war so eng wie das Beinkleid, aber auch wenn sie spannte, sie passte. Die Jacke reichte ihr nur knapp übers Gesäß. Wenn sie sich bückte, würde sie aller Welt ihren taubenblauen Hintern zeigen.

Obwohl sie jetzt alles angezogen hatte, was Männer so trugen, kam sie sich nackt vor. Das Beinkleid saß so stramm wie eine künstliche Haut und entblößte mehr, als es verhüllte. Überhaupt war alles eng anliegend und geradezu dafür gemacht, die Geheimnisse eines Körpers zu verraten. Sie ging in die Hocke und schnellte wieder hoch – man bewegte sich freier darin. Diese Kleidung reizte regelrecht dazu, loszulaufen und irgendeine herrliche Dummheit zu machen. Zum Beispiel, den König in Chinon zu besuchen. Sie drehte sich trällernd im Kreis, bis ihr schwindelig wurde, ließ sich mit einem Jauchzer auf den Strohsack fallen, setzte sich wieder auf, stopfte ihr langes Haar unter die fliegenpilzrote Mütze und sprang die Treppe hinunter. Im Hof sah sie eine Weile den Hähnen zu, wie sie in ihren Käfigen auf und ab stolzierten, die Bäuche nackt rasiert und feuerrot unter der dichten, schwarzgrünen Federkrause am Hals. Eigentlich sah sie jetzt gar nicht so viel anders aus als die.

Als sie die Tür zur Stube aufstieß, hielten Catherine und Jean mitten im Wort, mitten in der Bewegung inne. Catherine lief rot an und griff nach Jeans Arm; Jean glotzte mit offenem Mund, fasste sich aber als Erster.

»Jeanne«, lachte er los, »mach erst mal deinen Hosenstall zu!«

Catherine schüttelte den Kopf. »Was für ein verteufelt hübscher Bursche du bist«, murmelte sie. »In dich könnte ich mich verlieben, auf der Stelle.«

Da zwängte sich die Magd mit zwei Bechern heißer Milch durch die Tür, stellte sie ab, durchquerte dann schnaufend das Zimmer und zischte Jeanne im Vorbeigehen zu: »Eine Frau in Männerkleidern ist dem lieben Gott ein Gräuel, Kindchen.«

Jeanne beachtete sie nicht. Aber auch Jean riet ihr davon ab, sich jetzt schon in Männerkleidern auf der Straße zu zeigen. Vor kurzem erst sei eine junge Frau in Neufchâteau zum Tod durch den Strang verurteilt worden, die viele Jahre lang unerkannt als Schuster in der Stadt gelebt und sogar eine Nachbarin geheiratet habe – bis sie von einem alten Bekannten erkannt und angezeigt worden sei.

Jeanne war wie vom Donner gerührt. »Warum musste sie denn sterben?«

»Weil sie ihr wahres Geschlecht verheimlicht hat.«

»Und darauf steht der Tod?«

»Jeanne«, sagte Jean ernst. »Wenn Gott einen Menschen als Frau erschafft, dann will er, dass dieser Mensch auch als Frau lebt. Ist das so schwer zu verstehen? Bei Männern doch genauso. Stell dir bloß vor, ich würde von morgen an in Frauenkleidern herumlaufen und Baudricourt weismachen wollen, ich sei eine Frau.«

Jeanne und Catherine fielen sich kreischend in die Arme.

»Der würde Euch auf seinen Stock spießen und den Burgundern zum Fraß vorwerfen!«, prustete Catherine. »Bleibt um Himmels willen ein Mann, Herr de Metz, ich flehe Euch an.«

Nein, das ließ sich Jeanne nicht sagen. Nicht von Jean – und von der Magd schon gar nicht. Ihr rotes Kleid machte sich als Windschutz vor dem Fensterloch ganz ausgezeichnet. Und sie selbst machte sich in den alten Kleidern von Jeans Diener nicht weniger ausgezeichnet. Am nächsten Morgen, nachdem sie die Hähne gefüttert hatte, ging sie in ihrem neuen Pagenkostüm aus.

Irgendjemand erkannte sie. Irgendjemand rief: »Das ist Jeanne!« (Und diesmal wusste jeder, wer gemeint war.) Irgendjemand nahm sie und setzte sie sich auf die Schultern und schlug mit ihr den Weg zum Schlossplatz ein.

In jeder Gasse schlossen sich ihnen mehr Menschen an, beklatschten und bejubelten sie, riefen »Jeanne!« und »Es lebe König Karl!«, und als Baudricourt an diesem Morgen den Audienzsaal betrat, drehte er sich zu seinem Offizier und engsten Vertrauten Jean de Metz um und sagte:

»Was bedeutet denn dieser Tumult? Das hört sich ja an ...«

Jean trat ans Fenster, zog den Vorhang einen Spaltbreit zur Seite und – erstarrte. Baudricourt humpelte heran, nahm ihm den Vorhang aus der Hand und riss ihn auf. Da war der Schlossplatz, und er war voller Menschen, und Jeans Page Caspar ritt auf den Schultern eines Mannes, und überall waren Frauen, die lachend »Jeanne!« riefen – und Baudricourt verstand überhaupt nichts mehr.

»Robert, schau genau hin«, murmelte Jean. »Und denk dir zu dem Gesicht ein rotes Kleid.«

Baudricourt schwang sich auf seinem gesunden Bein herum und bohrte Jean seinen Stock in die Brust.

»Verdammter Mistkerl! Was wird hier gespielt? Habt ihr die Nervensäge schon zum Schutzpatron von Vaucouleurs befördert?«

Sofort fand Jean seine gute Laune wieder. »Sei bloß vorsichtig mit deinem Stock, Robert«, lachte er. »Wenn du mich aufspießt – wer soll sie dann zum König bringen? Oder findest du nicht auch, dass man deine heiß geliebte Nervensäge auf dem schnellsten Weg nach Chinon verfrachten sollte?«

Von nun an überschlugen sich die Ereignisse.

Als Jeanne am nächsten Morgen von der Magd in die Schmiede gerufen wurde, standen der Schmied und sein Geselle wie Standbilder um den Amboss herum, der Knecht am Blasebalg saß wie versteinert hinter dem Feuer, eine Faust in den Ledersack gepresst, und an den züngelnden Flammen wärmte sich Robert de Baudricourt die Hände. Er war nicht allein gekommen. Aus seinem Schatten trat, im Priesterornat, Hochwürden Fourier und hob die Hände, als wollte er die Hufeisen der ganzen Schmiede segnen.

»Wo kann man hier für fünf Minuten ungestört sein?«, unterbrach die knurrende Stimme von Baudricourt die Stille.

»Oh, überall, überall wo Ihr wollt«, beeilte sich der Schmied zu antworten.

»Mit Verlaub«, bemerkte der Priester mit dünnem Lächeln, »ich brauche Platz. Vielleicht wär's das Beste, wir machen's im Hof?«

Jeanne ging voraus. Im Hof verrammelte Baudricourt eigenhändig das Tor zur Straße, schritt dann neugierig die Batterie von Kampfhahnkäfigen ab und wandte sich dann unvermittelt an Jeanne.

»Nenne es, wie du willst, Geisterbeschwörung, Gottesurteil, Teufelsaustreibung, völlig egal. Nur rate ich dir, die Sache verdammt ernst zu nehmen. Hochwürden, Ihr bleibt, wo Ihr seid. Jeanne, du stellst dich dort am Brunnen auf. So, Hochwürden, es kann losgehen.«

Der Priester zupfte seine Gewänder zurecht, schloss die Augen, reckte dann plötzlich die Arme gen Himmel und rief mit bebender Stimme: »Jeanne aus Domrémy! Wenn du mit dem Teufel im Bunde bist, so weiche zurück!!! Bist du aber von einem guten Geist beseelt, so komm näher!!!«

Jeanne traute ihren Ohren nicht. Noch nie hatte sie etwas derartig Albernes erlebt. Aber offenbar war es den beiden völlig ernst. Sie ging in die Knie und rutschte mit gesenktem Kopf und gefalteten Händen auf Hochwürden Fourier zu. In dieser Haltung wartete sie eine Weile zu seinen Füßen, und als nichts weiter von ihm kam, kein neuer Befehl, keine zweite Prüfung, da sprang sie auf.

»Hochwürden«, platzte sie heraus, »was soll denn das? Ihr müsstet doch am besten wissen, dass ich nicht den Teufel im Leib habe. Ich beichte doch täglich bei Euch.«

Aber der Priester zog nur den Kopf ein, Baudricourt murmelte etwas davon, dass die Diener des Teufels und die Kinder des Lichts oft schwer auseinander zu halten sind – und fort waren sie.

Jeanne stand wie benommen. Sie wollte sich gerade eine Hand voll eiskaltes Brunnenwasser ins Gesicht spritzen, da ergoss sich von oben schallendes Gelächter über sie. Catherine hatte von ihrem Fenster aus alles mitangesehen.

»Besser, einmal auf den Knien im Hof rumrutschen, als zu Fuß durch halb Frankreich stolpern!«, rief Jeanne hinauf und lachte auch.

Draußen auf der Straße entließ Baudricourt den Priester mit den Worten: »Prima gemacht, Hochwürden. Ihr hattet also Recht – keine Hexe.« Dann schwang er sich aufs Pferd, ritt zum Schloss zurück, erteilte Jean den Befehl, ihm nach dem Mittagessen Jeanne zu bringen, und schloss sich im Audienzsaal ein. Dort blieb er lange vor dem Kamin stehen und stocherte gelegentlich mit seinem Stock in der Glut.

Mit dem Teufel im Bunde war sie also nicht, vorausgesetzt, Fourier war als Geisterbeschwörer kein Versager. Leider bedeutete das nicht viel. Denn übergeschnappt war sie auf jeden Fall. Und wenn er sie jetzt tatsächlich nach Chinon schickte, dann blamierte er sich womöglich für die nächsten hundert Jahre. Dieses drollige Gänslein hat uns Baudricourt geschickt, würde es dann im Schloss todsicher heißen. Wenn er sie aber trotzdem gehen ließ, was konnte bestenfalls dabei herauskommen? Vielleicht schaffte sie es mit ihrer berüchtigten Hartnäckigkeit ja, den König wenigstens zu dem Versuch zu bewegen, Orléans zu befreien. Eins war immerhin sicher: Das einfache Volk würde sie in Chinon genauso mühelos auf ihre Seite bringen wie hier in Vaucouleurs.

Als Jeanne an diesem Nachmittag zum letzten Mal den Audienzsaal betrat, konnte sie ein siegessicheres Schmunzeln nicht ganz unterdrücken. Jean gab sich Mühe, den Unbeteiligten zu spielen. Baudricourt räusperte sich.

»Jeanne, wir werden dich zum König schicken. Halt, lass mich ausreden! Ich werde dir meine besten Pferde und meine besten Leute mitgeben, nur um sicher zu sein, dass du nicht nach drei Tagen schon wieder hier auftauchst. Wann möchtest du abreisen?«

»Lieber heute als morgen!« Jeanne strahlte. »Und lieber morgen als übermorgen!«

»Gib mir sechs Tage Zeit, damit ich alle Vorkehrungen zu deiner Sicherheit treffen kann.«

Im selben Augenblick warf sich Jeanne Baudricourt vor die Füße, und bevor er sich's versah, küsste sie ihm die Hand. Er stieß sie mit seinem Stock an.

»Raus mit dir«, knurrte er, »bevor ich's mir doch anders überlege.«

Jeanne brauchte gar nichts zu sagen, als sie auf den Schlossplatz hinaustrat – jeder sah es ihr an. Den Rest besorgte das fleißige Mundwerk von Catherine Royer. Am selben Abend wusste ganz Vaucouleurs Bescheid. Und als Jeanne noch spät in der Kirche unter dem Bild des Erzengels Michael betete, musste Hochwürden Fourier die Schaulustigen mit einem langen Prozessionskreuz vertreiben.

Zwei Tage vor ihrem Aufbruch gab es in der Schmiede ein Fest, auf dem Jeanne ein neuer Lederbeutel überreicht wurde. Sie tanzte damit die Stiege hoch, riss ihr altes Kleid vom Fensterloch, um besser sehen zu können, und stopfte es unter den Strohsack. Diesmal zog sie ein Beinkleid aus feinem, beigem Leder aus dem Beutel, eine bleigraue Weste aus Wolle und einen derben, schwarzen Umhang, in dem man weder Wind noch Wetter fürchten musste – alles Geschenke der Bürger von Vaucouleurs. Zum zweiten Mal verwandelte sie sich in einen jungen Mann.

Aber Jeanne war fest entschlossen, ihre Ähnlichkeit mit einem Mann noch weiter zu treiben. Sie zog Catherine in die Schlafkammer der Magd, drückte ihr einen Kochtopf und eine Schere in die Hand, ließ sich auf einen Hocker fallen und zischte: »Los, abschneiden!« Und Catherine setzte ihr den Topf auf den Kopf, schnitt alles ab, was an Haaren darunter hervorstand, und rasierte ihr zum Schluss Nacken und Schläfen aus. Übrig blieb eine Puddingschüsselfrisur, wie sie Adlige und Soldaten überall in Frankreich trugen. Bis auf den Busen, den höchstens ein eiserner Brustpanzer gebändigt hätte, und ihre sanfte, helle Stimme, war nun jede Spur von Weiblichkeit getilgt.

Manchem der anwesenden Festgäste ging das nun doch zu weit. Mädchen oder Junge – wer konnte das jetzt noch wissen? Sehr bedenklich, wie leicht sich die natürliche Ordnung überlisten ließ! Doch bevor die Ersten bereuen konnten, diese verrückte Jeanne so tatkräftig unterstützt zu haben, hob der Schmied sein Glas und rief: »Auf unseren lieben Freund Jeanne und seine zukünftigen Siege!«

Am 13. Februar 1429, gegen Mittag, war es so weit. Überall im Schlosshof lungerten neugierige Soldaten und Knechte herum. Und mitten unter ihnen Jeanne, kaum von den anderen zu unterscheiden. Baudricourt ließ sie rufen und stellte ihr ihre Begleitmannschaft vor: Jean de Metz, Bertrand de Poulengy und Colet de Vienne sowie drei Armbrustschützen aus deren Gefolge. Dann deutete er auf eine kräftige, braune Stute, die gerade gesattelt wurde.

»Dein Pferd, Jeanne. Hat sich das Königreich Frankreich sechzehn Franken kosten lassen«, lächelte er grimmig. »Dafür erwarte ich von dir, dass du Orléans befreist! Aber zügig!«
Sie saßen auf und ritten hinaus auf den Schlossplatz. Der wimmelte von Menschen. Alle klatschten begeistert. Da sah Jeanne, wie einer sich durch die Menge zwängte. Es war der Schmied. Und über den Kopf hielt er ein Schwert! Der Schmied überreichte es Baudricourt, der ließ es in eine Lederscheide gleiten und drückte sie Jeanne mit einem Augenzwinkern in die Hand. Ein Schwert – das Zeichen der Ritterwürde! Nie hätte sie davon zu träumen gewagt, einmal ein Schwert zu besitzen. Sie beugte den Kopf vor Baudricourt und schenkte dem Schmied ein dankbares Lächeln.

Soldaten bahnten ihnen den Weg zum Frankreichtor, wo Baudricourt von ihnen Abschied nahm. Sie hörte ihn noch sagen: »Mach's gut. Und lass dich hier nie wieder blicken!« Dann ritt sie den anderen hinterher. Baudricourt schien von ihrem göttlichen Auftrag noch immer nicht restlos überzeugt zu sein. Egal. Für sie war Vaucouleurs schon in weite Ferne gerückt. Und Chinon in greifbare Nähe.

7. Kapitel

Jeanne besteht einige Abenteuer –
vorläufig die größten ihres Lebens.

Weit und breit gab es nichts als kahlen Winterwald und feuchte Nebelschwaden zwischen den schwarz schimmernden Stämmen der Eichen. Krähenschwärme flogen geräuschlos an einem eisgrauen Himmel über sie hinweg. Häufig mussten sie wucherndem Dornengestrüpp, Schlammlöchern oder glitschigen Felsplatten im modrigen Waldboden ausweichen.

Die Straße wäre zu gefährlich gewesen. Zwar waren sie alle schwer bewaffnet und selbst Jeanne hätte wohl nicht lange gezögert, ihr neues Schwert zu benutzen, aber sie befanden sich nun auf burgundischem Gebiet und die Landstraßen wimmelten von feindlichen Soldaten.

Colet de Vienne ritt vorweg, Jeanne hielt sich in der Mitte, die Armbrustschützen zogen die Packpferde nach sich und bildeten den Schluss. Jean blieb stets in der Nähe von Jeanne. Niemand sprach. Bis Jean sein Pferd nach einer guten Stunde neben das von Jeanne dirigierte. »Wie fühlst du dich?«

»Als hätte für mich ein neues Leben begonnen.«

Jean lächelte kurz. »Dein Pferd brauche ich gar nicht erst zu fragen. Siehst du, wie es den Kopf hochwirft? Das ist so sauer auf dich – das fletscht schon die Zähne. Kannst du wirklich reiten?«

Jeanne wurde so rot, dass ihre Sommersprossen wie Goldstaub in ihrem Gesicht glänzten.

»Ja. Vom Stall bis zur Tränke. Auf einem Ackergaul. Ohne Sattel.«

Jean lachte leise. »Bis heute Abend kannst du's.«

Er zeigte es ihr. Schenkeldruck. Gewicht verlagern. Po in den Sattel drücken. Zügel entspannen, aber nicht den Kontakt zum Maul verlieren. Dem Pferd den Weg nach vorn öffnen. Oder schließen. Leise zu ihm sprechen. Wie es heißt? Jeanne. Entschuldige, war nur ein Scherz. In Wirklichkeit heißt es Narcisse.

»Mund halten, wenn ich bitten darf!«, fauchte der Bote des Königs sie an. »Ihr bringt uns in Teufels Küche!«

»Colet«, gab Jean seelenruhig zurück, »der Pestgestank nach saurem Hering und Käse, der deinen Satteltaschen entströmt, wird uns eher verraten als unser Geflüster.« Jean duzte fast jeden.

»Der hält sich wohl für einen ganz hohen Herrn«, murmelte Jeanne.

»Der ist ein ganz hoher Herr«, sagte Jean ernst. »Weil wir ohne ihn verloren wären.«

So kamen sie zum Kloster von Bar le Duc. Es war bereits stockdunkel, aber Colet de Vienne hätte den Weg auch mit verbundenen Augen gefunden. Und wahrscheinlich war er zwischen Chinon und Vaucouleurs auch der Einzige, der wusste, dass die Mönche von Bar le Duc auf der Seite des Königs standen. Der Bruder Pförtner winkte die Männer herein; Jeanne jedoch musterte er wortlos im Schein seiner Fackel und wies ihr dann eine leer stehende Hütte außerhalb der Klostermauern zu, dort wo die Weinbergarbeiter des

Klosters mit ihren Familien wohnten. Jean bestand darauf, die Nacht über bei ihr zu bleiben, zu ihrem Schutz. Hatten sie Baudricourt nicht alle feierlich schwören müssen, Jeanne ohne die kleinste Schramme in Chinon abzuliefern? Jeanne war trotzdem dagegen. Aber Jean fluchte und schimpfte und sagte, er denke nicht daran, seinen Eid zu brechen. Da gab Jeanne schließlich nach.

Ihre Hütte war leer bis auf ein altes Weinfass und ein Lager aus Stroh. Jean hatte gerade sein Kettenhemd ausgezogen, als die Tür in den Angeln knarrte. Er wirbelte mit gezücktem Dolch herum. In der Türöffnung stand ein Mönch mit einem Öllämpchen in der einen Hand und einer großen Schale Möhrenbrei in der anderen. Das Öllämpchen hatte ihm das Leben gerettet. Jeanne traute sich nicht zu lachen.

Nach dem Essen löschte Jean die Flamme. Sie zogen sich aus, sanken erschöpft ins Stroh und wickelten sich in ihre Decken. Wenn Jeanne ihre Hand ausstreckte, fühlte sie ihr Schwert. Schlafen konnte sie nicht. Neben ihr wälzte sich Jean von einer Seite auf die andere. Nicht lange, da spürte sie seine Hand auf ihrem Busen. Sie schnellte hoch und umklammerte den Griff ihres Schwerts.

»Jean«, stieß sie hervor, »sollte das noch einmal vorkommen, kannst du deine Hand in der Satteltasche verstauen.« Sie atmete heftig. Jean murmelte etwas wie: »Jetzt mach dir nicht ...«, aber Jeanne fuhr ihm über den Mund. »Ich bin dran. Und damit du nun nicht beleidigt bist, erkläre ich dir die Vorteile der Jungfräulichkeit. Wenn ich nur ein einziges Mal schwach werde, dann wird mich kein Mann mehr ernst nehmen. Dann wird jeder Mann, der mich anschaut, unweigerlich so nebenbei an Liebe denken – ah, die süße, kleine Jeanne mit ihrem großen Busen, die möchte ich auch haben.« Sie holte tief Luft und fuhr fort: »Aber wenn wir die Engländer wirklich schlagen wollen, dann darf jeder Mann, der mich anschaut, unweigerlich nur an eins denken: an Sieg. Und nur, wenn jedem klar ist, dass ich von Männern nichts will, kann ich von Männern alles verlangen – auch, dass sie für mich in den Tod gehen.« Und dann, nach einer kleinen Pause, fügte sie noch hinzu: »Jean. Du bist ein netter Kerl. Und seit du nicht mehr fluchst, bist du der netteste Kerl der Welt. Aber wenn ich jetzt nachgebe, können wir morgen früh umkehren. Und dann stell dir bitte das Gesicht von Baudricourt vor – von meinem Ärger mit den Himmlischen ganz zu schweigen. So. Und ab sofort bist du für mich wieder Herr de Metz.«

Jean schwieg. Jeanne legte sich wieder hin, wickelte sich fest in ihre Decke und war bald eingeschlafen.

Am nächsten Morgen ging dichter Schneeregen nieder. Colet de Vienne riet, aus Sicherheitsgründen nur noch nachts zu reiten, bis man französisches Gebiet erreicht habe. Tagsüber wärmten sich alle am Kaminfeuer des Speisesaals, bis auf Jeanne, die als Frau keinen Zugang zum Kloster hatte.

In der Abenddämmerung sattelten sie die Pferde, beluden die Packpferde und brachen auf. Der Regen hatte aufgehört.

Wie ein Geisterzug bewegten sie sich fast lautlos durch die Dunkelheit. Sie kamen durch verwüstete

Landstriche und zum ersten Mal erlebte Jeanne, was der Krieg anrichten konnte. Im fahlen Mondlicht waren manche Felder kaum noch zu erkennen, so dicht waren sie mit Dorngesträuch überwuchert. Von verlassenen Gehöften zeichneten sich schwach die verkohlten Dachbalken gegen den Nachthimmel ab. Hunde bellten in der Ferne, Hähne schrien und einmal hörten sie Wölfe heulen. Wenn ein Krähenschwarm mit klatschenden Flügelschlägen vor ihnen aufflatterte, wussten sie, da mussten Leichen liegen, und machten einen Bogen darum.

Als der Morgen graute, versperrte ihnen ein reißender Bach von beträchtlicher Breite den Weg. Er hatte sich zwischen steilen Ufern tief eingeschnitten und es war deshalb unmöglich, ihn zu Pferd zu durchqueren. Während sie am Ufer entlangritten, setzte zu allem Überfluss auch der Schneeregen wieder ein. Endlich fanden sie eine Stelle, wo ein umgestürzter Baumstamm über die rauschenden Fluten führte.

Sie luden alles ab, was die Pferde an Gepäck trugen, bis auf die Sättel. Dann balancierte Colet de Vienne wie ein Seiltänzer über den regennassen Stamm und nahm am anderen Ufer die Pferde in Empfang, die sich, eins nach dem anderen, mit weit aufgerissenen Augen durch die schäumenden Wassermassen kämpften. Schließlich mussten Waffen und Gepäck auf demselben furchteinflößenden Weg, den Colet genommen hatte, hinübergetragen werden. Alle fassten dabei an – außer Jeanne, die sich nicht traute, auch nur einen Fuß auf die glitschige Rundung des Baumstamms zu setzen.

Als der letzte Sack hinübergeschafft war, kam der Bote

des Königs noch einmal zurück, nahm sie huckepack und tastete sich, Schritt für Schritt, mit ihr auf dem schwankenden Stamm über den brodelnden Abgrund. Jeanne schloss die Augen, vertraute sich ihren Heiligen an und umklammerte mit letzter Kraft Colet. Als sie nach einer halben Ewigkeit die Augen wieder öffnete, sah sie in das tropfnasse Gesicht von Jean de Metz. »Bravo«, grinste er. »Deine Reitkünste werden ja immer beeindruckender.«

Es regnete unaufhörlich. Den Tag verbrachten sie erschöpft im feuchten Stroh eines verlassenen Bauernhofs. In der Nacht durchquerten sie an einer seichten Stelle die Hochwasser führende Seine, bis zu den Knien in der eiskalten Flut. Sie waren bis auf die Knochen durchweicht, als sie im Morgengrauen in der Ferne die Mauern und Türme einer großen Stadt sahen – Auxerre. Jeanne bestand darauf, in der Kathedrale von Auxerre um besseres Wetter und einen glimpflichen Verlauf der Reise zu beten. Colet hielt das für Wahnsinn.

»Ich habe den Auftrag von Baudricourt, den sichersten Weg zu nehmen. Und Auxerre ist nicht sicher. Auxerre ist burgundisch. Da nageln sie dich mit der Zunge an den Pranger, wenn sie rauskriegen, woher du kommst oder wohin du willst.«

»Und ich habe meinen Auftrag von Gott, Herr de Vienne«, entgegnete Jeanne.

»Das kann jeder behaupten«, winkte der Bote des Königs ab.

»Herr de Vienne, habt Ihr noch nie von der Jungfrau aus dem Eichenwald gehört, die Frankreich retten soll?«

»Doch«, sagte Colet scharf. »Aber du bist das nicht. Die müsste man nicht huckepack über Baumstämme tragen.«

Jeanne wurde zornrot. »Herr de Vienne, nach der Befreiung von Orléans wird es euch Leid tun, mir widersprochen zu haben!«

Colet sah fragend zu Jean und Bertrand hinüber. Die zuckten nur die Achseln. »Memmen«, stieß er zwischen den Zähnen hervor. Und dann brüllte er: »Weiter! Immer Jeanne hinterher, der Jungfrau aus dem Eichenwald!«

Auxerre war voller burgundischer Soldaten. Trotzdem erreichten sie unbehelligt die Kathedrale, hörten ungestört eine Messe und gelangten auch unerkannt wieder aus der Stadt hinaus. Colet de Vienne hielt das ganze Unternehmen danach zwar weiterhin für eine Schnapsidee Baudricourts. Und er konnte auch immer noch nicht mitansehen, wie die Herren Jean de Metz und Bertrand de Poulengy diese Bauerngöre anhimmelten. Aber auf eine weitere Kraftprobe mit ihr wollte auch er gern verzichten.

Alle atmeten auf, als sie am vierten Tag die Loire erreichten und in Gien einritten. Die Stadt war königstreu, hier waren sie endlich in Sicherheit. Zum ersten Mal brach die Sonne gleißend hell durch die Wolkendecke und goldschimmernd lag die Wasserfläche der breit dahinströmenden Loire vor ihnen. Wie weiße Brustharnische blähten sich hier und da die großen, rechteckigen Segel schwerer Lastkähne auf dem Fluss, und drüben, am anderen Ufer, glänzten silbrig die Wälder und Weiden des freien Frankreichs im Sonnenlicht. Jeanne konnte ihren Blick gar nicht von diesem Bild abwenden, als sie an einem Fenster der Herberge ›Zum Heiligen Geist‹ beim Frühstück saßen. Das also war der Fluss, vor dem sogar die Engländer kapituliert hatten! Heilig gesprochen gehörte dieser wunderbare Fluss, fand Jeanne.

Viel Zeit zum Staunen blieb ihr nicht. Ihre Ankunft sprach sich schnell herum. In diesen Zeiten traute sich keiner aus seinem Dorf, es sei denn, er musste fliehen. Und hier waren Leute, die tagelang und offenbar freiwillig durch burgundisches Gebiet geritten waren, obendrein mit einem verkleideten Mädchen in ihrer Gesellschaft, und abgesehen von ihren roten Nasen machten sie einen ziemlich gut erhaltenen Eindruck. Sie wurden von Neugierigen mit Fragen bestürmt.

Zum ersten Mal stand Jeanne auf Anhieb im Mittelpunkt. Colet starrte nur stur aus dem Fenster, als gehörte er gar nicht dazu. Bertrand und Jean beteuerten, sie seien hier beide nicht zuständig. Und die Armbrustschützen, diese stumpfsinnigen Rohlinge, interessierten sich sowieso nicht die Bohne für Sinn und Zweck dieser Reise. Es war herrlich, im Mittelpunkt zu stehen. Und es war so einfach, das Staunen der Leute auszunutzen.

»Ich bin Jeanne, die Jungfrau aus dem Eichenwald«, erklärte sie pausenlos. »Ich bin auf dem Weg nach Orléans, um den Belagerungsring der Engländer zu sprengen. Und wenn wir das hinter uns haben, dann werde ich dafür sorgen, dass der König in Reims gekrönt wird.«

Na ja, sie nahm den Mund schon ziemlich voll. Aber auch hier in Gien brach niemand unter ihren Zuhörern in schallendes Gelächter aus.

90

Mittags, nachdem ihre Kleider am Feuer getrocknet waren, brachen sie wieder auf. Und überall, wo sie hinkamen, erzählte Jeanne den Leuten dasselbe wie den verblüfften Bürgern von Gien. Hier konnte man offen reden, denn jetzt ging es durch den freien Teil Frankreichs. Was einer wusste, das wussten bald zehn, und je bekannter sie hier war, desto besser. Bekannte Leute mussten sich nicht von einem Herrn Baudricourt beäugen und beschnüffeln lassen, als hätten sie die Beulenpest. Bekannte Leute nahm man ernst. Und eines Nachmittags lenkte sogar einer der Armbrustschützen sein Pferd an ihre Seite und sagte: »Mädchen, spar dir den Eichenwald. Sag einfach ›Jeanne die Jungfrau‹. Jeanne die Jungfrau – toller Kriegername. Fast so gut wie La Hire.« Und dann erzählte er ihr von seiner Zeit mit La Hire, dem ›Zorn Gottes‹, dem Unbesiegbaren, dem tapfersten Hauptmann der Franzosen, dem Schrecken aller Engländer.

La Hire, der Zorn Gottes. Jeanne prägte sich diesen Namen gut ein.

Am zehnten Tag kamen sie nach Fierbois. Von hier aus war es nur noch ein halber Tagesritt bis Chinon. Fierbois war ein seltsamer Ort. Ein Ort voller Männer. Männer, die aus dem Krieg kamen, Männer, die aus englischen Gefängnissen kamen, Männer, die die Engländer aus der Nähe gesehen hatten und behaupteten, die hätten gar keine Kuhschwänze. Männer, die zum Dank für ihre Errettung aus Lebensgefahr oder für ihre Befreiung aus Kriegsgefangenschaft Waffen oder Teile ihrer Rüstung in die Kirche von Fierbois schleppten. Weshalb die Kirche von Fierbois genauso seltsam war wie alles Übrige an diesem Ort.

Als Jeanne zusammen mit Jean de Metz diese Kirche betrat, prallte sie zurück.

»Riechst du das?«, sagte Jean. »Diesen bittersüßlichen Geruch? Diesen Geruch nach aufgewühlter Erde und zerbeultem Eisen und heißem Pferdeatem? Es gibt nur eines auf der Welt, was so riecht – der Krieg.«

Tatsächlich. An allen Seiten hing Kriegsgerät von den Wänden, eiserne Handschuhe, spitzschnäuzige Helme mit Atemlöchern, verrostete Schwerter und Ketten mit aufgesprengten Fußfesseln. Und inmitten dieser Waffenkammer zelebrierte ein Priester die Messe. Als Jeanne das sah, überkam sie ein Prickeln, das war heftiger, als wenn Jean sie berührt hätte. In dieser Kirche wohnte sie zwei Messen hintereinander bei.

So, bis Chinon nur noch ein Tag! Jeanne hatte während der Messe mit ihren Heiligen gesprochen. Und von denen stammte der Vorschlag, dem König einen Brief zu schreiben.

»Einen ... Brief?«, stammelte Bertrand ungläubig. »Sei mir nicht böse, Jeanne, aber was glaubst du, wie die königliche Kanzlei auf den Brief eines Bauernmädchens aus dem hintersten Winkel des Königreichs reagieren wird? Der wird doch gleich in die Kuriositätenkammer wandern, zu den ausgestopften Schafen mit den drei Köpfen!«

»Wird er nicht!«, sagte Jeanne aufgebracht. »Wenn Herr de Vienne ihn heute noch mitnimmt, wird er morgen im Schloss auf dem Frühstückstisch neben dem Teller des Königs liegen. Herr de Vienne?«, rief sie durch den Speisesaal ihrer Herberge, wo der Bote des Königs am anderen Ende ganz für sich allein bei einem Gläschen Wein saß.

Der erhob sich und kam mit ausdruckslosem Gesicht näher.

»Herr de Vienne«, säuselte Jeanne. »Bitte bringt Tinte und Feder – seid so nett.« Und dann diktierte sie ihm: »Edler Herr Karl. Ich, Jeanne die Jungfrau, werde morgen in Eure Stadt Chinon kommen. Ich habe 150 Meilen zurückgelegt und weder Gefahren noch Strapazen gescheut, um Euch Hilfe zu bringen und Neuigkeiten mitzuteilen, die Euch erfreuen werden. Habt die Güte, mich zu empfangen. Basta. Das reicht.« Als Unterschrift setzte sie ein kleines Kreuz darunter sowie zwei Tintenkleckse, die mit der Unterschrift eigentlich nichts zu tun hatten, und noch am selben Abend machte sich Colet damit auf den Weg.

Jeanne klopfte das Herz bis zum Hals, als sie am nächsten Mittag in Chinon einritten – aus wahnsinniger Freude, aus wahnsinniger Angst oder beidem. Die Stadt war eng und voller Menschen und kleiner als erwartet. Dafür übertraf das Schloss ihre kühnsten Vorstellungen. Es war eine lang gestreckte Festung mit vielen schlanken Türmen, deren strahlend gelbe Mauern direkt aus dem schroffen Felsen zu wachsen schienen, der hinter der Stadt aufragte. Wie benommen starrte Jeanne hinauf. So wie es da oben im Licht der Wintersonne lag, dem Himmel näher als der Erde, wirkte dieses Schloss unnahbar und erst recht uneinnehmbar. Aber sie brauchte ja auch nur das Herz des Königs hinter diesen Festungsmauern zu erobern.

8. Kapitel

Jeanne macht mit den Paradiesvögeln Bekanntschaft.

»Und was soll ich denen sagen?«, fragte Jean de Metz. Plötzlich war er nervös. Plötzlich war er sich nicht mehr so sicher, dass der König von Frankreich in der Stimmung sein könnte, eine Verabredung mit einem hergelaufenen Bauernmädchen zu treffen.

»Ihr sagt: Jeanne die Jungfrau ist da«, sagte Jeanne.

»Sonst nichts?«

»Sonst nichts. Erstens ist das ein toller Kriegername und zweitens klingt es geheimnisvoll. Alle Menschen sind neugierig, auch der König von Frankreich. Ihr werdet sehen, das wirkt. Gegen Neugier ist kein Kraut gewachsen. Neugier ist eine ansteckende Krankheit, von der sogar Hände befallen werden können, nicht wahr, Herr de Metz. Und jetzt ab mit Euch aufs Schloss.«

Jean hängte sein Schwert in die Gürtelschnalle, schlängelte sich an den voll besetzten Tischen der Gaststube vorbei und trat ins Freie. Jeanne schob sich wieder auf die Bank neben Bertrand, der mit seinem Dolch in einem kolossalen Rinderbraten herumfuhrwerkte und sich mechanisch faustgroße Fleischstücke in den Mund schob. Alle anderen um sie herum lachten und redeten wild durcheinander, bloß ihre Leute waren heute ungewöhnlich einsilbig.

Nicht, dass Jeanne gesprächiger gewesen wäre. Auch sie saß stumm zwischen Bertrand und den Armbrustschützen am hintersten Tisch der Gaststube und tunkte nur gelegentlich gedankenverloren geröstetes Brot in einen Kupferbecher mit verdünntem Wein. Sie nahm den Lärm der Mittagsgäste nicht wahr und sie merkte auch nicht, wie es plötzlich still in der Gaststube wurde.

Da blickte sie auf. Vor ihr stand ein junger Mann mit schütterem Haar und einem blonden Kinnbärtchen. Und von allen Tischen starrten die Leute zu ihr herüber. Der junge Mann lächelte zaghaft, als wollte er sich für die Störung entschuldigen, und sagte dann leise: »Seid Ihr vielleicht Jeanne die Jungfrau?«

Jeanne nickte fast erschrocken. Im selben Augenblick wurde es wieder laut. Ausrufe des Erstaunens wie ›Sapperlot!‹ und ›Alle Wetter!‹, Stühlerücken und Getrampel, von hinten drängte man nach, die Vorderen saßen ihr beinah auf dem Schoß, und dann legten sie los, alle auf einmal.

Ob sie schon von der Heringsschlacht gehört habe? Nein? Also: Da überfallen die Verteidiger von Orléans vor ein paar Tagen einen englischen Provianttreck mit Heringsfässern, und obwohl sie in der Überzahl sind, geht die Sache schief, weil von den Franzosen keiner weiß, wann und wo er angreifen soll! Was für eine Blamage – aber typisch für dieses chaotische Ritterpack. Die Armee ist ein Sauhaufen und die Heerführer sind allesamt unfähig!

Ob sie wisse, wem sie hier in Chinon auf keinen Fall etwas verkaufen, ja nicht einmal leihen dürfe? Nein? Dem König! Der ist nämlich pleite. Nicht mal seine eigene Hochzeit hat er aus der eigenen Tasche bezahlen können! Bei den Metzgern von Chinon hat er immer noch Rechnungen aus dem Jahr 1427 offen! Und Vorsicht! Wenn dir im Schloss einer mit geflickten Kleidern begegnet, dann ist das nicht der Hofnarr – dann ist das höchstwahrscheinlich der König persönlich!

Überhaupt, dieser König! Hier nennen ihn alle ›Karl den Letzten‹ und so sieht er auch aus! Da ist nichts mehr zu retten, da hilft auch kein Pelzmantel mehr. Diese tropfenförmige Nase, diese Triefaugen, dieser klapprige Leib mit den kurzen Beinen und dieser wacklige Gang! Ein Trauerkloß, wie er im Buche steht, und dabei erst 26 Jahre alt!

Genug. Jeanne hatte genug. Sicher, es war ein großartiges Gefühl, die einzige Jeanne der Welt zu sein, die von wildfremden Menschen erkannt wurde. Aber wie diese Menschen redeten, das war nun gar nicht nach ihrem Geschmack.

Sie lächelte kurz, dankte allen und ging hinauf in ihre Kammer unterm Dach.

Endlich allein! Endlich ein Raum ganz für sich, in dem man seinen Gedanken nachhängen konnte wie damals in Domrémy, am Rand des Eichenwalds – wenn Hauviette nicht dazwischenplapperte.

Sie warf einen Blick aus dem Fenster. Was für eine Aussicht man von hier oben hatte! In einiger Entfernung glitzerte die Vienne im Sonnenlicht, die fast so breit war wie die Loire, und auf den Uferwiesen davor tummelten sich Ritter in voller Rüstung auf ihren Schlachtrössern. Mit angelegten Lanzen galoppierten sie aufeinander zu, und hin und wieder fiel einer vom

96

Pferd. Ob La Hire bei ihnen war? Der unbesiegbare La Hire? Wohl kaum. »La Hire ist überall dort zu finden, wo Blut vergossen wird«, hatte der Armbrustschütze gesagt. Und das da unten, das war bestimmt nur Spiel.

Ach was, sie brauchte keinen La Hire. Bis Chinon hatte sie es auch ohne La Hire geschafft. Und zwar drei Wochen früher, als sie sich vorgenommen hatte. In elf Tagen von Vaucouleurs bis Chinon – nicht schlecht, das hatte selbst Colet de Vienne zugeben müssen. Jeanne schloss die Augen. Das Leben war herrlich.

Da rief unten jemand nach ihr.

Jeanne sprang die Treppe hinunter, stieß die Tür zur Wirtsstube auf – und blieb wie angewurzelt stehen. Auf drei Armstühlen nebeneinander saßen da im Dämmerlicht drei Herren – wenn es überhaupt Herren waren, denn Jeanne hatte solche Wesen noch nie gesehen –, mindestens so prächtig wie ihre Heiligen und auf jeden Fall tausendmal bunter. Nach allen Seiten flossen ihnen kostbare Gewänder in zahllosen Falten von den Schultern, kürbisgroße gepolsterte Hüte wölbten sich über ihren Köpfen, und so weit dieser Farbenrausch reichte, schimmerte und funkelte es von Silberfäden, Goldkettchen, Perlen und Korallen. Das Seltsamste aber und vielleicht der Gipfel dieser Maßlosigkeit waren ihre Samtschuhe, die in fingerdünnen, armlangen Schnabelspitzen ausliefen. Als hätten sie Fühler an den Füßen.

Als Jeanne so dastand, kam leichte Bewegung in die Gruppe. Eine Hand verschwand in einem Ärmelausschnitt, der bis auf den Boden herabhing, ein Kopf neigte sich langsam von einer Seite zur anderen, und wie bei einer Schlange erschien zwischen zwei Lippen ganz kurz eine Zunge. Schließlich öffnete sich ein Mund.

»Bist du die, die sich Jeanne die Jungfrau nennt?«, flötete es.

»Ja, das bin ich«, antwortete Jeanne beklommen.

»Und du hast den Wunsch, den König zu sehen?«

»Ja, den habe ich«, nickte sie.

»Dürfen wir fragen, welchen Grund du haben könntest, den König zu sehen?«

Jeanne überlegte und kam zu dem Schluss: Je weniger diese truthahnköpfigen Götzenbilder wussten, desto besser. »Mein Grund geht nur den König etwas an«, sagte sie trocken.

»Dürfen wir dich daran erinnern«, flötete es, »dass dies kein privates Plauderstündchen ist, sondern eine Anhörung im Namen des Königs? Ich wiederhole meine Frage: Dürfen wir ...«

Jeanne unterbrach ihn und sagte, was sie immer sagte: erst Orléans befreien, dann Krönung in Reims.

Die Wesen warfen sich gelangweilte Blicke zu.

»Ist das dein Ernst, Mädchen?«

»JA.«

Die Wesen deuteten ein Nicken an, erhoben sich – erst das eine, dann das nächste, dann das dritte, sodass keines dem anderen auf seine Fühler trat – und knisternd wie ein Funkenregen rauschten sie an ihr vorbei. Kaum waren sie draußen, stürzten drei Diener herein, klappten die Armstühle zusammen und stürmten damit hinaus.

Jeanne ließ sich auf einen Hocker fallen. Sie hatte den Erzengel Michael erlebt. Sie hatte Baudricourt erlebt.

Sie hatte Hochwürden Fourier und seine alberne Teufelsaustreibung erlebt. Aber so etwas hatte sie noch nicht erlebt. Waren die im Schloss alle so? Dann war mit denen nicht vernünftig zu reden. Dann war sie mit ihrem Latein am Ende. Dann konnte sie einpacken.

Bei Einbruch der Nacht tauchten die Armbrustschützen in der Wirtsstube auf, besoffen, und kurze Zeit später auch Jean und Bertrand. Man beschloss, sich zu stärken, für den Fall, dass es losginge. Aber Jeanne verspürte nicht den geringsten Hunger. Sie zog sich in ihre Kammer zurück, um vorsichtshalber ein Weilchen zu beten. Und wie sie noch am Fenster kniete und mit der heiligen Margarete sprach, da hörte sie in der Gasse Pferdegetrappel und Rufe, da sah sie unten Fackeln und Helme und Degenklingen, die im Feuerschein rot aufglühten, und wusste: Es war so weit.

Schweigend ritten sie eine steile, gepflasterte Straße hinauf, die im Zickzack zum Schloss führte. Tief unter ihr zeichneten sich jetzt die Dächer von Chinon als schwarze Dreiecke gegen den Silberglanz ab, den das Mondlicht auf die Wasserfläche der Vienne zauberte. In dem Zug, der sich langsam dem hoch aufragenden Schatten des Torturms näherte, gab es keinen, der gewusst hätte, was ihn in der kommenden Stunde erwartete. Jean de Metz traute sich nicht, Jeanne ins Gesicht zu sehen, als befürchtete er plötzlich das Schlimmste. Ihre Begleiter aus dem Schloss malten sich wahrscheinlich schon aus, wie Jeanne eine halbe Stunde lang für den König den Clown spielte, bevor sie unter Hohngelächter hinausgeworfen würde. Und Jeanne überlegte, ob der König wirklich so hässlich war, wie alle behaupteten.

Ein Trompetenstoß, und vor ihnen wurde kreischend das Fallgatter des Torturms in die Höhe gezogen. Die Hufe der Pferde klapperten hohl, als sie über die Zugbrücke ritten.

»Die Göre kommt!«, rief einer von oben. Ein anderer lachte dreckig. Und wütend begannen die Jagdhunde der königlichen Meute im Hundeturm zu bellen.

Unter einem Gebäude mit hohen, hell erleuchteten Fenstern hielten sie an und saßen ab. Jeanne streichelte kurz die Nüstern ihres Pferds, fühlte seinen warmen Atem, fing seinen warmen Blick auf – dann spürte sie kalt eine Hand auf ihrer Schulter, sah in das ausdruckslose Gesicht eines Fackelträgers – und ohne sich noch einmal umzublicken folgte sie ihm, eine Treppe hoch und einen Gang entlang, bis sie vor einer hohen, verschlossenen Flügeltür standen. Der Fackelträger zögerte einen Augenblick und schlug dann zweimal mit der Faust dagegen.

Die Türflügel öffneten sich und warme, stickige Luft schlug ihr entgegen. Das Licht von zahllosen Fackeln blendete sie und Qualm stach ihr in die Augen. Ein dröhnendes Summen erfüllte den ganzen großen Saal – wie damals, als die Fliegenschwärme in den Häusern aufflogen, in denen die Schinder gewütet hatten. Und Hunderte von gierig aufgerissenen Augen starrten sie an.

Sie hatte es geahnt, sie hatte es geahnt. Die sahen alle so aus! Irrsinniger noch als die Männer waren die Frauen gekleidet, mit ihren hochgepressten Brüsten und ihren bis zur Hüfte geschlitzten Kleidern, die ellenlang über den Boden schleiften, und ihren Teu-

100

felshörnerhauben, von deren Spitzen bunte, durchsichtige Tücher so groß wie Bettlaken herunterwehten. Ein einziges, sinnenverwirrendes Farbenmeer und überall diese Truthahngesichter. Sollte sie sich jetzt da hindurchzwängen wie auf einem Jahrmarkt?

Da trat eines dieser paradiesvogelartigen Wesen auf sie zu, nahm sie bei der Hand wie eine Prinzessin und führte sie durch eine Gasse von Gaffern in die Mitte des Saals vor einen jungen Mann mit blauem Lidschatten und blau gefärbtem Kinnbart. Aus seinem Raubvogelgesicht flackerten ihr Augen entgegen, so schwarz wie eine Gewitternacht. Er steckte in einem hautengen, weißen Wildlederanzug, zuckte unaufhörlich mit einem Körperteil und befingerte nervös die Diamanten, die seinen Dolch verzierten. Das Rufen und Kichern im Saal verstummte.

»Du stehst vor dem König«, lächelte der, der sie hereingeführt hatte.

Jeanne sah ihn groß an. Das sollte wohl ein Scherz sein. »Nein, das ist er nicht«, sagte sie laut. »Ich würde den König erkennen, obwohl ich ihn nie gesehen habe.«

Der Paradiesvogel lächelte wieder und zeigte auf einen schwitzenden Fettkloß neben dem Schönling, der mit seinen Wurstfingern unablässig einem zahmen, weißen Frettchen auf seinem Arm den Kopf kraulte. Sein schwerer Brokatmantel hatte dieselbe Farbe wie die Augen seines Frettchens – glutrot.

»Du hast Recht. Dies hier ist der König.«

Jeanne war es Leid. Sie schaute sich um. Truthahngesichter. Und ganz in ihrer Nähe ein Gesicht, das ihr bekannt vorkam: tropfenförmige Nase, Triefaugen und eine Miene wie ein geprügelter Hund. Das musste er sein, der König von Frankreich.

Sie war am Ziel.

Jeanne machte einen Schritt auf ihn zu, vollführte einen tiefen Knicks und sagte: »Gott schenke Euch ein langes Leben, edler König.«

»Ich bin nicht der König«, sagte das Gesicht.

»Ja, Ihr habt Recht«, antwortete Jeanne. »Aber ich werde Euch bald zum König machen.«

Was für ein köstlicher, was für ein unbezahlbarer Witz! Eine verkleidete Bauerngöre krönt den König von Frankreich! Frauen kreischten begeistert auf, Männer wieherten, alles bog sich vor Lachen. Wer nicht lachte, war der König. Er trat vor und hob die Hände.

Das Gelächter verstummte. Und Jeanne fiel vor ihm auf die Knie.

»Edler Herr Karl, ich bin Jeanne die Jungfrau«, sagte sie und atmete heftig. »Der König des Himmels schickt mich, um Euch zu sagen, dass Orléans gerettet werden kann. Und um Euch auszurichten, dass Ihr in Kürze gesalbt und gekrönt werden sollt. Denn ich bin gesandt, um Euch nach Reims zu führen.«

»So?«, sagte der König und sah sie an. Ein Duft nach Holzkohlenfeuer und Nächten in feuchtem Stroh ging von ihr aus, aber das störte ihn nicht. Überhaupt störte ihn gar nichts an diesem sonderbaren Mädchen. Sie sprach mit sanfter, ja betörend sanfter Stimme, bewegte sich aber wie ein Mann, kleidete sich sogar wie ein Mann und trat mit einer Sicherheit auf, als wäre sie im Schloss aufgewachsen. Nicht einmal durch sein lustiges, kleines Versteckspiel hatte sie sich aus der Fassung bringen lassen. Er zog sie am Ärmel in einen Winkel des Saals.

Lange und leise sprach Jeanne dort auf den König ein. Ich weiß, dass unten auf Euch eine Fluchtkutsche wartet, die Euch in die Hafenstadt La Rochelle bringen soll, sagte sie. Schickt sie weg, Ihr braucht sie nicht mehr! Ich bringe den Frieden, sagte sie. Und deshalb bitte ich Euch um Soldaten. Ich bin der Sieg, sagte sie. Ich spreche die Sprache des Himmels. Und als der König nach einer Weile merkte, dass seine Augen noch feuchter waren als sonst, da legte er ihr beinahe zärtlich die Hand auf den Mund und wandte sich an die versammelte Hofgesellschaft.

»Ich hahabe einen Entschluss gefasst«, stotterte er. »Dieses Fräulein, das sich Jeajeanne die Jungfrau nennt, wird bis auf weiteres bei uns imim Schloss bleiben!«

Und obwohl das ein sehr ungewöhnlicher und ausgesprochen komischer Entschluss war, lachte niemand.

9. *Kapitel*

Jeanne macht sich neue Freunde und neue Feinde.

Und Jeanne zog ins Schloss, nachdem sie sich unten im Gasthof von Jean und Bertrand verabschiedet hatte. »Jean«, flüsterte sie. »Jean de Metz. Schade.« Und legte ihre Stirn an seine Schulter, damit niemand sah, dass sie weinte.

Von nun an lebte sie in einer völlig neuen Welt. In einer Welt, in der alles anders war. In einer Welt, für die ein Perrin oder eine Hauviette unvorstellbare Wesen waren – genauso unvorstellbar wie die Herrschaften der Paradiesvogelgesellschaft im Schloss für die Bewohner von Domrémy.

Jeanne glaubte zu träumen. Sie wurde im ersten Stockwerk eines Turms im ältesten Teil des Schlossbezirks einquartiert und wie eine vornehme Dame behandelt. Tagsüber erfüllte ein junger Adliger ihre Wünsche, der fünfzehnjährige Page Louis. In den Nachtstunden stand ihr eine Hofdame als Zofe zur Verfügung. Und von morgens bis abends erhielt sie Besuch. Die Neugier war eine ansteckende Krankheit und sie hatte fast die gesamte Schlossgesellschaft befallen.

Keiner von denen war normal. Da meldete ihr Page am zweiten Tag einen Herrn de Rais, Gilles de Rais. Und hereingetänzelt kam ein junger Mann im weißen Wildlederanzug, in dem Jeanne sofort den ersten der

104

beiden erfolglosen Königsdarsteller erkannte, obwohl er sich Bart und Augenlider inzwischen hellgrün gefärbt hatte. Der Herr de Rais tat geheimnisvoll. Ob sie wohl dem Teufel seine Geheimnisse entlockt habe, wollte er wissen. Zum Beispiel, wie man einen König so behext und in den Bann schlägt, dass er ein Bauernmädchen nicht mehr von einem Heerführer unterscheiden kann?

»Ihr scheint mir Gott nicht mehr vom Teufel unterscheiden zu können«, sagte Jeanne kühl.

»Wie soll man die beiden auch auseinander halten?«, kicherte Gilles und tänzelte und zuckte mit den Schultern. »Euch da draußen auf den Dörfern mag es leicht fallen, zwischen dem lieben, lieben Gott und dem bösen, bösen Teufel zu unterscheiden. Aber wir hier oben tun uns furchtbar schwer damit.« Und er fasste sie bei der Hand, hüpfte mit ihr die Wendeltreppe ins Erdgeschoss hinunter, öffnete die Tür, sodass Licht in den Raum fiel, und zeigte ihr eine Stelle in der Turmwand. Da waren, wohl vor langer Zeit schon, mit einem Messer Graffitti in den Stein gekratzt worden: ein fliehender Hirsch, der von einem Jagdhund gehetzt wird, und darunter Schriftzeichen.

»Kannst du lesen?«, fragte Gilles im Flüsterton.

»Natürlich nicht«, sagte Jeanne.

»Dann hör gut zu. Unter dem Hirsch steht ein Name, ›Jacques de Molay‹. Dieser Jacques de Molay hat vor 120 Jahren gelebt, ein berühmter Mann, ein tapferer Mann, der Großmeister der Tempelritter. Nur, dass er dem König zu mächtig wurde. Könige mögen das nicht. Er wurde angeklagt, hier im Turm eingekerkert und dann als Hexer verbrannt. Selbstverständlich war er unschuldig. Seit jener Zeit stand dieser Turm leer, bis du kamst. Der fliehende Hirsch, das ist er selber, Jacques de Molay. Und der Hund, der ihn zu Tode hetzt, das ist der französische König. Jeanne«, flüsterte er, »egal, mit wem du im Bunde bist, mit Gott oder mit Satan persönlich – auf mich kannst du dich verlassen.«

Dann huschte er die Kellertreppe hinunter ins Schattenreich der unterirdischen Gänge und war verschwunden.

Und so waren sie alle. Jeder vermied peinlichst, von Orléans zu sprechen. Keiner nahm das Wort ›Engländer‹ in den Mund. Aber alle machten rätselhafte Andeutungen. Und jeder glaubte, sie vor irgendeiner drohenden Gefahr warnen zu müssen. Als wäre sie ein blindes Huhn und das Schloss eine Hahnenkampfarena.

Nur einer war anders: Alençon.

Jeanne unterhielt sich anderntags gerade vor der Schlosskapelle mit dem König, als ein junger Mann mit federnden Schritten auf sie zukam, den König kurz umarmte und sie dann mit einem herausfordernden Lächeln von oben bis unten musterte.

»Mein Vetter Jean«, sagte der König, »der Herzog von Alençon.«

Jeanne zuckte zusammen. Der nächste Jean! Und übel sah auch dieser hier nicht aus – wie ein unternehmungslustiger, großer Junge. Als wäre er ständig auf dem Sprung. Sie lächelte und schlug ihm kräftig auf die Schulter. »Sehr gut! Die Verwandten des Königs sind meine Freunde.«

»Hojojoj!«, lachte Alençon. »Die geht ja ran. Begrüßt

einen Herzog, als wäre er ein Armbrustschütze. Reißt du nur den Mund weit auf, oder steckt auch was dahinter?« Und gleich schlug er ihr vor, mit ihm gemeinsam hinunter zu den Trainingsplätzen der Ritter auf den Uferwiesen der Vienne zu reiten.

Fast wäre Jeanne ihm um den Hals gefallen. Endlich mal einer, der nicht nur geschwollen daherredete und seine Goldkettchen oder sein Frettchen im Schlosshof spazieren trug! Alençon zeigte ihr an diesem herrlichen Tag, wie man ein dahinrasendes Pferd mit einer Hand lenkte, selbst wenn man mit derselben Hand außer den Zügeln auch noch den Schild halten musste. Und wie man mit der anderen so geschickt die Lanze führte, dass man damit im vollen Galopp den Kopf eines hölzernen Ritters traf. Tags darauf zeigte er ihr, wie man sich mit durchgedrückten Knien und gestreckten Beinen in die Steigbügel stemmte und sein Gesäß so fest gegen die hohe Sattellehne drückte, dass man beim Aufprall der Lanzen nicht gleich durch die Luft gewirbelt wurde. Und ringsum stiegen die Ritter von ihren Schlachtrössern und schauten ihr ein Weilchen zu und fanden, dass dieses Bauernmädchen sich, weiß Gott, überhaupt nicht dumm anstellte.

Plötzlich hatte es Jeanne mit der Befreiung von Orléans nicht mehr so eilig. Täglich verbrachte sie von nun an mehrere Stunden gemeinsam mit Alençon auf dem Trainingsplatz der Ritter. Manchmal mischte sich sogar der König unter die Zuschauer, die regelmäßig zusammenströmten, sobald sich Jeanne auf der Turnierwiese zeigte. Sie ritt fabelhaft. Einmal machten sich einige Ritter den Spaß, ihr ein wild schnaubendes pechschwarzes Schlachtross zuzuteilen, das sich aufbäumte und auskeilte, sobald jemand aufzusitzen versuchte. Jeanne befahl den Knechten, das Pferd aus der prallen Sonne in den Schatten der Tribüne zu führen, stieg dann mühelos auf und trabte mit einem spöttischen Lächeln davon.

Für das einfache Volk war Jeanne ein einziges Wunder. Sie machte Sachen, die niemand einer Frau je zugetraut hätte. Und sie traute sich Dinge zu, die keine Frau je gewagt hätte. Selbst Alençon, der doch ein Herzog war und schon so manches erlebt hatte, kam aus dem Staunen nicht heraus. Sie lernte so unheimlich schnell. Als sie an diesem Tag erschöpft und glücklich ihr schwarzes Schlachtross den Pferdeknechten übergab, ging Alençon auf sie zu, drückte ihr einen Kuss auf die heiße Stirn und schenkte ihr eins seiner Pferde. Es war eine weiße Araberstute. Sie hieß Amina. Es war ihr erstes eigenes Pferd.

Lachend ritten sie Seite an Seite den Zickzackweg zum Schloss hinauf – Jeanne auf ihrem Schimmel, Alençon auf seinem Rappen. Von diesem Tag an hieß er für sie nur noch ›mein schöner Herzog‹. Und selbst, wenn sie ihn mal ›mein kleiner Herzog‹ nannte, ließ er sich das gefallen.

Das Einzige, was ihr das Glück dieser Tage trübte, war der schwitzende Fleischkloß mit dem Frettchen, der Kanzler des Königs, der Herr Trémoille.

Am vierten Tag, nach dem Frühstück, wurde Jeanne zu einer Lagebesprechung gebeten, an der neben dem König auch Alençon und Trémoille teilnahmen. Mit seinen 44 Jahren war Trémoille bei weitem der Älteste hier. Alençon war gerade mal 24, Gilles de Rais sogar noch ein Jahr jünger. Und als Kanzler hatte Trémoille

108

hier mehr zu sagen als jeder andere, außer dem König. Dennoch war von ihm an diesem Morgen nichts zu hören als das Knarren des Stuhls, der unter dem Gewicht seiner Fleischmassen ächzte. Jedes Mal, wenn Jeanne gesprochen hatte, schielte der König zu ihm hinüber. Und jedes Mal starrte Trémoille nur eisig schweigend ins Leere und kraulte den Kopf seines Frettchens. Zwei Wochen später erfuhr sie von Alençon, dass Trémoille sie für eine Hexe hielt und dass nur eine Prüfung durch Männer der Kirche diesen Verdacht wieder aus der Welt schaffen könnte. Und Schluss war es mit den schönen Tagen auf den Uferwiesen der Vienne.

Jeanne war es leid, restlos leid. Kaum hatte sie erreicht, dass die Männer bei ihr nicht mehr an Liebe dachten, da fiel ihnen nichts Besseres ein, als an Hexerei zu denken!

»Jungfrauen können überhaupt keine Hexen sein«, beschwerte sie sich beim König, als draußen schon die Pferde für ihre Abreise gesattelt wurden. »Den Teufel graust es doch vor Jungfrauen!«

»Leider gragraust es auch Herrn Trétrémoille vor Jungfrauen, die hier hereinplaplatzen und eine Armee fordern«, lächelte der König müde und brachte sein trauriges Gesicht nah an ihr Ohr. »Aber wenn du diese Prüfung bestehst, bekommst du von mimir eine Armee.«

Also ritt Jeanne, gut bewacht von einer Abteilung Lanzenreiter, nach Poitiers, einen Tagesritt südlich von Chinon. In Poitiers war die Universität, da warteten jetzt die klügsten Männer des ganzen Königreichs auf sie. Unterwegs sprach sie leise mit Amina, die zu allem verständnisvoll nickte, was sie von ihrer neuen Herrin zu hören bekam. Herrjeh, murmelte Jeanne, die Paradiesvögel haben aber auch eine Art, die einfachsten Dinge kompliziert zu machen. Die Kirchenfritzen werden mich doch glatt durchfallen lassen. Was weiß ich denn schon? Nichts. Das Vaterunser. Das Ave Maria. Und die Schimpfkanonaden von Johannes dem Täufer. Die kann ich im Schlaf. Aber mit Schimpfkanonaden muss man bestimmt vorsichtig sein. Also nur das Vaterunser und das Ave Maria. Damit falle ich durch. Wenn ich durchfalle, bin ich eine Hexe und werde verbrannt. Prost Mahlzeit.

Mit anderen Worten: Jeanne war ziemlich aufgeregt, als sie am nächsten Tag in einem kahlen Raum der Universität am Kopfende eines langen Tisches achtzehn kohlpechrabenschwarz gekleideten Männern gegenübersaß. Alles Professoren der Kirche. Alles Experten in Fragen des Glaubens und der Bibel. Alles Männer, die so ungeheuer gebildet waren, dass sie sogar den hauchdünnen Unterschied zwischen Gott und dem Teufel kannten. Bravo. Dann dürfte es ihnen ja auch nicht so fürchterlich schwer fallen, den Unterschied zwischen ihr und einer Hexe herauszufinden.

»Meinetwegen kann's losgehen«, sagte sie vielleicht etwas zu frech.

Einer beugte sich vor. »Jeanne. Glaubst du an Gott?«

»Natürlich. Und zwar fester als Ihr.«

Der zweite räusperte sich und beugte sich vor: »Jeanne. Was willst du mit Soldaten? Gott ist doch allmächtig. Wenn er Frankreich wirklich retten will, braucht er dazu doch keine Soldaten?«

»Um Gottes willen! Die Soldaten werden kämpfen und Gott wird dafür sorgen, dass sie siegen. So einfach ist das.«

»Aber woher sollen wir wissen, dass du wirklich von Gott gesandt bist? Kannst du nicht hier, vor unseren Augen, ein kleines Wunder tun?«

»Bei Gott, ich soll meine Wunder in Orléans tun, nicht in Poitiers! Schickt mich nach Orléans und Ihr bekommt Euer Wunder.«

»Welche Sprache sprechen denn deine Himmlischen?«, schaltete sich ein Dritter ein.

»Französisch. Aber ein viel schöneres als Ihr.«

Alle lachten. Der Geistliche, der die letzte Frage gestellt hatte, sprach wirklich einen furchtbaren Dialekt.

Und so ging es tagelang. Jeanne fand die Prüfung halb so schlimm und auch die Herren in Schwarz schienen ihren Spaß daran zu haben. Nach zwei Wochen hielt es der König in Chinon nicht mehr aus und kam mit seinem halben Hofstaat nach Poitiers. Und dann wurde es feierlich. Alles, was in der Stadt Rang und Namen hatte, versammelte sich im Festsaal der Universität, mehrere Bischöfe darunter, viele Ritter, ein halbes Dutzend Herzöge und Grafen und selbstverständlich auch Jeanne. Es roch nach Weihrauch und Prüfungsschweiß und schließlich, nach endlosen Gebeten und Gesängen, verlas der Vorsitzende der Prüfungskommission das Prüfungsergebnis:

»Edler König. Einerseits hat uns Jeanne, die sich die Jungfrau nennt, nur kluge und fromme Antwort gegeben, sodass jeder Verdacht unbegründet erscheint. Andererseits liegt es allein bei Gott, die Herzen der

Menschen zu lesen. Einerseits empfehlen wir daher, diese Jeanne mit einem Heer nach Orléans zu schicken, weil man in der Notlage, in der sich Frankreich befindet, nichts unversucht lassen darf. Andererseits aber gibt es keine Garantie dafür, dass besagte Jeanne ihr Versprechen auch wirklich halten kann. Setzt Eure Hoffnung also vor allem auf Gott.«

Der König verzog das Gesicht wie ein enttäuschtes Kind. Einerseits – andererseits! Diese Waschlappen! Konnten sich diese Gottesmänner nicht ein einziges Mal klipp und klar ausdrücken?

Jeanne hingegen strahlte vor Glück. Nicht durchgefallen! Bestanden! Von wegen Hexe! Alençon gratulierte ihr als Erster. »Jetzt nix wie ran an den Speck!«, grinste er und schlug ihr kräftig auf die Schulter.

Abends feierte sie ausgelassen mit Alençon und ihren neuen Freunden von der Prüfungskommission. Einer der Prüfer hatte sein schönes, großes Haus dafür zur Verfügung gestellt. Jeanne ließ sich sogar dazu hinreißen, ihren Wein ausnahmsweise unverdünnt zu trinken. »Die habe ich um den Finger gewickelt«, flüsterte sie Alençon ins Ohr. Und dann rief sie den schwarzen Herren zu, die Wein schlürfend in Grüppchen zusammenstanden und beim Gedanken an ihre Antworten immer noch schmunzeln mussten: »Ich weiß mehr, als ich gesagt habe. Und ich kann mehr, als ich gezeigt habe. Professor Érault! Bringt mir doch bitte Feder und Pergament! Jetzt sollen mich die Engländer kennen lernen!« Und dann diktierte sie ihm einen Brief, bei dem allen vor Staunen die Spucke wegblieb:

»König von England! Ich fordere Euch auf: Gebt der Jungfrau alle Städte zurück, die Ihr erobert habt – und

112

Euren Leuten wird kein Haar gekrümmt werden. Wenn Ihr jedoch der Jungfrau nicht gehorcht, wird sie Eure Männer mit Gewalt vertreiben! Und wenn Eure Männer Widerstand leisten sollten, wird die Jungfrau sie töten!«

Professor Érault wäre fast die Feder aus der Hand gefallen. »Jeanne«, sagte er entsetzt, »soll ich wirklich schreiben: Wird die Jungfrau sie – töten?«

»Also gut«, lenkte Jeanne großmütig ein, »schreibt besser: Wird die Jungfrau sie töten lassen. Weiter: König von England! Wenn Eure Männer Frankreich nicht freiwillig räumen, dann werde ich ein Kriegsgeheul anstimmen, wie man es in den letzten tausend Jahren in Frankreich nicht mehr gehört hat. Bitte zwingt mich nicht, Euch zu vernichten! Es grüßt Euch Jeanne die Jungfrau. So, das müsste reichen.«

Érault setzte das Datum darunter, den 12. März 1429. Jeanne malte ein Kreuz daneben, kleckste ein bisschen, und am nächsten Morgen verließ ein berittener Bote mit ihrem Brief in der Satteltasche Poitiers. Sein Ziel war das englische Hauptquartier vor Orléans.

Eines Morgens, Anfang April, richtete sich Robert de Baudricourt in seinem Bett im Schloss von Vaucouleurs auf und witterte Krieg. Er hatte von Jeanne schon lange keine Nachricht mehr erhalten, denn für Colet de Vienne gab es in diesen Tagen Wichtigeres zu tun, aber als alter Soldat hatte er eine Nase dafür, wann es losging. Da packte auch ihn diese ansteckende und unheilbare Krankheit, die Neugier, und er schickte seinen ersten Offizier und engsten Vertrauten Jean de Metz als Kundschafter nach Chinon.

Auf seinem Weg kam Jean durch Tours, eine große Stadt am Ufer der Loire. Sie summte wie ein Wespennest. Der König sei da, hieß es, und Jeanne natürlich auch. In den Straßen von Tours wimmelte es von Gepanzerten und Bewaffneten und Pagen, und ein Geruch, den Jean nur allzu gut kannte, ein Geruch nach zerstampfter Erde und zerbeultem Eisen und heißem Pferdeatem zog durch alle Gassen – das Aroma des Kriegs. Am zweiten Tag hatte er plötzlich das Gefühl, in dem Gewühl von Marktfrauen, Pferdehändlern, Rittern und Waffenhändlern Sommersprossen gesehen zu haben. Er machte kehrt, und – »Ich mach mir in den Waffenrock!« – da stand sie tatsächlich vor ihm, Jeanne, mit siebzig Pfund Eisen am Leib! Gefütterte Eisenhaube, Brustharnisch, Handschuhe mit Schuppenfingern, Arm- und Beinschienen, Magenblech. Nichts fehlte. Und Jeanne schien das auch noch bequem zu finden! »Alles maßgeschneidert«, sagte sie stolz. »Und alles auf Kosten des Königs.«
Erst jetzt merkte Jean, dass die sechs Männer in ihrer Begleitung ihren persönlichen Hofstaat bildeten. Da war Aulon, ihr Leibwächter, einer der besten Soldaten des Königs. Jean hatte von ihm schon viel Löbliches gehört. Da waren zwei Herolde für den Fall, dass sie dem Feind vor der Schlacht Botschaften übermitteln wollte. Der Kleine war ihr Page Louis. Aber wer waren die beiden Schüchternen links und rechts von ihr, die ebenfalls in Eisen gingen?
»Da kommst du nie drauf«, lachte Jeanne. »Der hier ist mein Bruder Jean und der andere ist mein Bruder Pierre. Eigens aus Domrémy angereist, um ihrer Schwester bei der Befreiung von Orléans zu helfen.

114

Pierre hat mich schon einmal gerettet, vor einem ganz widerlichen Burgunder!«

Aber die alten Tage, in denen man stundenlang mit Jeanne bei einem Becher heißer Milch von Chinon träumen und auf Baudricourt schimpfen konnte, die waren vorbei. Jeanne hatte keine Zeit, sie musste weiter, und Jean begleitete sie zur Werkstatt eines italienischen Malers, der sich auf Fahnen spezialisiert hatte. Ausgerollt auf einem langen Werktisch lag da ein Banner aus feinstem weißem Leinen. Die Vorderseite war fast fertig, sie zeigte Christus über den Wolken und links und rechts davon einen knienden Engel.

»Si, si, die Banner von die Jungfrau«, erklärte der Italiener stolz. »Die ist einmalig. Damit kann sie jeder im dicksten Getümmele erkennen, egal wie viele Blech sie anhat. Die Engländer brauchen diese Banner nur zu sehen – ah, Reißaus werden sie nehmen sofort!«

»Ich mich lassen überraschen«, kicherte Jeanne.

Dann musste sie weiter, zu ihrem Schmied. Beim Abschied küsste Jean ihre Schuppenhand. Er blickte ihr nach, verlor sie im Getümmel aus den Augen und sah sie nicht wieder.

Umso mehr bekam er von ihr zu hören. Wo Jean in den nächsten Tagen auch aufkreuzte, an allen Straßenecken und Brunnen, überall redete man nur von ihr. Wer sie eine Hexe nannte, der riskierte, von seinem Wirt einen Tonkrug über den Schädel gezogen oder von seiner Waschfrau ein nasses Bettlaken um die Ohren geschlagen zu bekommen. Und eine Woche später gab es in ganz Tours keinen Einzigen mehr, der auch nur im Traum daran gedacht hätte, sie eine Hexe zu nennen. Denn jetzt hatte sie doch wirklich und wahrhaftig ein echtes Wunder getan! Und das kam so: Ihr Waffenschmied hätte ihr gern ein neues Schwert gemacht. »Dein Zahnstocher da aus Vaucouleurs sieht aus, als wäre er aus lauter alten Hufeisen zusammengehämmert«, brummte er. »Die Jungfrau braucht doch was Besonderes.«

»Gut«, antwortete Jeanne, »aber nicht von Euch.« Sie ging also mit ihren Himmlischen zu Rate und schickte dann einen ihrer Herolde mit dem Auftrag nach Fierbois, unter den Steinplatten hinter dem Altar der Kirche nach einem Schwert zu suchen. Der Herold wunderte sich, ritt aber los. Und siehe da, als er die Steinplatten hinterm Altar anhob, da blinkte dort unten etwas, und als er sie ganz zur Seite gezogen hatte, da lag dort ein altes Kreuzfahrerschwert begraben – ein wunderschönes Stück und so gut erhalten, dass der Pfarrer von Fierbois sich tief in den Finger schnitt, als er die Klinge prüfte.

Als der König von diesem Wunder erfuhr, ließ er den Herrn Trémoille zwei Tage lang spüren, dass er bei ihm untendurch war.

Bald danach kehrte in Tours wieder der Alltag ein. Jeanne und die Ritter verließen die Stadt im Morgengrauen in Richtung Orléans. Der König dachte keinen Moment lang daran, sie zu begleiten, und zog sich am selben Nachmittag noch auf sein Lieblingsschloss in Chinon zurück. Und Jean de Metz machte sich anderntags sehr nachdenklich auf den Heimweg nach Vaucouleurs. Zweimal hatte sich Jeanne jetzt vor seinen Augen verwandelt: vom Mädchen im roten Kleid zum jungen Mann, vom jungen Mann zum Ritter. Und jede diese Verwandlungen hatte einen neuen

116

Menschen zum Vorschein gebracht. Geblieben war nur ihre Selbstsicherheit und ihre Stimme, diese sanfte, betörende Stimme, die Jean de Metz noch immer um den Schlaf bringen konnte. Wer mochte sie wohl beim nächsten Mal, nach ihrer nächsten Verwandlung sein?

10. Kapitel

Jeanne kommt in eine Welt,
in der Frauen eigentlich gar nichts
zu suchen haben.

Jeanne hatte noch den zartsüßen Geschmack
der gefrorenen Waldhimbeeren von der Tafel des Königs auf der Zunge, als sie in der Morgenkühle durchs
Tal der Loire ritten. Doch in Gedanken war sie schon
wieder ganz woanders. Denn jetzt ging es in einem
langen Zug von Rittern, Packpferden und Waffenkar-
ren flussaufwärts, nach Blois, der letzten freien Stadt
vor Orléans, wo sich das königliche Heer sammeln
sollte. Und vielleicht würde sie in Blois endlich La
Hire kennen lernen.
Zunächst allerdings lernte sie Gilles de Rais besser
kennen. Für etwas verrückt hatte sie ihn ja schon immer gehalten, seit ihrer ersten Begegnung damals im
Turm von Chinon. Doch jetzt machte sie die Erfahrung, dass er noch viel verrückter war. Nicht nur, dass
ihm heute ein feuerroter Bart vom Kinn abstach – passend zu den rot gefärbten Reiherfedern auf seinem
Helm –, er hatte auch seinen eigenen Knabenchor mit
auf die Reise genommen, in einem großen, vierrädri-
gen Karren! Da saßen sie auf einem Haufen weißer
Kissen wie auf Wolken, an die zwanzig kleine Sänger
in goldenen Chorhemden, keiner älter als elf und jeder
so schön wie ein Engel. Und immer, wenn Gilles nach

118

Musik zu Mute war, jubilierten sie auf sein Zeichen hin los wie die Lerchen. Nicht einmal das Rumpeln der Karrenräder konnte Gilles diesen Genuss verderben. Er schloss dann hingebungsvoll die Augen und zuckte so stark mit Schultern und Beinen, dass seine Rüstung zu klirren anfing. Und jedes Mal kamen die Bauern dann von den Feldern gelaufen und lauschten ergriffen am Straßenrand, denn solche himmlischen Töne hatten sie im Leben noch nie gehört.

»Ich bin eben der Einzige hier, der wirklich Stil hat«, sagte er pikiert, wenn Jeanne und Alençon sich angrinsten. »Bildung und Stil.«

Und weil er so gebildet war, fluchte er auf Lateinisch. Jedes Mal, wenn ihn der Harnisch am Hals scheuerte oder das Magenblech drückte, knurrte er: »Caca diaboli!« Was Jeanne ihm schlecht verbieten konnte, weil sie nicht wusste, was das hieß.

Außerdem war sie heute in der Stimmung, über Gilles' Allüren großzügig hinwegzusehen. Denn anders als die meisten Männer fühlte sich Jeanne in ihrer Rüstung pudelwohl. Nicht nur, weil sie den Eindruck hatte, in dieser Welt der Männer ernster genommen zu werden, wenn sie so kriegerisch auftrat. Sie freute sich auch diebisch darüber, wie gut sie schon den Ritter spielte. In all den Loirestädtchen, durch die sie kamen, merkte niemand, dass sie ein Mädchen war!

Als sie in Négron einritten, ließ Gilles sich von seinem Pagen ein parfümiertes Taschentuch reichen. Am Flussufer waren ein paar alte Frauen gerade dabei, mit bloßen Händen Pferdeäpfel von einem Karren in Holzfässer zu verpacken. Andere beluden einen Kahn mit Ziegenkäse. Als sie Jeanne sahen, wedelten sie

ausgelassen mit ihren kräftigen Armen und riefen herüber: »Hey, du Schöner! Steig vom Pferd und küss
uns! Wir duften wie der Paradiesgarten!« Die Ritter
lachten, Jeanne strahlte.

»Eure Männer sind zu beneiden!«, rief sie zurück.
»Aber verzeiht mir, wenn ich lieber mein Pferd küsse
als euch!«

Nein, die Rüstung störte sie nicht im Geringsten. Nur
den Helm hatte sie ihrem Pagen Louis übergeben, der
auch ihr weißes Banner trug. So spürte sie den frischen Wind an ihren ausrasierten Schläfen, in ihrem
freien Nacken, und diesen milden Frühlingswind, der
beständig durchs Flusstal wehte und sogar die schwer
beladenen Lastsegler vor sich hertrieb, den liebte sie
besonders. Ein verheißungsvoller Wind war das. Er
schien eine neue, glücklichere Zeit anzukündigen, eine
Zeit der Siege, eine Zeit des Friedens. Der Wind, die
Schönheit der Flusslandschaft mit ihren Sandbänken
und bewaldeten Inseln und nicht zuletzt das Gefühl,
ihrem Ziel wieder einen großen Schritt näher zu kommen – alles versetzte sie in Hochstimmung.

Wusste Jeanne, was ihr bevorstand? Ahnte sie, dass
das Handwerk der Ritter im Töten bestand? Konnte
sie sich unter dem Krieg überhaupt etwas vorstellen?
Die Wahrheit ist, sie hatte keine Ahnung. Sie dachte:
Wenn so viele Männer seit so vielen Jahren Krieg führen, dann muss der Krieg doch wohl eine halbwegs
erträgliche Sache sein. Gewiss schrecklich, aber doch
halbwegs erträglich. Im Übrigen dachte sie immer
sofort und als Erstes an Sieg, wenn vom Krieg die
Rede war. Und das, obwohl die Männer um sie herum
von nichts anderem sprachen als von Niederlagen.

120

Zum Beispiel ihr Leibwächter Aulon und ihr schöner Herzog Alençon. Eigentlich war Aulon ein ruhiger, wortkarger Mensch – kein Draufgänger wie Alençon und kein Spinner wie Gilles. Den ganzen Morgen hatte er kein Wort gesagt. Aber gegen Mittag kamen die beiden Männer dann doch ins Gespräch.

»Wart Ihr damals in Verneuil dabei?«, fragte Alençon so nebenbei.

»Ich war in Verneuil dabei«, antwortete Aulon trocken. »Ich war in Checy dabei. Ich war in Azincourt dabei. Ich war bei allen großen Niederlagen der Franzosen dabei.«

»In Azincourt wart Ihr dabei? Ihr scheint ja früh angefangen zu haben!«

»Mit fünfzehn. Wär um ein Haar mein letztes Lebensjahr gewesen.«

»Wie kam's?«, fagte Alençon, immer noch wie nebenbei.

»Irische Dolchmänner. Einer von diesen Saukerlen hechtet unter meinen Gaul und sticht von unten zu. La Hire hat mich da rausgehauen.«

»Weiß der Himmel, wo La Hire in Verneuil war«, lachte Alençon. »Jedenfalls nicht in meiner Nähe. Sonst hätten mich die Engländer wohl nicht aus dem Berg von Leichen rausziehen müssen, unter dem ich's mir gerade bequem gemacht hatte.«

»Gefangenschaft?«

»Fünf Jahre. Fünf Jahre bei den Gentlemen. Hatte einen Turm für mich alleine. Deswegen hab ich auch die anderen Niederlagen alle verpasst.«

Ein unerschöpfliches Thema. Jeanne erfuhr auf diese Weise, dass sich Alençons Familie finanziell ruiniert hatte, um das Lösegeld für ihn aufzubringen – gefangene Herzöge waren sündhaft teuer. Und dass Aulon heute wie ein Stachelschwein aussähe, wenn noch alle Armbrustpfeile in ihm stecken würden, die ihn im Lauf der Zeit getroffen hatten. Doch sonderbar – je länger die anderen über Niederlagen redeten, desto fester glaubte Jeanne an den Sieg.

Umso größer war ihr Entsetzen über das, was sie in Blois zu sehen bekam. Dabei fing es ganz viel versprechend an: Lange bevor sie die kleine Stadt erreicht hatten, wimmelte die Landstraße von quietschenden Ferkeln, brüllenden Ochsen, trippelnden Schafen und bockigen Ziegen – alles Proviant für die hungernde Bevölkerung von Orléans. Und am Flussufer von Blois reihte sich eine lange Schlange von Wagen und Karren, die von den Bootsleuten der Lastsegler mit Getreide für die Mühlen der belagerten Stadt beladen wurden. Aber dann! Das Heerlager auf den Uferwiesen dahinter! Das war keine Armee, das war ein Freundschaftstreffen von Räuberbanden!

Jeanne wurde übel, als sie neben Alençon durch dieses Lager ritt. Ein Grölen, Zanken und Fluchen. Ein Furzen, Spucken und Rülpsen. Halb nackte Frauen, nackte Männer. Krüppel, die von Lagerfeuer zu Lagerfeuer krochen, wo der Rübenschnaps von Mund zu Mund ging. Schreiende Kinder im Dreck unter den Planwagen der Huren. Wahrsager, die aus den blutigen Knochen geschlachteter Tiere den Ausgang der nächsten Schlacht vorhersagten. Und überall Gesänge von Tod und Teufel, die Jeanne das Blut in den Adern gefrieren ließen. Dies also war die Welt der Männer, von der sie so lange geträumt hatte? »Im Heer zählt

122

eine Frau weniger als ein Huhn im Topf«, hatte Aulon sie auf seine trockene Art vor ein paar Tagen gewarnt. Jetzt wusste sie, was er gemeint hatte. Wie, um Himmels willen, sollte sie sich bei diesen Galgenvögeln Respekt verschaffen?

»Sieht eine Armee immer so aus?«, fragte sie Alençon mit zitternder Stimme. Sie hätte losheulen können. »Hier riecht doch alles nach der nächsten Niederlage!«

Alençon suchte krampfhaft nach einer halbwegs tröstlichen Antwort. Doch bevor ihm etwas Gescheites einfiel, entdeckte er im lärmenden Gewühl des Heerlagers eine abenteuerliche Gestalt in einem rosaroten Samtmantel, der von oben bis unten mit silbernen Glöckchen besetzt war. Das bimmelte nur so, als dieser Mensch fluchend um eine Kanone herumstapfte, die im Uferschlamm stecken geblieben war.

»Jeanne!«, riss Alençon sie aus ihren trübsinnigen Gedanken und zeigte auf die Gestalt. »Der da drüben. Das ist La Hire.«

Sie stiegen ab und gingen auf ihn zu. Zum ersten Mal sah Jeanne nun sein Gesicht. Es war genauso aufsehenerregend wie der Rest: lange, schwarze Haare, die ihm wie Rabenfedern vom Kopf abstanden, eine riesige, vom Aufprall irgendeiner Waffe zur Seite gedrückte Adlernase und ein schwarzer Ziegenbart. La Hire schien sie nicht zu beachten. »Gott vergebe meinem Köter seine Sünden«, sagte er plötzlich, ohne aufzusehen. »Was ist denn das? Männlein oder Fräulein?«

»Das ist Jeanne die Jungfrau«, sagte Alençon feierlich. »Die hat uns Gott geschickt.«

»Kreuzhimmelsakrament«, fluchte La Hire und beschäftigte sich weiter mit der Kanone. »Seit wann versteht der liebe Gott was von Krieg?«

Jeanne kochte vor Wut. Dieser La Hire war ja der Schlimmste von allen!

»Herr La Hire«, platzte sie heraus, »ich habe viel von Eurer Tapferkeit gehört. Aber ich habe nicht gewusst, wie abscheulich Ihr flucht. Das hört auf, und zwar sofort. Gott wird doch den Sieg nicht einer Armee schenken, in der so fürchterlich geflucht wird. Wenn Ihr unbedingt fluchen müsst, dann sagt meinetwegen: Bei meinem Köter. Das muss ja wohl reichen. Oder ist Euch egal, ob wir siegen?«

Da blickte La Hire zum ersten Mal auf. Erst glotzte er Jeanne an. Dann glotzte er Alençon an. Dann schüttelte er seine schwarze Rabenmähne und sagte wie vom Donner gerührt: »Bei meinem Köter!« Und dann brachen alle drei in ein Lachen aus, dass ihnen die Tränen kamen.

Jeanne mochte La Hire.

Und La Hire mochte Jeanne. Das merkte sie noch am selben Abend, bei einer Besprechung im Zelt von Alençon. Acht Hauptleute nahmen daran teil, darunter La Hire und Gilles de Rais – die besten Heerführer Frankreichs. Jeanne saß im Hintergrund. Gefragt wurde sie nicht. Als wäre sie gar nicht da. Als wäre sie nichts weiter als ein Glücksbringer, den man bloß dabeihaben musste, und schon würde den Herren der Sieg in den Schoß fallen. Zuhören, Maul halten und die Herrschaften machen lassen – das sollte wohl ihre Rolle bei der Befreiung von Orléans sein. Aber da hatten sich diese Experten des Kriegs verrechnet. In zwei

Tagen, meinte einer, könne das Heer nach Orléans aufbrechen. Da hielt es Jeanne nicht länger auf ihrem Stuhl.

»Das nennt Ihr ein Heer?«, fuhr sie atemlos dazwischen. »Damit kann man sich doch höchstens in der Hölle sehen lassen! Da machen sich die Engländer vor Lachen in die Rüstung. Ein Heer muss einen großartigen Anblick bieten, wenn Ihr mich fragt – worauf allerdings noch keiner von Euch gekommen ist. So großartig wie ein Kreuzfahrerheer. Das muss schon von weitem nach Sieg aussehen. Bevor dieser Sauhaufen da draußen nicht nach Sieg aussieht, brauchen wir überhaupt nicht aufzubrechen!«

Und bevor auch nur einer der versammelten Herren seinem Ärger über diese Ungeheuerlichkeit Luft machen konnte, verkündete sie die neuen Regeln für die gesamte Armee: Keine Flüche mehr! Frauen und Kinder raus aus dem Lager! Schluss mit dem Rübenschnaps! Und täglich mindestens einmal beichten – jeder! Nicht nur bei diesem Feldzug, sondern so lange, bis der letzte englische Bogenschütze auf dem Schiff saß und in die Heimat segelte! »Ihr glaubt vielleicht, ich kann den Sieg aus dem Ärmel schütteln«, stieß sie zwischen den Zähnen hervor. »Kann ich nicht. Aber ich kann dafür sorgen, dass hier nicht einfach so weitergewurschtelt wird wie bisher!« Und damit ließ sie sich wieder auf ihren Stuhl fallen.

Schweigen. Der Einzige, der Jeanne nicht anstarrte, als hätte sie den Verstand verloren, war La Hire. Der rieb seine schiefe Adlernase, ließ seinen Ziegenbart zwischen Daumen und Zeigefinger hindurchgleiten, richtete sich dann in seinem Stuhl auf und knurrte:

»Tolle Idee. Vielleicht hilft's.«

Und weil La Hire dafür war, wurde es so beschlossen. Hinterher, als sie mit ihm zusammen hinaus in die kühle Frühlingsnacht trat, schlug sie ihm so kräftig auf die Schulter, dass La Hire, der Schrecken der Engländer, am ganzen Leib bimmelte.

»Ihr gehört heilig gesprochen«, sagte sie.

»Jungfrau, Jungfrau«, stöhnte er und wischte sich mit dem Ärmel den Schweiß von seiner zernarbten Stirn.

»Du kannst einen aber in Verlegenheit bringen. Keine Flüche. Keine Huren. Und auch noch beichten! Bei meinem Köter – wo gibt's denn so was.«

»Bei uns in Domrémy zum Beispiel«, lächelte sie.

Am nächsten Morgen ritt Jeanne zusammen mit den Hauptleuten durchs Lager, redete selbst mit den Soldaten, redete selbst mit den Frauen, und wenn die nicht freiwillig ihre Sachen packten, dann half sie mit der flachen Seite ihres Kreuzfahrerschwerts nach. Dann ließ sie alle Priester von Blois auf der Uferwiese zusammentrommeln und Kirchenlieder singen. Musik war unwiderstehlich – das hatte sie unterwegs erlebt. Mit Musik konnte man die Leute hinter sich bringen. Und wer von den Soldaten nicht beichtete, der bekam nichts zu essen. Sollte keiner glauben, der Krieg sei ein Kinderspiel! Schließlich ging es diesmal um das Schicksal Frankreichs. Da beichtete selbst La Hire, obwohl er ganz tief in seinem Gedächtnis graben musste, um auch nur auf eine winzig kleine Sünde zu stoßen.

Drei Tage später setzten die Tiere, die Wagen und die Soldaten auf Flößen und Kähnen über den Fluss. Am anderen Ufer formierte sich alles zu einem langen Zug und dann ging es, in sicherer Entfernung von den englischen Stützpunkten an der Loire, Richtung Orléans: vorweg eine Schar singender Priester und gleich dahinter ein Ritter auf einem Schimmel und einer auf einem Rappen, Jeanne und Alençon. Vor allen Hütten standen Neugierige, die hatten schon so manches Heer durchs Dorf ziehen sehen, aber ein so herzergreifend schönes Bild der Siegeszuversicht hatte noch keines abgegeben!

Jeanne hätte also zufrieden sein können. Doch seltsamerweise war sie das nicht. Bei jeder Kleinigkeit riss ihr der Geduldsfaden, und je näher sie Orléans kamen, desto unausstehlicher wurde sie. Bald ärgerte sich Jeanne über alles und jeden. Über das Vieh, weil es an jedem Flüsschen erst einmal saufen musste, weshalb man nur stockend vorwärts kam. Über die Priester, weil sie am Abend des zweiten Tags schon Blasen unter den Füßen hatten und so albern daherhumpelten, dass es nicht mehr nach Sieg aussah. Über die Herren Heerführer, weil die das Zelt für sie vergessen hatten, sodass sie unter freiem Himmel schlafen musste, mitten unter den Soldaten und vorsichtshalber in voller Rüstung, was ihr arge Rückenschmerzen und zu allem Überfluss den Spitznamen ›die eiserne Jungfrau‹ einbrachte. Und über die Soldaten, weil sie sich abends wie die Schinder mit ihren Streitäxten über die Obstbäume der Bauern hermachten, um Brennholz für die Lagerfeuer zu schlagen. Die Bäuerinnen schrien, die Bauern gingen mit Heugabeln auf die Soldaten los – aber die Soldaten lachten nur.

»Warum schlagt ihr euer Holz nicht im Wald?«, brüllte Jeanne.

»Weil der Wald dem König gehört, Jungfrau!«, brüllten die Soldaten zurück.

Jeanne setzte bei Alençon durch, dass die geschädigten
Bauern wenigstens Geld dafür bekamen.

Und schließlich, am Morgen des vierten Tags, stießen
sie wieder an die Loire. Alençon rief: »Anker werfen!«, (ein Ausdruck, den er bei den Engländern aufgeschnappt hatte), die Priester rafften ihre Gewänder
und kühlten sich ächzend die Füße im Fluss, und die
Soldaten machten es sich im Gras gemütlich und begannen zu würfeln. Offenbar war man am Ziel – nur
dass von der Stadt Orléans weit und breit auch nicht
ein Rauchfähnchen zu sehen war.

»Und wo ist Orléans?«, rief Jeanne Alençon zu.

»Am anderen Ufer, eine Meile flussabwärts!«

»Bei meinem Köter!« Jeanne stampfte so heftig auf,
dass ihre Rüstung schepperte. »Die Himmlischen haben mir befohlen, direkt vor die englischen Schanzen
zu ziehen und auf der Stelle anzugreifen!«

»Mit dem ganzen Viehzeug?«, grinste La Hire und
schüttelte sich seine Rabenfedern aus dem Gesicht.
»Jungfrau, Jungfrau. Das sind ja vielleicht Strategen,
deine Himmlischen.«

Und schon ließ man sie wieder links liegen, denn jetzt
näherte sich über den Fluss mit kräftigem Ruderschlag
ein Boot. Vorn, unter einem gespannten Segeltuch, saß
ein Mann in einem goldschimmernden Harnisch, einen goldglänzenden Helm mit wehenden Straußenfedern auf dem Kopf – der Graf Dunois, der Held von
Orléans! Seit sechs Monaten bissen sich die englischen
Belagerer nun schon die Zähne an ihm aus.

Jeanne zitterte vor Wut. Der Nächste, der die Befreiung von Orléans wahrscheinlich für seine Privatsache hielt! Seit Tagen lief nichts mehr, aber auch gar nichts mehr nach ihrem Willen. Wahrscheinlich steckte hinter allem dieser Fettkloß von Trémoille. Sie sah ihn förmlich vor sich, wie er mit leeren Augen an ihr vorbeiglotzte und gelangweilt den Kopf seines Frettchens kraulte. Aber der war jetzt nicht da. Und deshalb stürzte sich Jeanne auf Dunois, kaum dass er aus dem Boot gesprungen war.

»Stammt von Euch die Idee, uns hier am Arsch der Welt zu treffen?«, fuhr sie ihn an.

Dunois drehte sich nach ihr um und lächelte. Es war ein eisiges Lächeln. Er war in Italien erzogen worden, an den vornehmsten Fürstenhöfen von ganz Europa, und dort hatte er dieses Lächeln gelernt. Jeden anderen hätte es augenblicklich zum Schweigen gebracht, so eisig war es.

»Ja, mein Fräulein«, sagte er. »Ich und die Herren in Eurer Begleitung, von deren Klugheit Ihr Euch gewiss längst überzeugt habt. Es schien uns das Beste, den Engländern nicht geradewegs in die Arme zu laufen.«

Jeanne schäumte. »Der Auftrag der Himmlischen ist aber an mich ergangen!«, schrie sie ihn an. »Nicht an einen Herrn de Rais! Nicht an einen Herrn Alençon! Und auch nicht an einen Herrn Dunois! Wenn Ihr noch einmal etwas ohne mich beschließt, Graf, reiße ich Euch den Kopf ab!«

Und dann verschwamm alles vor ihren Augen, die finsteren Mienen der Männer, das blinkende Eisen der Rüstungen, die glitzernde Wasserfläche der Loire, sie brach in wilde Tränen aus und war froh, dass ihr Bruder Pierre sie wortlos in den Arm nahm, zu einer

Uferweide führte und ihr sehr liebevoll über das kurze, braune Haar strich. Warum sie nicht einfach so wie alle anderen Mädchen sein konnte, diese Frage verkniff sich Pierre schon seit langem.

Dunois stand immer noch bis zu den Knöcheln im Wasser, runzelte die Stirn und blickte ratlos in die Runde. »Dieses Nervenbündel soll die berühmte Jungfrau sein?«, sagte er, als Jeanne ihn nicht mehr hören konnte. »Bei uns in der Stadt hat man sich die Jungfrau, offen gestanden, ein wenig ... überirdischer, ein wenig ... engelgleicher vorgestellt.«

»Lasst mal, Graf«, schnaufte La Hire. »Die Jungfrau ist, wie soll ich sagen – recht temperamentvoll. Und außerdem ein wenig mitgenommen. Aber, bei meinem Köter!, die Engländer werden bei ihr noch weniger zu lachen haben als wir.«

Man beschloss also dort an der Loire, das Vieh und die Soldaten im Lauf des Nachmittags mit Schiffen und Flößen in die Stadt zu bringen, die Engländer unterdessen mit einem Scheinangriff abzulenken und nach Einbruch der Nacht dann den Einzug der Jungfrau ganz groß zu feiern. Es sollte wohl möglich sein, im Schutz der Dunkelheit durch das Burgundertor in die Stadt zu gelangen, denn dieses Tor lag am weitesten von der nächsten englischen Stellung entfernt.

Und mit diesem Plan war selbst Jeanne ausnahmsweise auf Anhieb einverstanden.

130

11. Kapitel
*Jeanne begreift, dass zwischen
englischem und französischem Blut
kein großer Unterschied ist.*

Es war stockfinstere Nacht, als sie am anderen
Ufer entlang auf Orléans zuritten. Ein Sturm war auf-
gekommen, der peitschte die schwarze Wasserfläche
der Loire und zerrte an den Straußenfedern von Dunois' Helm. In solchen Nächten brauchte man keine
feindlichen Wachen zu befürchten; da machten es sich
die Engländer hinter den Palisadenzäunen ihrer Bollwerke bequem und tranken fässerweise dünnes eng-
lisches Bier.
Obwohl der Sturm ihm die Worte vom Mund riss,
versuchte Dunois immer wieder sich Jeanne verständlich zu machen. Den ganzen Tag über war er die
Liebenswürdigkeit in Person gewesen, sodass Jeanne
tief beschämt geschworen hatte, sich in Zukunft zu-
sammenzureißen, egal wie wütend sie wäre. Und auch
jetzt ließ er sich weder durch pechschwarze Nacht
noch durch Sturmgeheul davon abhalten, ihr seine
Aufmerksamkeit zu schenken.
»Dort drüben«, bekam Jeanne zwischen zwei Sturm-
böen mit, »Klosterruine – erstes Bollwerk der Engländer!« Und in einiger Entfernung sah sie, durch schwarzes Geäst hindurch, zwei Lagerfeuer blinken. Daneben
ragte ein Schatten bedrohlich hoch in die Nacht.

131

»Belagerungsturm!«, verstand Jeanne.

Einmal gab Dunois ihr mit einer Handbewegung zu verstehen, dass er vorausreiten würde, und dann schlängelte sie sich in seiner Spur zwischen den umgestürzten oder halb versunkenen Grabsteinen eines Friedhofs hindurch. Sie hatte das Gefühl, dass einige Gräber aufgescharrt waren und Knochen herumlagen, und einen Augenblick lang glaubte sie sogar, Wölfe neben sich laufen zu sehen. Sie war deshalb heilfroh, als sich plötzlich eine gewaltige, dunkle Wand vor ihnen aufbaute, die nach beiden Seiten in der Finsternis verschwamm: die Stadtmauer von Orléans.

»Burgundertor!«, hörte sie Dunois rufen. »... nichts mehr schief gehen!«

Jetzt nahm sie auch gewaltige Tortürme wahr, sah, wie sich dort oben Fackeln bewegten, hörte Trompetenstöße und beobachtete mit angstvoller Freude, wie sich die Zugbrücke allmählich senkte und das Fallgatter langsam emporschwebte. Zum Glück übertönte der tobende Sturm den Lärm der Ketten. Und dann sah sie unter dem Bogen des offenen Stadttors ein Lichtermeer von Fackeln. Vor Begeisterung beugte sie sich über die wehende Mähne von Amina und umarmte ihren Hals. »Wir haben's geschafft«, flüsterte sie. »Wer hätte das gedacht.«

Ihr Page Louis war der Erste, der über die Zugbrücke ritt, den Schaft des weißen Banners der Jungfrau fest umklammert, damit es nicht davonflog. Dann kamen Jeanne und Dunois. Und dann die anderen.

Wieder einmal glaubte Jeanne zu träumen. In den Straßen zusammengedrängt, aus den Fenstern gelehnt, selbst auf den Dächern an die Schornsteine geklam-

132

mert – überall Menschen! Und alle klatschten, johlten und lachten und riefen »Jeanne!« oder »Es lebe die Jungfrau!« – was ihnen gerade einfiel, wenn sie im wild flackernden Feuerschein der sturmgepeitschten Fackeln vor der nachtschwarzen Häuserwand auf ihrem weißen Pferd vorbeiritt. Dann mischten sich auch noch die schweren Glocken der Kathedrale donnernd in das Jubelgeschrei und das Heulen des Sturms und plötzlich läutete es von allen Seiten, von allen Kirchtürmen der Stadt. Und diesmal fiel es Jeanne nicht schwer, die Botschaft der Glocken zu verstehen: Willkommen, Jeanne! Willkommen in Orléans!

Dunois hatte größte Mühe, sich an ihrer Seite zu halten. Hunderte drängten an sie heran, um ihr Pferd zu berühren oder ihre Beinschienen zu küssen. Frauen und Kinder versuchten in diesem Getümmel mit ihr Schritt zu halten, als könnten sie sich an ihr nicht satt sehen. In jeder Straße, durch die sie kamen, tobte sich eine Begeisterung aus, als wäre Orléans schon befreit. Einen kurzen Augenblick lang schwindelte es Jeanne bei dem Gedanken, dass all diese Menschen von ihr nicht weniger als ein Wunder erwarteten. Was würden dieselben Leute wohl mit ihr machen, wenn sie zu viel versprochen hätte?

Da sah sie, wie eine Fackel ihrem Banner zu nahe kam und das weiße Tuch mit dem schwebenden Christus Feuer fing. Nur das nicht! Mit leichtem Schenkeldruck zwang sie ihr scheuendes Pferd neben die züngelnden Flammen und löschte sie mit eigener Hand. Alle in ihrer Nähe hatten den Atem angehalten – jetzt jubelten sie noch begeisterter als zuvor: Wie die Jungfrau das gemacht hatte, so kaltblütig wie ein Mann!

Und Sprechchöre, die »Jeanne!« und immer wieder »Jeanne!«, riefen, begleiteten sie bis ans andere Ende der Stadt, bis zum hell erleuchteten Haus ihres Gastgebers, des reichsten Mannes von Orléans, des Schatzmeisters Jacques Boucher.

Was für ein Luxus! In einem Saal mit schimmernden Wandteppichen und farbenprächtigen Deckengemälden war auf einer langen Tafel das Abendessen gedeckt, Storchenbraten mit Zimtsoße. Hunderte von Kerzen erleuchteten den Raum. Und alle, die sich ihr zu Ehren eingefunden hatten, waren tief enttäuscht, dass sie sich gleich nach ihrer Ankunft auf ihr Zimmer zurückziehen wollte.

Aber Jeanne liebte den Luxus nicht. Sie mochte es auch ganz und gar nicht, wie ein Schaf mit drei Köpfen angestaunt zu werden. Und am allerwenigsten hatte sie für diese Abendessen in feiner Gesellschaft übrig – da wurde doch nur gequasselt und gequasselt, über Politik und Geld und all die anderen Dinge, von denen sie nichts verstand. Kaum hatte sie das Haus betreten, sehnte sie sich nach den Feldlagern der letzten Tage und den Nächten unter freiem Himmel zurück. Und deshalb begnügte sie sich an diesem Abend mit der Gesellschaft von Aulon, etwas geröstetem Brot und einem Becher verdünntem Wein auf ihrer Kammer.

»Was für ein Tag!«, seufzte sie selig, als Aulon ihr aus der Rüstung half. »Was für ein Tag. Jetzt müssen wir nur noch die Engländer besiegen.«

»Die Engländer?«, schnaubte Aulon. »Die Engländer sind schon besiegt. Sie wissen es nur noch nicht.« Und zum ersten Mal sah Jeanne ihn lächeln.

Der nächste Tag begann damit, dass Jeanne von einem Kreischen, Krachen und Poltern geweckt wurde, als würde die Haustür eingeschlagen. Sie wälzte sich noch im Halbschlaf, da stolperte Aulon ins Zimmer und teilte ihr unwirsch mit, der Hausherr flehe sie an, sich wenigstens am Fenster zu zeigen, die Leute würden ihm sonst das Haus abreißen.

Also gut. Hinein in die Rüstung, hinaus auf die Straße und möglichst sensationell aussehen. Jeanne wusste inzwischen, was bei den Leuten ankam: Für die Männer war es das höchste der Gefühle, sie auf Amina reiten zu sehen, und die Frauen gerieten vor Vergnügen aus dem Häuschen, wenn sie so tat, als gehörten die hohen Herren in ihrer Begleitung zu ihrem Gefolge. »Jeanne, du Engel!«, jauchzten sie ihr zu, als sie mit ihren Heerführern durch die jubelnde Menge zum Stadtpalast von Dunois ritt, um mit ihm den bevorstehenden Angriff zu besprechen.

Dunois jedoch wollte von einem Angriff nichts wissen. »Jeanne, habt Ihr schon mal einen Engländer gesehen?«, fragte er nur.

Jeanne errötete, als sie zugeben musste, in ihrem ganzen Leben noch keinen Engländer gesehen zu haben. Dunois lächelte und schlug einen Rundgang über die Stadtmauern vor.

Was für ein Bild! Jeanne war schwer beeindruckt, als sie auf der obersten Plattform eines der nördlichen Festungstürme angekommen waren. Orléans von oben, das war ein gewaltig wogendes Meer aus steilen Giebeldächern, engen Straßenschluchten, protzigen Wehrtürmen und lanzenspitzen Kirchtürmen, eingebettet in eine endlose Ebene. Und dort, in dieser

Ebene, zogen sich im weiten Halbkreis um die Stadt die Bollwerke und Schanzen der Engländer hin, mit ihren Zelten, Wagen, Schleudermaschinen und Belagerungstürmen.

Jeanne fiel auf, dass in dem graubraunen Gewusel dort hinten kaum Pferde zu sehen waren. Die Herren nickten eifrig. Alençon erklärte ihr, dass in den englischen Heeren viel weniger Ritter kämpften als bei den Franzosen. Bei den Engländern erledige das Fußvolk die Hauptarbeit in einer Schlacht. Vor allem die Langbogenschützen. Und ein Langbogen, das sei die teuflischste Waffe der Welt.

La Hire unterbrach ihn. »Du musst dir das so vorstellen, Jungfrau«, sagte er heiser. »Du reitest mit angelegter Lanze auf diese Langbogenschützen zu und diese Saukerle schießen tausend Pfeile auf einmal ab. Und einer davon nagelt dich garantiert auf dein Pferd. Die haben eine Wucht, die gehen durch jede Rüstung wie ein Rasiermesser durch Gelee. In Azincourt haben wir auf diese Art zehntausend Mann verloren.«

»Und die Engländer? Wie viele Tote hatten die?«, fragte Jeanne entsetzt.

»Die Gentlemen? Ein paar hundert vielleicht.«

Jeanne traute ihren Ohren nicht. »Und warum haben die ... die Franzosen keine Langbogen?«, stammelte sie.

So wie eben alle genickt hatten, schüttelten jetzt alle energisch die Köpfe.

»Liebste Jeanne!«, stöhnte Gilles de Rais auf, als hätte ihn der Inhalt eines Nachttopfs getroffen. »Diese Langbogenschützen sind primitivste Barbaren! Englischer Abschaum! Stinkender Bauernpöbel! Wir sind

französische Ritter! Wir fassen doch keinen Langbogen an!«
Offenbar glaubten alle, ihre Frage sei damit beantwortet. Jeanne fühlte sich wie vor den Kopf geschlagen. Fassungslos trottete sie den anderen über die
Wehrgänge hinterher zur Südseite der Stadtmauer.
Das durfte doch nicht wahr sein! Wie konnte man
denn so blöd sein, jahrzehntelang mit großem Tra-
ra und donnernden Hufen auf Leute zuzurasen, die
einen im nächsten Moment lässig mit einem Pfeil aus
dem Sattel pusteten? Die Herren waren sich also zu
fein, einen Langbogen in die Hand zu nehmen. Aber
zum Sterben waren sie sich nicht zu fein! Und sie, die
kleine Jeanne aus Domrémy, war die Einzige, die diesen Irrsinn durchschaute. Warum? Weil sie einen klaren Verstand hatte und nicht so dusslig war wie all
diese eingerosteten Experten des Kriegs. Von denen
würde sie sich nichts mehr sagen lassen!
Was sie dann allerdings auf der Südseite zu sehen bekam, machte sie ebenso ratlos wie alle anderen. Die
Stadtmauer stieß hier an die Loire und unter ihnen
spannte sich die alte Steinbrücke über den Fluss, um
die es den Engländern ging. Nur dass die Engländer
sie schon so gut wie in der Tasche hatten. Am anderen Ende der Brücke nämlich ragten die mächtigen
Türme der Brückenfestung auf, die die Stadt gegen
Angriffe aus dem Süden schützen sollte, und diese Festungstürme waren den Engländern schon bei den
Kämpfen der ersten Tage in die Hände gefallen. Hätten die Franzosen nicht in derselben Nacht noch einen Brückenbogen eingerissen, wären die Engländer
längst in der Stadt. Seither jedenfalls hatte sich in der

Brückenfestung der englische Hauptmann Sir Glasdale mit fünfhundert Soldaten einquartiert. Hinter
den großen Schießscharten konnte Jeanne ihre Gesichter und selbst die Farbe ihrer Bärte deutlich erkennen,
blond oder rötlich. Sie wandte sich an Dunois.
»Herr Dunois, bevor wir die dort angreifen, sollten
wir sie warnen.«
Zurück im Palast, diktierte Jeanne Dunois' Schreiber
einen Brief, in dem sie die Engländer aufforderte, sich
unverzüglich der Jungfrau zu ergeben, wenn sie nicht
alle getötet werden wollten, und schickte einen ihrer
Herolde damit los. Etwa eine Stunde später meldete
ein atemloser Wächter, die Engländer seien dabei, eine
Schleudermaschine zu laden. Kurz darauf zischte ein
grauer Klumpen durch die Luft und Augenblicke
später zerbarst neben dem Waschhaus auf dem Markt
ein Bündel Eselskadaver. Den aufkreischenden Wasch-
weibern flogen Eselsköpfe, Hufe und Eingeweide um
die Ohren, aber verletzt wurde niemand. Als Dunois
und die anderen angeritten kamen, hielt ihnen eine
leichenblasse Marktfrau ein Eselsohr hin, um das ein
bekritzelter Fetzen Pergament gewickelt war. Dunois
riss ihn ab. Es war Jeannes eigener Brief an den englischen König und auf der Rückseite stand in fehler-
haftem Französisch: »Du Hexe des kleinen Königs
von Chinon! Wenn wir dich kriegen, braten wir dich!
Und deinen Herold kannst du schon morgen brennen
sehen!«
Jeanne verlor kein Wort. Sie riss ihrem Pagen den
Helm aus den Händen, stieg aufs Pferd und galoppierte los, dass man nur noch Dreckklumpen in einer
Staubwolke aufspritzen sah. Am Brückentor holte

138

Aulon sie ein, da sprang sie gerade vom Pferd und befahl der verblüfften Wache, das Tor zu öffnen. Sie stieß Aulon zurück und stampfte hinaus auf die Brücke. Bei jedem Schritt knallte Eisen auf Stein, bis der Rand des eingerissenen Brückenbogens ihrem einsamen Sturmlauf ein Ende machte. Jetzt erst wurde ihr bewusst, wo sie war. Unter ihr gurgelte das grüne Wasser der Loire um den Brückenpfeiler und über ihr ragten die beiden Brückentürme wie unbezwingbare Felssäulen in den blassen Frühlingshimmel. Dort, wo sie stand, hätte jeder Pfeil getroffen. Aber nichts geschah.

Jeanne blickte in die Gesichter hinter den Schießscharten. Gesichter ohne jede Regung. Gelangweilte Gesichter, starr wie Masken. Sie schienen durch sie hindurchzusehen. Als wäre sie ein harmloses Ungeziefer, das man im Vorbeigehen zertritt.

»Lasst sofort meinen Herold frei!«, schrie Jeanne.

Nichts. Keine Antwort, keine Bewegung. Nicht einmal das Zucken eines Mundwinkels. Einer fing an, auf einem Strohhalm zu kauen. Da sah sie ganz oben eine Hand, die gelassen den Vorhang vor einem Fensterloch zur Seite schob, und dann einen mächtigen Schädel mit einem eisgrauen Bart und einer langen, scharfen Nase. Und zwei stechende Augen unter finsteren Brauen blickten aus unangreifbarer, unerreichbarer Höhe auf sie herab.

»Glasdale!«, schrie sie hinauf. »Du wirst sterben! Und zwar bald!«

Der Schädel zog sich zurück in die Dunkelheit des Turms. Der mit dem Strohhalm kaute weiter. Hier und da erschien ein spöttisches Grinsen, das im nächsten

Augenblick schon wieder verschwunden war. Das war alles. Mit Ungeziefer sprachen die Engländer nicht.

Jeanne kehrte um. Im Tor warf sie sich weinend Aulon an die Brust. »Weißt du, was wir für die sind?«, schluchzte sie. »Ameisen! Ein Volk von Ameisen!«

Aber Aulon nahm ihr nur den Helm ab und sah ihr lächelnd in die Augen. »Mach dir nichts draus«, flüsterte er. »Ameisen sind unbesiegbar.«

Jeanne trocknete sich die Tränen. Der gute Aulon. Beinahe hätte sie ihn freundschaftlich in die Nase gezwickt.

Auf dem Weg zurück zum Haus des Schatzmeisters dankte sie in einer Kirche der heiligen Margarete, dass die Engländer sie nicht erschossen hatten. Und Aulon benachrichtigte Dunois, dass die Jungfrau noch lebte.

Beim Mittagessen im Kreis der Familie Boucher gab es die Reste des Storchs. Es ging vornehm zu, das heißt, man machte sich dauernd Komplimente. Jeanne gab zu, dass es ein unverzeihlicher Fehler gewesen war, nicht schon gestern von diesem köstlichen Storch gegessen zu haben. Und ihr Gastgeber Jacques Boucher gestand, dass er die Engländer noch niemals aus so großer Nähe gesehen habe wie Jeanne, die offenbar überhaupt keine Angst kenne. Dieser Austausch von Höflichkeiten kostete Jeanne mehr Kraft als ihr Auftritt auf der Brücke, weshalb sie sich nach dem Essen mit Aulon, der Tür an Tür mit ihr wohnte, zu einem Mittagsschlaf zurückzog.

Jeanne streckte sich aus. Endlich war es still da draußen. Ungewöhnlich still sogar für eine so große Stadt. Sie schlief ein und sah im Traum von ferne ihr Tal mit der Maas, sah die Häuser von Domrémy und die große Buche auf der Dorfwiese, die immer ein bisschen unheimlich gewesen war mit ihren gewaltigen Ästen, die bis auf die Erde herabreichten. Davor tanzten die Kinder von Domrémy im Sonnenlicht, wie jedes Jahr, wenn der Frühling anfing. Hochwürden Bartholomé stand dabei und las aus dem Evangelium, um die bösen Geister aus der großen Buche zu vertreiben, und auch der alte Perrin saß da im Gras und futterte die Apfeltorte, die sie ihm einmal für pünktliches Läuten gebacken hatte. Alle lachten und sangen, nur ihr Vater nicht, der stand abseits und machte ein trauriges Gesicht. Da rannte Jeanne los, rannte immer schneller, so schnell, dass ihr rotes Kleid aufwirbelte und ihre Füße den Boden kaum noch berührten, und als sie schon fast bei ihm war, da drehte er sich zu ihr um und lächelte. Doch als sie ihm um den Hals fiel, da war sein Leib eisenhart, da drückte sie ihre Lippen in einen eisgrauen Bart, da blickte sie in zwei stechende Augen unter finsteren Brauen – und es war Glasdale in seiner Rüstung mit blutigem Schwert!

Schreiend fuhr sie von ihrem Lager hoch, stürzte in Aulons Zimmer und rüttelte ihn wach. »Es wird Blut vergossen, Aulon!«, rief sie atemlos. »Irgendwo wird gekämpft! Ich weiß nur nicht, wo.«

Sofort war das ganze Haus in Aufruhr. Aulon legte hastig seine Rüstung an, die Hausherrin eilte herbei, um Jeanne in den Harnisch zu helfen, Louis sattelte Amina, Jeanne saß auf, ließ sich ihr weißes Banner durchs Fenster anreichen und galoppierte mit Funken sprühenden Hufen in Richtung des größten Lärms.

Am Burgundertor begegnete sie den ersten Verwundeten. Jeanne zügelte kurz ihr Pferd. Großer Gott, das also war der Krieg! Wimmernde Männer mit klaffenden Wunden, die von blutverschmierten Männern auf dem Rücken getragen wurden. »Jungfrau, macht schnell!«, keuchte einer der Träger. »Es sieht schlecht für uns aus!«

Nur nicht hinsehen. Nur weiter, hinaus aufs offene Feld. Da vorn tobte der Kampf, vor dem Klosterbollwerk von gestern Abend. Aulon holte sie ein, lächelte ihr zu und klappte sein Visier herunter. Aus den Augenwinkeln sah sie Dunois in seiner goldenen Rüstung auf seinem schäumenden Rappen. Links sprengte Alençon in rasendem Galopp an ihr vorbei. Die ersten fliehenden Franzosen kamen ihr entgegen. Neben ihr zog Aulon sein Schwert aus der Scheide. Jeanne galoppierte weiter, keine andere Waffe als ihr flatterndes Banner in der Hand, bis sie die wirbelnden Streitäxte und niedersausenden Schwerter erreicht hatte.

Erst spürte sie den Sieg nicht. Alles, was sie mitbekam, war ein Schreien und Brüllen und Krachen und Splittern und Schnauben und Klirren, ein Durcheinander, wie Jeanne es noch nie erlebt hatte. Blutspritzer trafen Amina an Kopf und Hals; im nächsten Moment hielt Aulon ihr seinen Schild vors Gesicht und krachend bohrte sich ein Pfeil hinein. Sie wusste nicht, wie ihr geschah, sie wusste nur eins: dass sie mittendrin war und dass sie mittendrin bleiben musste, weil aus dem Sieg sonst wieder nichts würde.

Und dann spürte sie den Sieg. Ihr Banner flößte selbst denen neuen Mut ein, die schon auf der Flucht gewesen waren, und nach und nach bildeten Armbrustschützen und Ritter einen Schutzwall um sie. Jetzt war es kein blindes Umsichschlagen mehr, jetzt war es

142

ein Angriff. Kein Engländer durfte der Jungfrau zu nahe kommen, und deshalb durfte kein Franzose zurückweichen. Und weil die Jungfrau vorwärts ging, mussten sich auch ihre Leute weiter vorwärts kämpfen. Da spürten auch die anderen den Sieg. Je lauter die Engländer fluchten, desto schwächer wurden ihre Schläge, und schließlich duckten sie sich nur noch hinter ihren Schilden, stolperten rückwärts und flohen ins Innere des Bollwerks, wo die meisten von ihnen von den nachdrängenden Franzosen erschlagen wurden. Die letzten Engländer verbarrikadierten sich in der Klosterkirche, ergaben sich aber kurz darauf und wurden in den Hof hinausgezerrt.

Als Jeanne wieder zu sich kam, saß sie keuchend auf ihrem schweißbedeckten Pferd im Innenhof des eroberten Bollwerks. Sie ließ ihr Banner sinken, nahm ihren Helm ab und blickte um sich: Das also war der Sieg! Verstümmelte Tote, die über den ganzen Innenhof verstreut lagen; Verwundete, die sich dazwischen wälzten; vergnügte Franzosen, die ihr lachend ihre ledernen Wasserbeutel hinhielten; La Hire, dem Blut aus seinem schwarzen Ziegenbart tropfte, und ein armseliges Häufchen überlebender Engländer, die zitternd zwischen den Leichen ihrer Kameraden auf dem Boden hockten. Wussten die Himmlischen, dass der Sieg so aussah?

Jeanne wollte gerade einen Wasserbeutel an den Mund setzen, als ganz in ihrer Nähe einige Franzosen mit Streitäxten über die wehrlosen Gefangenen herfielen.

»Aufhören!«, schrie sie. »Was macht ihr denn da?«
Sie hielten mitten im Schlag inne und starrten sie an.

»Wir töten die Gefangenen«, antwortete einer verständnislos.

»Seit wann tötet man Gefangene?«, brüllte sie ihn an.

»Gefangene werden immer getötet. Wenigstens solche, die kein Lösegeld einbringen. Das hier ist doch alles englischer Abschaum, stinkender Bauernpöbel.«

»Dann erschlagt mich auch!«, schrie Jeanne außer sich vor Wut. »Ich bin auch stinkender Bauernpöbel!« Die Franzosen ließen achselzuckend ihre Streitäxte sinken und machten sich daran, die Gefangenen zu fesseln. Jeanne sah in die Gesichter der Engländer. Ihre Lippen bebten. In ihren aufgerissenen Augen flackerten die Pupillen. Angstschweiß lief ihnen über die Schläfen in die Bärte. So konnten sie also auch aussehen, die Engländer. Wie Menschen in Todesangst eben. Das war das zweite Bild, das sie nicht mehr vergaß. Die verwundeten Franzosen am Burgundertor – und diesen Ausdruck in den Gesichtern der Engländer.

Jeanne biss sich auf die Lippen, als sie neben Aulon und Alençon zurückritt. Beide waren unverletzt und hochzufrieden. »Zweihundert Gentlemen weniger auf dieser Welt!«, jubelte Alençon. Und als in der Stadt die Glocken läuteten und auf allen Plätzen gesungen und getanzt wurde, da lag Jeanne in ihrer Kammer, vergrub den Kopf in ihr Kopfkissen und weinte lange.

144

12. *Kapitel:*

Jeanne lässt sich nicht für dumm verkaufen und manchmal weiß sie sogar mehr, als sie eigentlich wissen kann.

Am Abend hatte Jeanne sich wieder so weit gefangen, dass sie an einem Dankgottesdienst in der Kathedrale teilnehmen konnte.

In allen Straßen, durch die sie kam, wurde der erste kleine Sieg groß gefeiert. Den ganzen Nachmittag lang hatte sie den Geruch des Kriegs mit heißen Lungen eingesogen, jetzt machte sie die Erfahrung, dass auch der Sieg sein eigenes Aroma hatte. Auf ihrem Weg durch die Stadt duftete er nach überschwappenden Weinkrügen, dem Fett gebratener Ferkel im Feuer und den Ausdünstungen fröhlich tanzender Menschen. Und als sie die Kathedrale betrat, roch er nach dem heißen Wachs brennender Kerzen, nach modrigen Grüften und Weihrauch, der dicht wie Nebel zwischen den mächtigen Pfeilern dieses gewaltigen Gotteshauses schwebte.

Alle hatten sie ihre Prachtgewänder angelegt. Gilles de Rais' weißes Raubvogelgesicht ragte aus einem knöchellangen Mantel, der aus purem Gold zu sein schien, und selbst La Hire hatte etwas Ordentliches angezogen: einen schwarzen Samtumhang mit gekreuzten roten Schwertern auf dem Rücken, ganz ohne Glöckchen. Jeanne fühlte sich bei ihrem Anblick an die Kampfhähne des Schmieds erinnert. Erhobenen Hauptes stolzierten sie durchs Kirchenschiff und aus den Augenwinkeln warf jeder prüfende Blicke, ob wohl ein anderer noch prächtiger wäre als er. Die Herren stellten sich gerne zur Schau. Sie liebten den großen Auftritt. Und ließen sich ganz furchtbar gern bewundern.

Und womöglich liebten sie auch den Krieg. Dieser Verdacht kam Jeanne, als Gilles sie während des Chorgesangs plötzlich anstieß und ihr selig ins Ohr raunte: »Ist er nicht wunderbar, der Krieg?«

Jeanne schreckte aus ihrer Andacht auf.

»Der Krieg?«

»Ja, Jeanne.« Gilles nickte aufgeregt. »Hast du nicht selbst gespürt, wie sehr man seine Kameraden liebt, wenn man kämpft? Im Krieg liebt man sich doch so viel mehr als im Frieden.« Er funkelte sie aus seinen nachtschwarzen Augen an und im nächsten Moment versank er wieder im Gebet.

Da dämmerte Jeanne, dass Gilles den Krieg liebte. Und dass es vielleicht manchem, der unter dem hohen Gewölbe der Kathedrale auf seinem goldbestickten Kissen kniete, genauso ging. Sie schauderte bei diesem Gedanken, aber ein Wunder war es nicht. Alle diese Männer waren Ritter. Sie lebten für den Krieg, sie kannten nichts anderes als Krieg. Und wahrscheinlich würde der Krieg ihnen bitter fehlen, wenn er eines Tages vorbei wäre. Wem könnte La Hire dann noch in der Schlacht das Leben retten? Und wofür sollte man Gilles dann noch bewundern? Für Helden würde mit dem Frieden eine schwere Zeit anbrechen.

Plötzlich verstand sie. Das war der größte Unterschied

146

zwischen den hohen Herrschaften und dem einfachen Volk: Die einen sehnten sich nach der nächsten Schlacht, die anderen nach Frieden. Aber die, die sich nach Frieden sehnten, die hatten nichts zu sagen. Und jetzt kam sie, Jeanne aus Domrémy. Ein einfaches, dummes Bauernmädchen, weniger wert als ein Huhn im Topf. Und sie – sie hatte was zu sagen. Sie durfte mitreden im Kreis der hohen Herren, der Paradiesvögel und Ritter. Bloß eine Bauerngöre, aber die Herrschaften hörten ihr trotzdem zu – und manchmal taten sie sogar, was die Bauerngöre wollte. Ihre Himmlischen hatten sich also doch nicht getäuscht: Sie war die Einzige und die Richtige und – beim Köter von La Hire! – sie würde Frankreich retten!

Wenig später schlug ihre Zuversicht schon wieder in Verzweiflung um. Denn nach der Messe ging es ins Haus des Schatzmeisters, wo die Heerführer Kriegsrat halten wollten, und dort wurde ihr buchstäblich die Tür vor der Nase zugeschlagen. Und der Ritter Gamache, ein eitler Kerl, der erst in Orléans dazugestoßen war, schimpfte dahinter so laut, dass sie trotz der Freudengesänge auf der Straße noch im Flur jedes Wort verstand: »Ich nehme doch keine Befehle von dieser rotzigen Bauernschlampe an, die sich für wer weiß wen hält!«, polterte er. Alençon schien ihn beruhigen zu wollen, aber Gamache tönte weiter: »Bevor ich mir von einer Frau sagen lasse, was ich zu tun habe, geh ich lieber Eselsschwänze kämmen!«

Jeanne war schon wieder so weit, ein paar Köpfe abreißen zu können, egal, was sie sich gestern Morgen erst geschworen hatte. Sie blieben eben doch am liebsten unter sich, die Kampfhähnchen. Unschlüssig öff-

147

nete sie die Tür gegenüber – und stand in dem Raum mit den Wandteppichen. Er lag im Halbdunkel. Die Hausherrin war gerade dabei, die letzten Kerzen zu löschen.

»Jeanne«, sagte sie erstaunt, »was machst du denn noch hier? Du solltest dich ausschlafen. Das muss doch heute alles furchtbar anstrengend für dich gewesen sein.«

Jeanne lächelte kurz. Sie mochte die schöne Frau Boucher, auch wenn sie wohl eher zur Gattung der Paradiesvögel gehörte. Aber sie wusste, wie man einen Harnisch anlegte und welcher Riemen in welche Schlaufe gehörte, das war viel wichtiger. So einer konnte man sein Herz ausschütten. Sie setzten sich am Kopfende der langen Tafel zusammen und Jeanne machte ihrem Ärger Luft. Nein, sie sei gar nicht müde. Aber sauer. Erst verheimliche man ihr den Angriff auf das Bollwerk und dann sperre man sie auch noch vom Kriegsrat aus.

Frau Boucher lachte. »Ja, weißt du das denn nicht? Der Angriff heute war gar nicht geplant! Davon hat nicht mal der Herr Dunois gewusst! Den hat die Truppe auf eigene Faust unternommen. Die Soldaten halten sich für unbesiegbar, seit du da bist, und wollten's halt so schnell wie möglich ausprobieren.« Dann wurde sie ernst. »Fast wär's schief gegangen, habe ich gehört. Ich habe überhaupt so einiges gehört. Auch, was du für ein mutiges Mädchen bist. Aber sei vorsichtig, Jeanne.« Sie legte ihre Hand auf Jeannes Arm. »Die Leute sind so verrückt, dass sie sich am Ende für unverwundbar halten, nur weil sie dich mit deinem Banner irgendwo herumspringen sehen. Und dann werden

148

sie leichtsinnig und laufen den Engländern mit einem Liedchen auf den Lippen ins Messer.«

Eine praktische Frau. Jeanne war ganz begeistert von ihr. Dasselbe hatte sie auch schon gedacht. Auch sie fand es beängstigend, dass einige Leute sie schon für ein überirdisches Wesen zu halten schienen. Das war gotteslästerlich und außerdem dumm. Für einen Augenblick vergaß sie, dass Frau Boucher nicht ihre Mutter war, und drückte ihr einen Kuss auf die Wange. Und dann kam sie ins Erzählen und sprach von ihrem Leben in Domrémy, bevor sie ›Jeanne die Jungfrau‹ wurde, und auch von ihrer ersten Begegnung mit dem Erzengel, worüber sie noch niemals mit irgendjemandem gesprochen hatte, nicht einmal mit Michel.

Da trat ein etwas verschwitzter, etwas geröteter Alençon ins Zimmer und sagte etwas zu feierlich: »Jeanne, wir brauchen dich. Wir wollen deine Meinung hören.«

Die beiden Frauen sahen sich bedeutungsvoll an und Jeanne ging hinüber.

Im Beratungszimmer war dicke Luft, das merkte sie gleich. Alençon schloss die Tür und erzählte ihr etwas von einem Angriff mit der geballten Macht des ganzen Heers auf eins der Bollwerke im Norden.

Jeanne fiel ihm schon nach den ersten Sätzen ins Wort. »Das stimmt nie im Leben!«, sagte sie und versuchte sich wenigstens diesmal zu beherrschen. »Ihr Experten steckt doch nicht zwei Stunden lang die Köpfe zusammen, nur um einen Großangriff auf ein kleines Bollwerk auszubrüten!«

Aber mit der Beherrschung klappte es noch nicht. Sie riss die Tür auf und rannte hinaus. Alençon stürzte hinter ihr her. Die Herren sahen sich an. Dunois lächelte eisig. La Hire brach in schallendes Gelächter aus. Und der vornehme Herr Gamache sprang auf und versetzte seinem Stuhl einen Tritt, dass er gegen die Wandtäfelung krachte. »Die Jungfrau ist doch ein Schatz«, japste La Hire und betastete prüfend die Wunde auf seiner Nase von heute Nachmittag. »Die lässt sich keinen Bären aufbinden.«

Fünf Minuten später kam Alençon mit Jeanne zurück und erklärte ihr den wahren Angriffsplan: Bestürmung der Augustinerbastion am Südufer und dann, wenn das geglückt ist, Sir Glasdale in der Brückenfestung die Hölle heiß machen.

Gut, das war endlich einmal was. Das erste Angriffsziel, die stark befestigte Augustinerbastion, lag am anderen Ufer, gar nicht weit von der Brückenfestung entfernt.

Und am nächsten Morgen waren alle von Anfang an dabei: Alençon, Gilles de Rais, natürlich La Hire und selbst der Herr Gamache, der wohl auch mal siegen wollte. Während das Heer – bestimmt mehr als dreitausend Mann – mit Lastkähnen und Flößen auf die nächste Loireinsel übersetzte, schlugen die Ingenieure der Armee schon eine provisorische Brücke aus Booten und Planken über den zweiten Flussarm. Sie war noch nicht ganz fertig, da sprengten die ersten Engländer am anderen Ufer heran, wüste Flüche brüllend.

Jeanne drückte ihrem Pagen das Banner in die Hand. Dann ließ sie sich mit La Hire und ihren Pferden hinüberrudern. Im Galopp, Seite an Seite, sprengten sie den Engländern mit angelegter Lanze entgegen. La Hire warf schon mit teuflischem Gelächter einen aus

150

dem Sattel, aber Jeanne wich den ersten aus – sie wollte niemanden verletzten –, riss Amina dann im scharfen Bogen herum und jubelte: Das ganze französische Heer folgte ihnen auf den Fersen! Viele nahmen den Weg über die halb fertige Brücke und warfen sich dann in den Fluss, einige schwammen herüber und alle stürmten, kaum hatten sie das Ufer erreicht, nass wie sie waren den Engländern entgegen. »Ran an den Speck!«, brüllte Alençon, als er auf seinem Rappen an ihr vorbeischoss. Jeanne riss dem atemlosen Louis das Banner aus der Hand und sprengte weiter, hierhin, dorthin, und war immer gerade da, wo es am heißesten herging.

»Hexe!«, schrie da ganz in ihrer Nähe einer in schlechtem Französisch. »Verfluchte Hexe!«

Wenn Jeanne eins nicht mehr hören konnte, dann das. Wofür hatte sie eigentlich ihr Kreuzfahrerschwert? Sie spürte schon den Griff in ihrer Hand, sie zog es schon halb heraus, steckte es dann aber doch wieder zurück – die ersten Engländer flohen bereits. La Hire setzte ihnen nach, und im nächsten Augenblick versuchten sie nur noch mit heiler Haut die Augustinerbastion zu erreichen. Hier gingen die Franzosen mit Streitäxten auf den Palisadenzaun los, schlugen Breschen hinein, stachen, hackten und schossen sich immer weiter vor, erschlugen einen Hünen mit zwei Schwertern und eroberten die ganze Bastion.

Diesmal gab es keine Gefangenen. Den wenigen überlebenden Engländern gelang die Flucht in die Brückenfestung, wo Glasdale jetzt mit etwa sechshundert Rittern und Bogenschützen festsaß. Zum Zeichen des Siegs pflanzte Jeanne ihr Banner auf den höchsten

Punkt des Walls. Kurze Zeit später ging die Augustinerbastion in Flammen auf.

Das war ein erhebendes, ein über alle Maßen beglü-
ckendes Bild, das sich bei Einbruch der Abenddämmerung den Zuschauern auf der Stadtmauer von
Orléans bot: die tiefrot glimmenden Reste der eroberten Bastion und ringsumher die hell lodernden Lagerfeuer der Sieger, die nach alter Sitte die Nacht auf
dem Schlachtfeld verbrachten. Frauen und Männer
schleppten Brotlaibe und Würste, Schweinebraten
und Fässer vom Wein der allerbesten Jahrgänge aus
ihren Häusern ans Ufer, beluden damit sämtliche Boo-
te, die aufzutreiben waren, und ruderten, paddelten
oder stakten damit über den Fluss. Ein Freudenfest
war das. Jeanne stieß immer wieder mit La Hire an.
Gerade behauptete er, auf Schlachtfeldern wüchsen
die besten Pilze, als Frau Boucher in ihren piekfeinen
Gewändern durchs Unterholz brach. Sie umarmte Jeanne und überreichte ihr strahlend einen riesigen
Karpfen.

»Nein, nein, behaltet ihn nur«, wehrte Jeanne lachend ab. »Aber morgen bringe ich einen Engländer
zum Abendessen mit und dann verzehren wir Euren
Karpfen gemeinsam. Mit Petersiliensoße. Wie bei uns
in Domrémy.«

Da hörte sie Dunois' Stimme hinter sich. »Daraus
wird wohl nichts werden, mein Fräulein. Der Kriegsrat hat eben beschlossen, dass morgen nicht gekämpft
wird.«

Jeanne sah ihn mit großen Augen ungläubig an. Er
lächelte, aber sein Lächeln fiel diesmal nicht so eisig
aus, weil ihn ein Schwert am Mund getroffen hatte.

Sie ließ ihn stehen und ging hinüber zum Lagerfeuer der Heerführer. In der Tat: Die Experten waren zu der Erkenntnis gelangt, sie hätten vorerst genug gesiegt! Gilles und Alençon wollten Verstärkung abwarten und von Dunois kam der Vorschlag, Sir Glasdale in seinem Turm zu belagern und ganz gemütlich auszuhungern.

Jeder erwartete nun das übliche jungfräuliche Donnerwetter. Aber Jeanne rümpfte nur die Nase.

»Aushungern? Wenn Ihr euch bei der Heringsschlacht intelligenter angestellt hättet, wär das ein ausgezeichneter Vorschlag«, höhnte sie. »Aber wie die Sache nun einmal ausgegangen ist, haben die Engländer Heringe bis zum Sankt-Nimmerleins-Tag.« Sie ließ sich ins Gras fallen und schaute in die Runde. »Und außerdem weiß ich längst, dass morgen doch gekämpft wird.«

Jetzt war es an den Herren Heerführern, sie ungläubig anzusehen. Da sagte Jeanne ganz ruhig: »Die Himmlischen haben mich wissen lassen, dass ich morgen verwundet werde, unterhalb der Schulter. Also wird morgen auch gekämpft. So einfach ist das.« Und dann schaute sie zu Aulon auf, der hinter ihr stand, und sagte leise zu ihm: »Bitte, Aulon, bleib immer in meiner Nähe.«

Ein Tumult entstand unter den Heerführern. Gamache verschluckte sich am Lammbraten, Gilles und Alençon riefen wie aus einem Mund: »Dann greifen wir morgen erst recht nicht an!«, und Alençon legte sogar schützend seinen Arm um sie. Aber Jeanne schüttelte nur müde den Kopf. »Mein schöner Herzog«, sagte sie leise. »Ich brauche nur mein Banner zu schwenken und alle, alle werden kämpfen. Ihr auch.«

Dann erhob sie sich und ging, langsam wie eine Schlafwandlerin, hinüber zu ihrem Pagen Louis, der in der Nähe von La Hires Lagerfeuer ihre Rüstung bewachte, wickelte sich in ihre Decke und war bald eingeschlafen.

13. *Kapitel*

Jeanne kommt so grade eben
noch einmal davon.

Am nächsten Morgen erhob sich Alençon ächzend von seinem Lager. Beim Köter von La Hire – er
spürte jeden Knochen einzeln! Den einen oder anderen Schlag hatte auch er gestern abbekommen und
eine Verschnaufpause wäre ihm ganz recht gewesen.
Aber der König hatte befohlen, Jeanne zu gehorchen,
wann immer sie eine göttliche Eingebung hätte. Das
Problem war nur: Wie um alles in der Welt sollte man
denn zwischen ihren göttlichen Eingebungen und
ihren mädchenhaften Launen unterscheiden?
Er trat gähnend vor sein Zelt. Der Morgen war kühl.
Ein scharfer Wind kräuselte die mattsilberne Wasserfläche der Loire und am Himmel ballten sich dun-
kelgraue Wolkenfetzen zusammen. Unter den Bäumen rund um die ausgebrannte Ruine der Augustinerbastion lagerte das Heer – dreitausend schlafende,
schnarchende Männer zwischen Haufen von Rüstungen, die im fahlen Morgenlicht bläulich schimmerten.
Und am Ufer schleppte Aulon Sturmleitern in Richtung Brückenfestung, während Jeanne gerade auf
einen alten Mann einredete, seinem Boot nach zu ur-
teilen ein Fischer.
Manchmal konnten sie einem regelrecht unheimlich
werden, die beiden. Er nagte etwas kalten Braten von

einem Knochen und ging kauend zu ihnen hinunter.

Jeanne grinste übermütig übers ganze Gesicht.

»Gutt morning, mein schöner Herzog. Sliep well?« Sie lachte sich halb tot. »Gutt morning, sliep well? Werd ich zum ersten Engländer sagen, der mir heute begegnet. So. Und wenn Ihr bis zum Morgenläuten nicht alle putzmunter seid, fangen Aulon und ich schon mal alleine an.«

Alençon kratzte sich am Kopf, nickte schicksalsergeben und wollte höchstens wissen, was sie mit dem Fischer vorhabe.

»Wir halten Kriegsrat«, erklärte Jeanne. Der Fischer zitterte vor Aufregung. »Dieser gute Mann wird nämlich die Zugbrücke in die Luft jagen. Der wird seinen Kahn mit Lumpen und Reisig voll packen und ordentlich Schwefel drüberschütten. Und sobald wir das Bollwerk erobert haben, wird er damit unter die Zugbrücke rudern und alles anzünden. Riesenknall, und die Zugbrücke steht in Flammen. Schwimmen kann er. Kommt mit, ich zeig's Euch.«

Sie schlenderten am Ufer entlang zur Brückenfestung hinüber, wo bereits alles hellwach war. Ein dumpfes Poltern war zu vernehmen von zahllosen Füßen auf den Holztreppen im Innern der Türme, und hinter jeder Schießscharte, auf jedem Umgang lümmelten sich englische Bogen- oder Armbrustschützen.

Alençon wurde mulmig. Das sah nach einem harten Stück Arbeit aus. Denn die Brücke war doppelt gesichert. Einmal durch die Festung mit den zwei Türmen, die aus dem Flusswasser ragte, und dann durch ein Bollwerk am Ufer davor. Dieses Bollwerk thronte

156

auf einer großen Plattform aus aufgeschütteter Erde, und wer von außen hineingelangen wollte, der musste erst einen Graben und dann einen hohen Palisadenzaun aus Eichenstämmen überwinden – ganz zu schweigen von den Gentlemen, die einen dahinter erwarteten. Die einzige Verbindung zwischen Bollwerk und Festung bestand aus einer langen Zugbrücke. Aha, so hatte sie sich das also gedacht. Wenn die Zugbrücke erst einmal brannte, könnten sich die Engländer aus dem Bollwerk nicht mehr in die Festung retten.

Jeanne und Alençon grinsten sich an. Dann schlenderte er zurück, baute sich vor dem schlafenden Heer auf und brüllte aus vollem Hals: »Anker lichten! Ran an den Speck!«

Da kam Bewegung in die Hügellandschaft der Decken und Mäntel. Man wusch sich am Fluss, man schickte die Pagen nach den übrig gebliebenen Broten und Würsten, man legte sich schmatzend die Rüstungen an. Dann führten die Pagen die Pferde auf eine Weide hinter der Ruine. Die Pferde würden heute nicht gebraucht, es sei denn zur Flucht. Aber dieser Gedanke kam keinem. Keinem außer Alençon, der sich für den Bruchteil eines Augenblicks vorzustellen versuchte, die Verletzung, von der Jeanne gesprochen hatte, könnte tödlich sein.

Jeanne selbst schien ihre dunkle Vorahnung vergessen zu haben. Kaum hatte sich das Heer in Sichtweite der Brückenfestung aufgestellt, da kam sie auf Amina angesprengt, wirbelte gehörig Sand auf, schwenkte ihr Banner und kam mit einem jähen Aufbäumen ihres Pferds in einer Staubwolke zum Stehen. Das Fußvolk johlte begeistert, Alençon und La Hire klatschten in ihre Eisenhandschuhe.

»Männer!«, rief Jeanne außer Atem. »Die Engländer sind keine Memmen, das wisst ihr besser als ich! Aber sie sind Schwachköpfe und das weiß niemand besser als ich! Sie halten mich nämlich für eine Hexe!« Dann wirbelte sie mit ihrem Banner herum, sodass seine Spitze auf die Brückenfestung zeigte. »Was glaubt ihr? Werden die da drinnen heute Abend den Unterschied zwischen einer Hexe und einer Jungfrau kennen?«

O ja, den würden die da drinnen kennen. Das schworen jetzt alle lautstark und das brüllten sie auch den Engändern entgegen, als der Sturmangriff auf das Bollwerk begann. »Für Frankreich und die Jungfrau!«, schrien sie und: »Für den König und die Jungfrau!«

Aber es half nichts. Ritter und Fußvolk arbeiteten sich die Sturmleitern hoch, den Schild zum Schutz gegen Steine auf den Rücken geschnallt und die Streitaxt gezückt, und Jeanne selbst war stets mit einer neuen Sturmleiter zur Stelle, sobald irgendwo eine zu Bruch ging, doch die Engländer schlugen jeden Angriff zurück. Immer wenn die Franzosen gerade den Rand des Palisadenzauns erreicht hatten, wälzten die Engländer einen Baumstamm über den Zaun – und von fünf Sturmleitern gleichzeitig stürzten Männer mit grässlichem Getöse hinab in den Graben.

»Bei meinem Köter!«, ächzte La Hire und schob sich das Visier mit der Schwertspitze hoch, um Luft zu schnappen. »Die da oben können doch nicht unsterblich sein!« Aber immer mehr verwundete Franzosen wurden aus dem Kampfgetümmel herausgetragen, oh-

158

ne dass auch nur einer seinen Fuß in das Bollwerk gesetzt hätte.

Am frühen Nachmittag wurde es Jeanne zu bunt. Sie riss Louis das Banner aus der Hand, schüttelte Aulon ab und kletterte die nächste Sturmleiter hoch. »Gutt morning, sliep well«, fauchte sie wütend. Und auf der nächsten Sprosse wieder: »Gutt morning, sliep well.« Da spürte sie einen furchtbaren Schlag, sah das grelle Grau des Himmels aufblitzen, glaubte zu schweben und fiel.

Als sie wieder zu sich kam, lag sie unter einer Uferweide im Gras. Sie erkannte über sich La Hire, der sich seinen Ziegenbart lang zog, glaubte in den Augen von Alençon und Aulon Tränen zu erkennen und fühlte einen höllischen Schmerz in der linken Schulter. Von ferne hörte sie Freudengeschrei, aber französisch klang es nicht, es klang eher wie ›gutt morning, sliep well‹.

Da entdeckte sie den Armbrustpfeil. Er ragte gleich neben ihrem Kopf aus dem Harnisch.

Der Pfeil musste durchgebrochen werden, bevor man ihr den Harnisch abnehmen konnte. La Hire übernahm das, der hatte so was schon hundertmal gemacht. Und La Hire zog ihr auch den Pfeil aus der Wunde. »Jungfrau«, knurrte er, »bete zu deinen Heiligen.« Und im nächsten Augenblick wurde sie ohnmächtig vor Schmerz. Als sie wieder zur Besinnung kam, war La Hire gerade dabei, ihr die Wundränder mit Olivenöl zu bestreichen, so vorsichtig, so behutsam, wie sie es ihm nie zugetraut hätte. Dann bedeckte er die Wunde mit einer großen Scheibe Speck, das stillte die Blutung. Und schließlich legte er ihr einen Verband an. Auch darin hatte La Hire große Übung.

»Außer Gefecht, unsere Jungfrau«, brummte la Hire, als Dunois dazukam. »Sterben wird sie wohl nicht. Aber siegen in nächster Zeit auch nicht.«

»Ende der Vorstellung«, sagte Dunois, nachdem er einen Blick auf sie geworfen hatte.

Da richtete sich Jeanne mühsam auf und schüttelte den Kopf. »Aulon«, flüsterte sie heiser, »Wasser! Und meinen Brustpanzer! Was stehst du so da? Meinen Brustpanzer!« Und dann, zu Dunois gewandt: »Irrtum, mein Herr. Heute wird noch gesiegt.«

Und keine zwei Stunden, nachdem der Pfeil sie getroffen hatte, kehrte sie in das Kampfgetümmel vor dem Bollwerk zurück. Ein grauenhafter Anblick war das – der ganze Graben übersät mit toten Franzosen. Gerade wollte sie sich mit ihrem von Pfeilen zerfetzten Banner hinablassen, um das Zeichen zum nächsten Angriff zu geben, da hörte sie Trompetenstöße – das Signal zum Rückzug! Dunois glaubte ihr also nicht! In panischer Hast, wie auf der Flucht, machten sich alle aus dem Staub, vom Siegesgeheul der Engländer begleitet.

Alle – bis auf Jeanne und Aulon. Alençon schrie, sie sollten sich doch um Himmels willen in Sicherheit bringen, aber die beiden rührten sich nicht vom Fleck. Sie sahen sich nur an. Jeanne holte tief Luft.

»Weißt du, Aulon«, seufzte sie, »ich habe den Professoren in Poitiers damals ein Wunder versprochen. Aber ich habe immer gehofft, dass es auch ohne Wunder geht. Jetzt sitz ich in der Patsche. Mir will kein Wunder einfallen. Fällt dir vielleicht eins ein?«

160

»Ameisen sind unbesiegbar«, sagte Aulon nur und grinste. Dann sprang er hinunter und half auch Jeanne in den Graben. Sie blieben dicht beieinander, als sie auf das Bollwerk zuliefen, Aulon seinen Schild hoch über dem Kopf, Jeanne ihr Banner in der Hand. So erreichten sie die erste Sturmleiter. Das Siegesgeheul über ihnen verstummte. Aulon zog sich die ersten Sprossen hoch, Jeanne folgte ihm.

Bis zur halben Höhe waren sie die Leiter schon hinaufgeklettert, da hörten sie hinter sich ein Summen, ein Klirren und Scheppern und Schreien und La Hires donnernde Stimme: »Bei meinem Köter!« Und das ganze Heer, jeder, der sich noch auf den Beinen halten und ein Schwert schwingen konnte, alle stürmten heran. Zu Hunderten arbeiteten sie sich noch einmal die Leitern hoch, griffen von allen Seiten an, mit Streitäxten und Schwertern, warfen sich mit lautem Gebrüll über den Palisadenzaun, erst einzelne, dann immer mehr, und erstürmten das Bollwerk im letzten Tageslicht.

Unter den Engländern brach Panik aus. Wie ein gehetzter Löwe sprang Glasdale zwischen ihnen herum, schrie aus Leibeskräften Befehle und schlug mit seinem Schwert nach links und rechts auf die Angreifer ein. Doch als er sah, dass seine Männer Reißaus nahmen und sich in die Festung zu retten versuchten, lief er ihnen in langen Sätzen nach – hinein in das Flammenmeer, in das sich die Zugbrücke plötzlich verwandelt hatte. Nach wenigen Schritten zersplitterte sie krachend unter seinen Füßen und Glasdale stürzte in einem Funkenregen hinab in den Fluss und ertrank. Da ergaben sich die letzten Engländer.

Jeanne stand schweißgebadet im Qualm zwischen Siegern und Toten, zwischen zersplitterten Waffen und verbeulten Helmen, die sich in Blutlachen spiegelten, schüttelte ihr Haar, wie La Hire seine Rabenfedern zu schütteln pflegte, und fragte sich leicht benommen, ob das nun Aulons Wunder war oder ihr eigenes. Letztendlich war das natürlich egal – Hauptsache, es war gerade noch einmal gut gegangen. Und die Leute würden sowieso glauben, dass auch dieser Sieg auf das Konto der Jungfrau ging. Aber wenn sie es recht bedachte, dann musste sie sich dieses Wunder doch wohl oder übel mit dem guten Aulon teilen.

Sie brachte dann doch keinen Engländer mit zum Abendessen bei den Bouchers. Und sie aß auch nichts vom Karpfen. Sie war am Ende ihrer Kräfte, ihre Wunde schmerzte, sie wollte nur noch schlafen. In ihrer Kammer schälte Aulon sie aus der Rüstung. Wie jedes Mal staunte er über ihre Schönheit, wenn sie fast nackt vor ihm stand. Und wie jedes Mal wunderte er sich, dass diese Schönheit das Einzige an ihr war, das ihn kalt ließ. Lächelnd wünschte er ihr eine gute Nacht.

Niemand in Orléans verstand, warum die verbliebenen Engländer auf der Nordseite der Stadt am nächsten Morgen die Belagerung kampflos abbrachen und mit ihrem ganzen Belagerungsgerät davonzogen. Aber so war es. Gegen Mittag war von den unbesiegbaren Engländern nur noch eine Staubwolke am Horizont zu sehen. Orléans war frei und das Königreich Frankreich – vorerst – gerettet!

Zum ersten Mal seit sechs Monaten öffneten sich wieder alle Stadttore und im Siegesrausch stürmten die

Bürger hinaus, um die verlassenen englischen Stellungen zu plündern. Dort stießen sie auch auf den gefangenen Herold der Jungfrau, angekettet neben dem Scheiterhaufen, auf dem er verbrannt werden sollte, aber lebend. Und am Abend, als alle Glocken läuteten und Jeanne an der Spitze einer großen Dankprozession durch Orléans ritt, notierte der Stadtschreiber unter dem 8. Mai 1429 in seine Akten: »Seit jenen Tagen, als unser Herr Jesus Christus auf Erden wandelte, hat es kein größeres Wunder gegeben als die Befreiung von Orléans! Dank sei Gott und der Jungfrau!«

Weit, sehr weit von Orléans entfernt, jenseits des Meers, auf dem die englischen Kriegsschiffe kreuzten, dirigierte vier Tage später ein ungeduldiger Reiter sein Pferd laut schimpfend durch die verstopften Gassen der großen Stadt London. Vor dem düsteren Gemäuer eines uralten Schlosses angekommen, glitt er mit einem Stoßseufzer aus seinem Sattel und überreichte der Wache einen Brief aus Frankreich für den König von England.

Der König musste sich diesen Brief von seinem Kanzler vorlesen lassen, denn er war gerade mal sieben Jahre alt und im Lesen hatte er es noch nicht allzu weit gebracht. Aber den Inhalt verstand er schon. Da hieß es: »Majestät! Die Belagerung von Orléans lief wie geplant und die Stadt wäre auch bald in unsere Hände gefallen, wenn nicht im letzten Augenblick eine Hexe aufgetaucht wäre, die sich ›Jeanne die Jungfrau‹ nennt. Diese Spionin des Teufels hat unsere Männer mit Zaubersprüchen gelähmt und kampfunfähig gemacht, sodass wir die Belagerung abbre-

chen und uns zurückziehen mussten.« Die Unterschrift konnte selbst der kleine König lesen. »Herzog
von Bedford«, stand da, »Stellvertreter des Königs
von England in Frankreich«. Briefe mit dieser Unterschrift erreichten ihn fast täglich. Aber soweit er sich
entsinnen konnte, hatte in diesen Briefen noch nie etwas von einer Niederlage seiner Armee gestanden.

14. Kapitel
Jeanne hat gute Gründe,
sich für die berühmteste Jeanne
der Welt zu halten.

Kaum hatten sie die ersten Hütten erreicht, liefen von allen Seiten Kinder zusammen und hefteten sich an die Hufe ihres Pferds. Barfüßige, rotznäsige, halb nackte Kinder. Jeanne musste lachen – genauso wie im letzten Dorf, genauso wie in allen Dörfern, durch die sie auf ihrem Weg von Orléans nach Loches bisher gekommen waren. Wie immer versuchten die mutigsten, ihre Steigbügel oder wenigstens den Schweif von Amina zu berühren. Und wie überall krähten sie ausgelassen:

> Die Jungfrau hat nur gewuhunken,
> da ist Herr Glasdale ertruhunken
> da wurden alle Engländer blass.
> Ja, so macht man das, ja, so macht man das
> bei uns in Domrémihihi!

Das Lied hatte mindestens zwölf Strophen, wie Jeanne aus den anderen Ortschaften wusste, aber nach der achten gaben sie auf und blieben in einer Staubwolke zurück – atemlos, aber strahlend vor Glück: Sie hatten die Jungfrau mit eigenen Augen gesehen!
Im nächsten Dorf dann das Gleiche und im über-

nächsten wieder. Zwischendurch hatten Jeanne und Alençon und La Hire genügend Zeit, eigene Strophen zu erfinden. Und als sie im letzten Abendlicht in Loches einritten, wo der König sie erwartete, gaben die drei lauthals eine Kostprobe ihrer Dichtkunst zum Besten:

> Sie trat Herrn Glasdale in den Po,
> da flog er bis nach Jericho.
> Die Jungfrau lacht: War doch bloß Spaß!
> Ja, so macht man das, ja, so macht man das
> bei uns in Domrémihihi!

Den Refrain hatten sogar die Lanzenreiter und Armbrustschützen aus ihrem Gefolge mitgegrölt, sehr zum Vergnügen der Schaulustigen, die sich am Straßenrand versammelt hatten, um die Sieger von Orléans zu bejubeln.

Dann tauchte das Schloss vor ihnen auf und Jeanne wurde ganz still: Etwas derartig Gewaltiges hatte sie noch nie gesehen. Die Festungsmauern waren so hoch, dass selbst die längste Sturmleiter nur bis zur halben Höhe gereicht hätte. Und darüber thronte der Bergfried, ein riesiger, weiß schimmernder Klotz mit vielen Reihen von Schießscharten übereinander. Er sah aus, als wäre er vom Himmel gefallen, und gleichzeitig wirkte er schauerlich ungemütlich.

Erst als sie zu Trompetenfanfaren durchs Schlosstor einritten, erkannte Jeanne, dass im Innern eine ganze Stadt mit Palästen und Ställen und Gärten Platz hatte. Ein Heer von Pagen, Mägden und Zofen wies ihnen ihre Quartiere zu – Jeanne war in die Welt der Para-

166

diesvögel zurückgekehrt. Und um die Wahrheit zu sagen: Diesmal fühlte sie sich längst nicht mehr so unbehaglich wie beim ersten Mal. Vor allem konnte sie es kaum erwarten, dem König gegenüberzutreten. Ob er jetzt immer noch dreinschaute wie ein geprügelter Hund?

Ja, das tat er immer noch. Durch einen Regen herniederrieselnder Rosenblätter sah Jeanne ihn am Ende der Halle auf seinem Thronsessel sitzen. Fanfaren ertönten, Chorgesang flutete ihr entgegen, und so wie sie vor zehn Tagen in einer stürmischen Nacht an Dunois' Seite in Orléans eingeritten war, so schritt sie nun mit ihm gemeinsam durch das Spalier aus Truthahngesichtern, Schnabelschuhen und Teufelshauben auf den König zu. Von ihren Schultern hing ein kostbarer Mantel aus dunkelgrünem Samt, mit roten Lilien verziert, ein Geschenk der Stadt Orléans. An ihren Schuhen blitzten lange, goldene Sporen, ein Geschenk von Dunois. Und als sie vor dem Thronsessel des Königs stehen blieb, da fiel sie nicht auf die Knie, da machte sie auch keinen Knicks, da senkte sie nur lächelnd den Kopf.

»Wie Brüderchen und Schwesterchen«, hörte sie hinter sich La Hire in seinen Ziegenbart murmeln.

Als Jeanne wieder aufblickte, hatte sich der König erhoben. Immer noch wirkte er etwas wacklig und seine Augen schimmerten immer noch feucht, aber sein Lächeln war nicht mehr so traurig. Er machte einen Schritt auf sie zu. Er breitete seine Arme aus. Er schien sie wahrhaftig vor aller Augen umarmen zu wollen! Da stach Jeanne eine Mischung aus Parfüm und Schweiß in die Nase. Im nächsten Moment fiel ein

Schatten auf die schmächtige Gestalt des Königs, ein glutroter Brokatmantel schob sich zwischen sie und Jeanne sah in ein aufgedunsenes Gesicht mit fleischigen, speichelfeuchten Lippen und kleinen, zusammengekniffenen Augen – Trémoille! Sie prallte, aus ihren Träumen gerissen, zurück.

Mit einer blitzschnellen Handbewegung ließ Trémoille sein Frettchen in einer Manteltasche verschwinden und überflog mit raschem Blick die Festgesellschaft. Der Chor verstummte, das Gemurmel erstarb. Er leckte sich die Lippen, faltete die Hände vor der mächtigen Halbkugel seines Bauchs und krächzte in die Stille:

»Der König ist entzückt. Ungemein entzückt. Hellauf entzückt. Über die wunderbaren Siege, die seine Heerführer vor Orléans errungen haben. Heldentaten sind uns zu Ohren gekommen. Herrliche Heldentaten. Großartige Heldentaten. Und mit Erstaunen haben wir vernommen, dass selbst die Jungfrau auf den Schlachtfeldern gesehen worden ist ...«

Fuhr einer dazwischen und rief: Lüge!? Brüllte jemand: So war es doch gar nicht!?

Niemand. Nicht einmal La Hire. Unwillkürlich tastete Jeanne nach dem Griff ihres Schwerts, doch da war nichts, sie hatte es abgelegt. Und selbstverständlich konnte man einen Herrn Trémoille nicht einfach so erschlagen. Aber noch Stunden später hätte sie sich auf ihn stürzen können. Da hatte Trémoille schon Unmengen gebratener Wachteln und Tauben in sich hineingestopft und jedes Mal mit glasigen Augen ins Leere gestarrt, wenn am Tisch des Königs von Jeannes Tapferkeit die Rede war.

Nach einem Lächeln war ihr erst wieder zu Mute, als sich der König nach vielen Bechern Wein zu ihr hinüberbeugte und sie fragte:

»Jeanne, kann ich Euch einen Wunsch erfüllen?«

»Benachrichtigt Herrn Baudricourt von unserem Sieg!«, antwortete sie, ohne lange nachzudenken. »Am besten durch Herrn de Vienne.«

»Bereits geschehen«, antwortete der König mit einem Schmunzeln. »Herr de Vienne ist mit der Siegesmeldung auf dem Weg zum deutschen Kaiser. Er wird über Vaucoucouleurs reiten. Habt Ihr sonst noch einen Wunsch?«

»Allerdings!« Jeanne strahlte. »Eure Krönung. Kommt mit mir nach Reims, edler Herr Karl, und zwar so schnell wie möglich. Sobald meine Schulter geheilt ist. Spätestens Weihnachten möchte ich nämlich wieder zu Hause sein.«

Jeanne war stark und kerngesund und ihre Schulter heilte so rasch, dass die Ärzte staunten. Aber von einer Krönung schien im ganzen Schloss keiner etwas wissen zu wollen, nicht einmal der König. Die Tage verstrichen, ihre Himmlischen drängten und die Herrschaften ließen sich Zeit.

In Loches bestimmte Trémoille das Tempo und Jeanne ahnte, dass sie nie und nimmer Weihnachten zu Hause sein würde, wenn sie sah, wie er seine Fleischmassen mit unendlicher Langsamkeit durch die Gänge des Schlosses bewegte, eine silberne Schale voller Dörrpflaumen in der Hand, mit denen er auch sein Frettchen fütterte.

Vormittags schlossen sich die Herrschaften im Sitzungssaal ein und beratschlagten, ohne zu einem Entschluss zu kommen. Nachmittags jagten sie mit ihren Falken Kraniche oder bereiteten sich auf eins dieser Hoffeste vor. Von den Beratungen und der Jagd war Jeanne ausgeschlossen und die Hoffeste fand sie albern. Ungeheuer albern.

Am alleralbernsten fand sie die nächtlichen Schäferspiele. Da zogen sich die Paradiesvögel grobe und ziemlich kurze Leinenkittel an, die so tief ausgeschnitten waren, dass man die weißen Brüste der Damen sah, tänzelten mit zierlichen Fackeln durch die Schlossgärten und trieben es wie die Kaninchen unter den Oleanderbüschen und in den Springbrunnen. Einmal kamen drei verkleidete Hofdamen in ihrer üblichen Parfümwolke auf sie zu, die wollten wissen, warum sie nicht mitmachte – als Hütemädchen müsste sie doch am allerbesten wissen, wie echte Schäfer sich amüsierten.

»Ich habe nie Schafe gehütet«, entgegnete Jeanne kühl. »Wir besitzen überhaupt keine Schafe. Ich habe meinem Vater beim Pflügen geholfen. Was glaubt Ihr, weshalb ich so stark bin?«

»Beim Pflügen?«, kicherten sie. »Was ist denn das?«

Hoffnungslos. Jeanne ließ sie stehen. Sollten sie weiterhin glauben, echte Schäfer würden es in Springbrunnen treiben.

Am angenehmsten waren ihr noch die Stunden, in denen sie sich den Sohn des Königs von seiner Amme auslieh, den siebenjährigen Louis. Das war ein lebhafter, altkluger kleiner Kerl, der sich in allen Winkeln dieser Palaststadt auskannte. Eines Tages führte er sie zu dem Käfig mit den zahmen Leoparden seines Vaters, die gerade mit lebenden Lämmern gefüttert wurden.

»Was sind denn das für Tiere?«, kreischte Jeanne. »Wo kommen die denn her?«

»Aus Afrika natürlich«, belehrte sie der kleine Louis.

»Und wo ist Afrika?«

»Kruzitürken, Jeanne, du kannst aber dumm fragen. Afrika liegt hinterm Heiligen Land. Da sind die Menschen alle so schwarz wie Lakritz. Sagt Gilles.«

»Das möcht ich sehen«, sagte Jeanne streng. Und sie beschloss, zur Abwechslung mal wieder mit normalen Menschen zu reden. Zum Beispiel mit Jean und Pierre.

Ihre Brüder wohnten in der ›Krone von Frankreich‹, einem großen Gasthof am Stadtrand, ganz in der Nähe des Galgens. Obwohl Jeanne durch Seitengassen ritt, zog sie bald einen Rattenschwanz von lachenden, kreischenden Kindern hinter sich her. Das Domrémylied war offenbar immer noch in Mode. Als sie merkte, dass sie sich im Gewirr der engen Gässchen verirrt hatte, fragte sie die Kinder nach der ›Krone von Frankreich‹.

»Die gibt es nicht mehr!«, schrien sie.

»Was soll das heißen?«

»Die gibt es nicht mehr! Die heißt jetzt ›Zur Jungfrau von Frankreich‹!«

»Ihr spinnt!«, lachte Jeanne.

Doch als sie sich dem stattlichen Fachwerkhaus mit dem Misthaufen davor näherte, bemerkte sie, dass das Schild über dem Eingang nagelneu war und dass ein Mädchen in Rüstung auf weißem Pferd darauf prangte. Und kaum hatte sie Jean und Pierre in ihrer muffigen Kammer unterm Dach gefunden und herzlich umarmt, da sprudelten die beiden los: »Jeannette! Du ahnst nicht, was hier los ist! Du ahnst es nicht! Jede Nacht ist es hier unten voll von Händlern und Soldaten aus ganz Frankreich. Und du glaubst nicht, was die sich alles erzählen!«

Jeanne ließ sich auf den einzigen Strohsack fallen. »Was denn?«

»Wusstest du schon, dass bei deiner Geburt alle Hähne von Domrémy zwei Stunden lang vor Freude gekräht haben?«

»Und dass unser Vater in dieser Nacht einen weißen Ritter am Himmel gesehen hat?«

»Und dass Hochwürden Bartholomé bei deiner Taufe prophezeit hat, du seist in die Welt gekommen, um Wunder zu tun?«

»Und dass du schon als kleines Mädchen fliegen konntest?«

»Und dass du mit allen Vögeln in ihrer Sprache sprechen kannst? Und dass über deinem Helm stets weiße Schmetterlinge flattern? Und dass du tagelang ohne Essen und Trinken ...«

Jeanne schlug schreiend die Hände vors Gesicht. »Hört auf! Das habt ihr erfunden, ihr Mistkerle, ihr!«

»Und dass unsere kleine Schwester vorgestern am Tisch des Königs plötzlich laut aufgelacht hat, weil eine innere Stimme ihr sagte, dass gerade fünfhundert Engländer auf dem Weg nach Frankreich ertrunken sind? Nichts davon erfunden! Alles unten in der Wirtschaft aufgeschnappt. Du müsstest mal dabei sein, Jeannette.«

Nein, lieber nicht. Von Übergeschnappten und Spin-

172

nern konnte sie ja selbst ein Liedchen singen. Und was Jeanne jetzt von den Paradiesvögeln erzählte, das konnten ihre Brüder nun ihrerseits kaum glauben. Schäferspiele? Leoparden aus Afrika? Frauen, die nicht wussten, was Pflügen ist?

Es gab viel zu lachen an diesem Nachmittag in der Dachkammer der Herberge ›Zur Jungfrau von Frankreich‹.

Beim Abschied nahm Pierre seine Schwester noch einmal in den Arm, so wie er es früher oft getan hatte.

»Ich bin also berühmt?«, flüsterte sie ihm ins Ohr.

»So berühmt wie die heilige Margarete«, lächelte Pierre und strich ihr übers Haar. »Und fast so heilig.«

Zwei Tage später klopfte ihre Zofe an, eine Zwergin mit langem, blondem Zopf, und übergab ihr mit einem tiefen Knicks einen Brief. Jeanne hatte noch nie im Leben Post bekommen und war in Verlegenheit. Wer sollte den lesen? Und wer sollte ihn, falls nötig, beantworten? Aulon konnte weder lesen noch schreiben. Alençon konnte lesen, aber nicht schreiben. Blieb nur Gilles.

Sie fand ihn in der Schlosskapelle, wo er in Andacht versunken seinem Knabenchor lauschte, und musste ihn regelrecht wachrütteln.

»Herr de Rais, ich bekomme neuerdings Post.«

Sie hielt ihm den Brief hin.

»Von der Herzogin von Mailand«, flüsterte Gilles ohne aufzusehen.

»Woher wollt Ihr das wissen?«

»Das ist ihr Parfüm.« Er nahm den Brief. »Und das ist ihr Wappen.«

Der kostbar duftende Bogen zitterte in Gilles Händen, während er schmunzelnd seinen Inhalt überflog.

»Stell dir vor, Jeanne«, sagte er grinsend. »Die bösen, bösen Venezianer haben die arme, arme Herzogin aus ihrem Herzogtum vertrieben. Und jetzt glaubt sie, die weltberühmte Jeanne aus Domrémihihi – auch ›Jeanne die Jungfrau‹ genannt – sei die Einzige, die es zurückerobern kann. Worum sie dich flehentlich bittet.« Er reichte ihr den Brief zurück. »Viel Spaß in Italien, Jeanne. Du wirst uns fehlen.«

Jeanne starrte Gilles an. Dann brachen beide in schallendes Gelächter aus. Und wie ein himmlisches Echo lachten oben, auf ihrer Empore, die Chorknaben mit.

»Herr de Rais«, keuchte Jeanne schließlich, »antwortet Ihr der armen Herzogin. Und redet ihr bitte diese Schnapsidee aus.«

So wurde der edle Herr de Rais Jeannes Sekretär. Zum Musikhören kam er kaum noch. Denn in den nächsten Wochen verging kaum ein Tag, an dem nicht ein Bote mit Post für Jeanne im Schloss eintraf.

Die Ratsherren von Toulouse hätten von ihr gern gewusst, wo sie das Geld für eine neue Stadtmauer hernehmen sollten. Der Graf von Armagnac bat sie in einer komplizierten religiösen Frage um Rat: Hatte Gott Adam und Eva mit oder ohne Haare erschaffen? Der deutsche Kaiser fragte, ob alles stimme, was man so von ihr zu hören bekomme.

Und eines Tages tauchte Gilles mit der Abschrift eines endlos langen Gedichts bei ihr auf: 56 Strophen aus der Feder der berühmtesten Dichterin Frankreichs, Christine de Pizan! Das Ganze ein einziges Loblied auf die Jungfrau, in dem Jeanne mit den größten Feldherren der Römer und Griechen verglichen wurde, mit Caesar und Alexander.

»Konnten die beiden was?«, feixte Jeanne.

»Ja«, lachte Gilles. »Die konnten was.«

Jeanne fand es ganz amüsant, berühmt zu sein. Und sie lächelte manchmal wehmütig bei dem Gedanken, dass ihre Eltern und Hauviette und Michel mittlerweile wohl ziemlich stolz auf sie sein dürften. Aber das änderte nichts daran, dass sie allmählich die Geduld verlor. Denn mit derselben Regelmäßigkeit, mit der Briefe für sie aus aller Welt eintrafen, lagen ihre Himmlischen ihr mit der Krönung in den Ohren. Und wenn schon die Krönung noch warten musste, weil nach wie vor zu viele Engländer den Weg nach Reims versperrten, dann wollte sie wenigstens La Hire noch einmal ›bei meinem Köter!‹ brüllen hören.

Doch die Herren beratschlagten, jagten und feierten. Wenn bei ihren Beratungen überhaupt etwas herauskam, dann erfuhr Jeanne nichts davon. Sie ließen ja nicht einmal mehr Alençon an ihren Sitzungen teilnehmen. Seit sie in Loches war, stocherte Jeanne im Nebel und dieser Nebel roch nach den Schweißperlen auf Trémoilles glatter Stirn: stechend und Übelkeit erregend.

Nach sechs verlorenen Wochen hielt sie es nicht mehr aus. Sie stürmte durch die leere Schlosshalle auf die Tür des Beratungszimmers zu und riss sie auf.

Da saßen sie an einem langen Tisch, wie damals die Professoren in Poitiers, nur bunter, nur verblüffter, nur sprachloser. Acht Männer – der König am Kopfende und daneben Trémoille. Jeanne stürzte auf den König zu, fiel vor ihm auf die Knie, umklammerte seine Beine, warf dramatisch den Kopf zurück und sah ihm ins Gesicht.

»Edler Herr Karl«, sagte sie und atmete schwer, »was sollen diese ewigen Beratungen? Ihr verliert doch nur wertvolle Zeit! Ich spreche die Sprache des Sieges. Ich weiß genau, was die Himmlischen wollen. Und sie wollen, dass Ihr nach Reims geht, um Euch krönen zu lassen!«

Der König antwortete nicht. Er blickte nur ratlos in die Runde. Einige hüstelten und räusperten sich, einige verdrehten die Augen.

Da unterbrach Trémoilles hohe, heisere Stimme die Stille.

»Was soll das heißen, mein Fräulein? Vielleicht, dass Ihr Euch schon für die heimliche Königin von Frankreich haltet?«

»Nein!« Jeanne ließ den König los und sprang auf. »Das heißt: Wenn wir nicht nach Reims gehen, war alles umsonst! Dann hätten wir Orléans nicht zu befreien brauchen! Dann verliert das Volk sein Vertrauen zum König endgültig! Und dann glaubt keiner mehr an den Sieg!«

Trémoilles Hand schloss sich um den Kopf seines Frettchens, als wollte er ihn zerquetschen. »Mein Fräulein«, zischte er, »ich befürchte, man versteht nicht allzu viel von Politik in Domrémy. Haltet Euch also raus! Ihr werdet schon gerufen, wenn wir Euch brauchen.«

»Politik! Was ist Politik?«, rief Jeanne. »Verträge schließen und Verträge brechen! So schafft man keine klaren Verhältnisse!«

»Aber Jeanne«, murmelte der König und starrte an ihr

vorbei ins Leere. »Was sind denn klaklare Verhältnisse?«

»Klare Verhältnisse? Wenn alle Engländer wieder da
sind, wo sie hingehören, in England. Nur: Freiwillig
gehen sie nicht. Aber wenn Ihr erst gekrönt seid, edler
Herr Karl, dann werden alle gerne für Euch kämpfen.
Und dann wird jeder bei Eurem Anblick nur noch an
eins denken – an Sieg!« Jeanne stand da und zitterte,
vor Ohnmacht und Wut und der verzweifelten Hoffnung, den König doch noch auf ihre Seite zu ziehen.
Ihn einmal noch zu überzeugen, dass sie die Einzige
und die Richtige war und dass sie immer noch sein
Vertrauen verdiente.
Doch statt des Königs antwortete Trémoille. Er ließ
sein zappelndes Frettchen in einer Manteltasche verschwinden, setzte plötzlich ein nachsichtiges Lächeln
auf und krächzte: »Ach, mein Fräulein, warum ruht
Ihr Euch nicht einfach ein wenig auf Euren Lorbeeren
aus? Während wir versuchen, aus der bedrohlichen
Lage des Königreichs einen weniger blutigen Ausweg
zu finden als den, der Euch vorschwebt?«
»Ja«, entgegnete Jeanne mühsam beherrscht, »Ihr
habt Zeit. Das Leben ist ja auch ganz erträglich für
Euch. Aber das Volk da draußen findet das Leben
nicht halb so erträglich wie Ihr. Der Krieg zerstört das
Land. Täglich ermorden die Schinder in den Dörfern
Männer, Frauen und Kinder. Und deshalb hat das
Volk keine Zeit. Und deshalb habe *ich* keine Zeit!«
Da erhob sich der König, lächelte müde und beendete
die Sitzung. Und verkündete am nächsten Tag vor der
versammelten Hofgesellschaft: »Wir hahaben einen
Entschluss gefasst! Wir werden die englischen Stellun-

gen angreifen, die uns den Weg nach Reims versper-
ren. Mein Vetter, der Herzog von Alençon, wird diese
Feldzüge leiten, gemeinsam mit Jeajeanne, die sich die
Jungfrau nennt.«

15. *Kapitel*

Jeanne sieht sich zum ersten Mal
einer ganzen englischen Armee
gegenüber.

An der Straße von Paris nach Orléans, inmitten
einer weiten Ebene, lag das lebhafte Städtchen Janville. Es war früher Abend und um diese Zeit wimmelte es in den Schenken von englischen Soldaten, die
Bier bestellten und stattdessen Wein bekamen. Sie
protestierten dann, aber vergeblich. Und im Speisesaal
des kleinen Schlosses, das den englischen Heerführern
als Hauptquartier diente, saßen sich an einer üppig
gedeckten Tafel Sir Talbot und Sir Falstaff gegenüber. Beide hatten sie mehr Schlachten gewonnen, als
sie zählen konnten, beide waren sie seit vielen Jahren
befreundet und beide redeten sie sich deshalb schlicht
und einfach mit ›John‹ an, denn alle beide hießen
John.
»Mein lieber John«, sagte Falstaff, »ich fürchte, wenn
das so weiter geht, werden wir die nächste Zeit auf
Fisch aus der Loire verzichten müssen.« Dabei warf
er einen zärtlichen Blick auf den gedünsteten Hecht,
der gerade von den Pagen zerteilt wurde. Sein eigener
Hecht erhielt einen Überzug aus rosa Knoblauchsoße
und himmelblauer Brombeersoße, passend zu seinem
rosa und himmelblau gewürfelten Gewand; Talbot
dagegen bekam seinen Hecht mit gelber Kürbissoße

und schwarzer Pflaumensoße serviert, passend zu dessen gelb und schwarz gestreifter Kleidung. Sie langten herzhaft zu und nach einer Weile sagte Talbot:

»Da bin ich anderer Ansicht, mein lieber John. Auf Fisch aus der Loire werden wir keineswegs verzichten müssen.«

Falstaff runzelte die Stirn, riss sich vom Anblick der ineinander fließenden Soßenfarben auf seinem Teller los und sah ihn über die Tafel hinweg an.

»Mein lieber John, soll das heißen, dass du sie angreifen willst?«

»In der Tat, mein lieber John. Ich werde die Hexe angreifen.«

»Mein lieber John! Das wäre Wahnsinn! In dem flachen Gelände da unten sind uns die Franzosen mit ihrer Reiterei doch überlegen! Bis unsere Bogenschützen sich aufgestellt haben, haben die Franzosen sie längst in Grund und Boden gestampft!«

»Ich werde sie trotzdem angreifen, mein lieber John. Wir haben viertausend Mann. Und jeder Engländer ist so viel wert wie drei Franzosen – immer noch. Und so etwas wie Orléans, das lasse ich mir verdammt noch mal nicht bieten! Schon gar nicht von einer Frau. Die braucht eins auf den Helm, sonst wird sie uns wirklich gefährlich. Wenn wenigstens nur die Franzosen an diesen Jungfrauen-Unfug glauben würden. Aber jetzt fangen auch schon unsere eigenen Leute ...«

In diesem Augenblick trat ein Bote mit hochrotem Kopf ein und überreichte Falstaff einen Brief. Der riss ihn auf und erbleichte.

»Mein lieber John, sie haben Jargeau erobert! Und fast unsere ganze Besatzung getötet – fünfhundert

Mann! Und ziehen weiter nach Beaugency! Und die Hexe ist mit dabei! Verflucht!« Er wandte sich an den Boten: »Sofort Befehl geben, Beaugency zu räumen! Die Truppe soll sich auf dem schnellsten Weg nach Paris zurückziehen!«

»Halt!«, schrie Talbot. »Die Truppe bleibt, wo sie ist! In zwei Tagen sind wir da. Mit viertausend Mann!«

»John«, fauchte Falstaff. »Das schaffst du nicht. Lass uns Verstärkung aus England abwarten. Wenn sie dich jetzt schlagen, greifen sie Paris an. Und dann stehen wir verdammt dumm da.«

»John!«, brüllte Talbot. »Wenn wir jetzt kneifen, was macht das für einen Eindruck auf die Burgunder? Am Ende entdecken sie noch, dass sie in Wirklichkeit Franzosen sind! Und dann können wir erst recht einpacken!« Zum Boten sagte er im Befehlston: »Das Heer soll sich fertig machen! Sofort! Bei Sonnenaufgang marschieren wir los!«

Falstaff schwieg. Aber Sekunden später knallte es und an einem der großen Wandspiegel liefen Knoblauchsoße und Brombeersoße in rosa und himmelblauen Streifen herunter, mit Hechtstückchen garniert.

Unter einer glühenden Sonne rumpelte, trabte und trottete das englische Heer durch die goldschimmernde Ebene nach Süden. Vorweg ein Ritter mit weißem Banner, dann der Treck der Gepäck- und Proviantkarren, Kanonen, Munitionswagen und Feldküchen, von Wundärzten, Waffenschmieden und Händlern begleitet, dann das Fußvolk, zumeist Langbogenschützen, und schließlich die englischen Ritter in voller Rüstung hoch zu Ross, mit ihren Pagen und Knechten und Ersatzpferden. Obwohl es erst auf Ende Juni zuging, wirkte das Korn auf den Feldern wie geröstet. Talbot und Falstaff hatten wohlweislich verschwiegen, dass es gegen die Jungfrau ging, aber die meisten machten sich keine Illusionen und vor allem für die Bogenschützen gab es unterwegs nur ein einziges Thema: Wie schützt man sich am besten gegen die teuflischen Tricks der Hexe?

»Wenn etwas hilft, dann das hier«, meinte einer und zog sein Amulett aus der Hose – das Bein eines Feuersalamanders.

»Das kannst du wegschmeißen«, höhnte ein anderer.

»Aber seht euch das an! Das habe ich aus einem Spezialgeschäft in Paris.« Er hielt eine Messingkapsel hoch.

»Sieht nach nichts aus«, knurrte der Erste.

»Weil du nicht weißt, was drin ist.« Auf einen Daumendruck sprang die Kapsel auf. »Da. Das Auge eines Kindermörders. Frisch vom Galgen.«

»Mumpitz«, lachte ein Dritter verächtlich. »Von so was kommt die Hexe erst richtig in Fahrt.« Er zog sein Kettenhemd hoch und zeigte nach allen Seiten seine nackte Brust, auf die ein Christus am Kreuz tätowiert war. »Davor hat 'ne Hexe Angst! Jede!«

Wovon nun wiederum die anderen nicht recht überzeugt waren. Denn im Grunde waren sie alle nur von einem überzeugt: Dass gegen die Hexe überhaupt kein Kraut gewachsen war.

Am späten Nachmittag gab der Ritter an der Spitze des Zugs mit seinem Banner das Zeichen anzuhalten. Talbot und Falstaff, die den ganzen Tag über noch kein Wort miteinander gesprochen hatten, galop-

pierten an den Karren und Wagen vorbei zu ihm hin.
»Da«, sagte der Ritter und zeigte auf eine sanfte An-
höhe in einiger Entfernung, wo sich gegen den tief-
blauen Sommerhimmel blinkend und blitzend ein
Heer abzeichnete. Ein ziemlich großes Heer.
»Was schätzt du, mein lieber John?«, sagte Falstaff
mit einem undurchsichtigen Lächeln.
»Schwer zu sagen. Sechstausend. Vielleicht aber auch
zehntausend«, brummte Talbot.
»Und was machst du jetzt, mein lieber John?«
»Wir reiten bis auf eine Viertelmeile heran und lassen
Aufstellung nehmen.«
»Wir unten und die oben. Na, schön.« Das Lächeln
auf Falstaffs Gesicht verschwand.
Das Heer rückte vor. Und dann ging alles wie am
Schnürchen, hundertmal geübt. Jeder Langbogen-
schütze zog einen angespitzten Holzpflock aus einem
der Karren und grub ihn vor sich in den Ackerboden,
sodass seine Spitze schräg nach vorn zeigte. Keine
halbe Stunde später war eine lang gezogene Barrie-
re entstanden, die für Berittene kaum zu überwinden war, ein Sperrriegel aus Drachenzähnen. Dahinter
bauten sich die Langbogenschützen auf, in ihrem Rücken die Ritter, und noch weiter hinten wurden die
Karren zu einer Wagenburg zusammengeschoben, in
der die Pferde in Sicherheit gebracht wurden. Kein
Lüftchen regte sich. Und unbeweglich standen sich
Engländer und Franzosen jetzt in der sengenden Hit-
ze gegenüber.
»Schau sie dir an, mein lieber John«, lächelte Talbot.
»Unsere wackeren Franzosen – alle auf ihren Pferd-
chen. Und jeder wie aus dem Ei gepellt. Ich werde das

Gefühl nicht los, dass ihre Pagen vor jeder Schlacht ihre Rüstungen ablecken müssen.«

»Die werden's nie lernen«, nickte Falstaff. »Können nur im Sitzen kämpfen. Hauptsache, vornehm. Hochnäsiges Pack!«

»Siehst du den in der Mitte, auf dem weißen Pferd, mit dem weißen Banner? Das ist sie.«

»Und daneben, auf dem schwarzen ... wahrhaftig! Mein alter Freund Alençon!« Ein breites Grinsen überzog Falstaffs hageres Gesicht. »Mein bestes Schnäppchen damals, in Verneuil. Wir mussten ihn aus einem Berg von Leichen rausziehen. Hat mir fünftausend Goldfranken eingebracht. Habe mir daheim von dem Geld ein entzückendes Schlösschen gebaut. Sollten wir das hier überleben, mein lieber John, musst du mich unbedingt besuchen kommen.«

»Apropos überleben«, knurrte Talbot und rieb sich das Kinn. »Bitte verzeih meine heftige Reaktion von gestern Abend.«

»Wenn du mir das mit dem Teller verzeihst, mein lieber John.« Falstaff lachte. »Getroffen hab ich dich ja gottlob nicht.«

Als sich eine Stunde später immer noch nichts rührte, schickte Talbot zwei Herolde los. »Bietet ihnen einen Zweikampf an. Einer von ihren Heerführern gegen einen von unseren. Nur nicht die Hexe. Gegen Frauen kämpfen wir nicht. Und sagt ihnen, sie dürften ruhig etwas näher kommen, dann können sie besser sehen!«, rief er ihnen hinterher.

In Hörweite der Franzosen zügelten die Herolde ihre Pferde und brüllten etwas von einem Zweikampf. Alençon warf Jeanne einen fragenden Blick zu.

184

Die rümpfte nur kurz die Nase.

»Es ist spät geworden!«, brüllte Alençon zurück. »Schlaft euch erst mal aus! Morgen sehen wir uns dann aus der Nähe!«

Die englischen Herolde wendeten ihre Pferde und ritten in einer Staubwolke den Hügel hinab. Kurz darauf beobachteten die Franzosen, wie die Bogenschützen sich daranmachten, ihre Drachenzähne aus dem Boden zu ziehen.

»Jeanne, wie wird die Sache morgen wohl ausgehen?«, fragte Alençon, ohne die Engländer in der flimmernden Ebene aus den Augen zu lassen.

»Ihr werdet gute Sporen brauchen«, sagte Jeanne trocken.

Alençon sah sie verdattert an. »Was soll das denn heißen? Dass sie uns in die Flucht schlagen werden?«

Jeanne lachte. »Macht Euch nicht in den Waffenrock, mein kleiner Herzog. Im Gegenteil. Die Engländer werden nicht einmal dazu kommen, sich zu verteidigen. Und Ihr werdet gute Sporen brauchen, wenn Ihr sie noch einholen wollt. Und jetzt, mein schöner Herzog, lasst uns zurückreiten nach Beaugency. Auf meinem Harnisch könnte man Spiegeleier braten.«

Sie übernachteten im Bergfried von Beaugency, aus dem sie am Tag zuvor die Engländer vertrieben hatten; das Heer lagerte auf den Uferwiesen der Loire. Am nächsten Morgen, in aller Frühe, wurde Alençon gemeldet, die Engländer seien bereits im Anmarsch. Trompeter weckten das Heer, und als sie Beaugency verließen, stand die Sonne schon wieder als weiß glühende Scheibe am Himmel.

185

Man rückte in drei Abteilungen aus. Vorweg La Hire mit den besten Reitern Frankreichs, die auch als Späher das Gelände erkunden sollten. Dann das Hauptheer unter Führung von Alençon und Dunois. Und schließlich die Nachhut, der Jeanne sehr gegen ihren Willen zugeteilt worden war. Aber gut – Alençon hatte ihr erklärt, dass eine Feldschlacht etwas anderes sei als die Erstürmung einer Festung, und dass sie viel zu kostbar sei, um ihr Leben wie jeder gewöhnliche Ritter aufs Spiel zu setzen. Hauptsache, sie sei überhaupt dabei, das mache die Engländer schon nervös genug.

Jeanne musste ihm Recht geben.

»Und wenn sie sich an den Wolken festklammern und in den Himmel zu fliehen versuchen – wir kriegen sie!«, rief sie ihm nach, als sie sich trennten. »Greift sie an, sobald Ihr sie seht!«

Das Heer bewegte sich durch sanft gewelltes Ackerland. Kornfelder, so weit das Auge reichte, doch von den Engländern keine Spur. Da und dort wurde der schnurgerade Horizont von Kirchtürmen und Windmühlen unterbrochen, deren Flügel sich in der leichten Brise langsam drehten. Sie atmeten auf, wenn sie ein Wäldchen erreichten. Die Kühle im Schatten der Bäume war angenehm, aber das Glück war kurz – meist ritten sie wenig später schon wieder hinaus in das blendende Licht der weiten Ebene. In der Ferne tauchten die Strohdächer des Dörfchens Patay auf.

Da bemerkten La Hires Späher einen Hirsch, der in langen Sprüngen einem Waldstück zujagte und zwischen den Bäumen verschwand. Kurz darauf hörten sie Geschrei. War das Französisch? Nie und nimmer.

Das klang eher wie: gutt morning, sliep well. Sie benachrichtigten La Hire. Der sprengte los und mit ihm seine ganze Reiterei.

Kaum hatten sie das Wäldchen im Galopp umgangen, zügelten sie jäh ihre Pferde.

»Bei meinem Köter!«, brüllte La Hire und allen stockte vor Freude der Atem. Da waren sie, die Engländer, und boten ein Bild vollkommenen Durcheinanders! Die Ritter der englischen Nachhut saßen gerade von ihren Pferden ab. Talbot ließ sich soeben von einem Knappen die Sporen abnehmen. Und die Bogenschützen waren dabei, die ersten Pflöcke einzugraben. Weiter vorn, schon fast am Ortsrand von Patay, hatten sich die Geschützkarren und Proviantwagen der Engländer bei einem überstürzten Wendemanöver hoffnungslos ineinander verkeilt. Der Hauptteil des feindlichen Heers war dort vorn bei den Wagen, weit genug entfernt, um fürs Erste keine Gefahr zu bilden.

La Hire und seine Männer gingen sofort zum Angriff über. Nicht von vorn, sondern gleichzeitig von beiden Seiten. Die englischen Ritter hatten noch nicht einmal ihre Schilde zur Hand, den Bogenschützen nutzten ihre Langbogen jetzt auch nichts mehr und an Flucht war ohne Pferde schon gar nicht zu denken. La Hires Männer fielen wie das Jüngste Gericht über sie her, töteten alle und verschonten nur einen – Sir Talbot, der wie ein Löwe um sich schlug und schließlich doch überwältigt wurde.

Falstaff hatte zunächst brüllend versucht, Ordnung in das Chaos der Geschützkarren und Gepäckwagen zu bringen. Jetzt kam er herangaloppiert, erfasste mit einem Blick, dass Talbot nicht mehr zu retten war, wendete und raste zurück zu den Wagen, wo der Hauptteil der Armee ratlos auf seine Befehle wartete. Vielleicht war doch noch Zeit, die Kanonen in Stellung zu bringen.

Als seine Männer Falstaff in gestrecktem Galopp heranreiten sahen, gerieten sie in Panik. Offenbar war alles verloren! In kopfloser Flucht stob das englische Heer auseinander. Falstaff war vor Verzweiflung außer sich. Wollte kehrtmachen, sich La Hire entgegenwerfen, doch seine Offiziere hielten ihn zurück. Glatter Selbstmord wäre das! Jetzt gehe es nur noch darum, die eigene Haut zu retten.

Falstaff warf einen letzten Blick zurück, sah Alençon auf seinem schäumenden Rappen näher kommen und floh, den anderen hinterher, immer nach Norden, Richtung Paris.

Als Jeanne mit der Nachhut eintraf, war alles längst entschieden. Die zertrampelten Kornfelder waren mit Leichen übersät. Und wohin sie auch schaute, überall zogen freudetrunkene Franzosen ihren getöteten Feinden die Rüstungen vom Leib oder zerrten Gefangene hinter sich her.

Sie saß gerade ab, als ganz in ihrer Nähe mehrere Gefangene von französischen Armbrustschützen zusammengetrieben wurden. Da blitzte eine Streitaxt auf und vor ihren Augen fiel ein junger englischer Bogenschütze getroffen zu Boden.

Jeanne schrie auf. Sie hatte verboten, Gefangene zu töten. Aber Hass ließ sich nicht verbieten. Sie lief zu dem Sterbenden, kniete nieder und bettete seinen blutigen Kopf in ihren Schoß. Sie hielt ihn weinend in den Armen und streichelte ihm die zuckenden Wangen, bis er tot war. Dann breitete sie ihren kostbaren grünen Samtmantel über den Leichnam, setzte sich aufs Pferd und ritt davon. An diesem Tag fiel es Pierre nicht leicht, seine Schwester zu trösten.

Die Franzosen richteten ihr Hauptquartier in der Kirche von Patay ein. Und dort ließ sich Alençon am Abend auch Talbot vorführen, den kostbarsten aller Gefangenen. Fünftausend, wenn nicht sogar sechstausend Goldfranken war dieser Mann wert, fast so viel wie ein König! Alençon rieb sich kichernd die Hände.

Jeanne saß derweil gedankenverloren auf einer Kirchenbank im Hintergrund. Als Talbot eintrat, empfand sie nichts als Mitleid mit ihm. Von dem stolzen Heerführer war nicht viel übrig geblieben. Jeanne sah einen alten Mann in zerbeultem Harnisch, mit einem schmutzigen Verband um den linken Arm.

»Mein lieber Talbot«, begrüßte Alençon ihn spöttisch lächelnd, »wer hätte das gestern Nachmittag gedacht? Mir scheint, die Engländer haben das Siegen verlernt!«

Talbot zuckte nur die Achseln. »Mein lieber Alençon«, entgegnete er mit müder Stimme in reinstem Französisch. »Ihr seid noch jung. Ich hingegen hatte fünfzig Jahre Zeit, dieses heillose Durcheinander zu studieren, das man das Leben nennt. Glaubt mir, Fisch aus der Loire wird schon bald, schon sehr bald wieder auf englische Tische kommen.« Was Alençon nicht so ganz verstand.

Da polterten die Herolde herein, die den ganzen Nachmittag über die Toten gezählt hatten. Alençon winkte sie heran.

»Nun? Wie viele Gentlemen gibt es seit heute weniger auf dieser Welt?«

Einer trat vor. »Schwer zu sagen, edler Herr. Etwa zweitausend haben wir gefunden. Wahrscheinlich sind's ein paar mehr.«

»Und wie viele französische Tote?«

»Drei, edler Herr.«

Talbot fuhr zu dem Herold herum. »Drei?«, fauchte er. »Ihr lügt!«

»Drei gefunden, Sir. Aber wahrscheinlich sind's ein paar mehr.«

Da sah Talbot zum ersten Mal zu Jeanne hinüber. Es war ein kurzer, hasserfüllter Blick, der sie traf. Jeanne erschrak fast zu Tode.

Ganz Orléans war ein einziges Fest. Jeder in der Stadt fieberte dem großartigen Augenblick entgegen, in dem der überglückliche König vor der geschmückten Kathedrale die überglückliche Jungfrau zu Trompetenfanfaren und Freudengesängen in die Arme schließen würde. Zwei Tage nach der Schlacht zogen die Helden von Patay unter großem Jubel in Orléans ein, durch Straßen, in denen die rotgrünen Fahnen des Königs neben den blauweißen der Jungfrau wehten. Und donnernd mischten sich die großen Glocken der Kathedrale in den Jubel.

Doch sie mussten ohne den König feiern. Der König ließ sich in Orléans nicht blicken. Und der Herr Trémoille natürlich auch nicht.

16. Kapitel

Jeanne schwelgt in dem wunderbaren Gefühl, dass nichts auf der Welt sie mehr aufhalten kann.

Als Jeanne eine Woche später vor ihr Zelt aus weißem Wildleder trat, bot sich ihr ein großartiges Bild: Das ganze Loireufer war ein einziges, riesiges Heerlager! Männer und Pferde, Zelte und Lagerfeuer, Wimpel und aufgestellte Lanzenbündel, so weit das Auge reichte. Selbst La Hire hatte zugeben müssen, noch nie ein Heer von dieser Größe gesehen zu haben! Und jenseits der silbrigen Wasserfläche der Loire lag die Stadt Gien – oben das Schloss und darunter, direkt am Ufer, die Herberge 'Zum Heiligen Geist'. Dort hatten sie damals gefrühstückt und ihre Kleider getrocknet. Dort hatte sie sich zum allererstenMal als Jungfrau aus dem Eichenwald ausgegeben.

Was hatte sich seither nicht alles verändert! Die Engländer zum Beispiel hatten sich bis an die Seine zurückgezogen. Und ihre Heere schrumpften zusammen. Nacht für Nacht verdrückten sich Soldaten klammheimlich aus ihren Kasernen, weil sie lieber Strafen riskieren wollten, als gegen die Jungfrau zu kämpfen. Doch immer noch begann hinter Gien das Herrschaftsgebiet des Herzogs von Burgund. Und nach wie vor waren die Burgunder mit den Engländern verbündet.

Nicht, dass Jeanne sich deshalb groß den Kopf zer-
brochen hätte. Die Krönung stand bevor und weder
Engländer noch Burgunder konnten sie jetzt noch ver-
hindern. Täglich wurde das Heer, das den König nach
Reims begleiten sollte, größer. Aus allen Winkeln des
Königreichs strömten ihr die Leute in hellen Scharen
zu, bereit, mit ihr bis ans Ende der Welt zu gehen! Das
Leben war herrlich!
Und schon wieder kam Aulon mit einem neuen Frei-
willigen im Schlepptau angeritten. Einem kleinen Di-
cken diesmal, auf einem klapprigen Pony!
»Jeanne, darf ich dir meinen alten Freund Paul de Pes-
tivien aus Lyon vorstellen?«, sagte Aulon feierlich.
Der Dicke errötete. Statt einer Rüstung trug er ein
Kettenhemd. Statt eines Helms eine Lederkappe. Und
statt eines Schwerts einen Dolch, zu dessen Gunsten
Jeanne annahm, dass er nicht so verrostet war wie die
Scheide, in der er steckte.
»Paul ist knapp bei Kasse«, bemerkte Aulon unnöti-
gerweise. »Außerdem ist er nicht mehr der Jüngste,
und sein Pony auch nicht. Ist das schlimm? Er möchte
unbedingt dabei sein.« Er stieß seinen Freund an.
»Einmal im Leben Soldat der Jungfrau sein – was,
Paul?«
Der Dicke wurde dunkelrot. Jeanne ging auf ihn zu
und reichte ihm die Hand. »Dann mal ran an den
Speck, Herr de Pestivien«, sagte sie mit einem Lä-
cheln. »Ihr seid ein zweiter La Hire, das merkt man
gleich.«

Währenddessen tagte der Kronrat oben im Schloss.
Der Graf von Vendôme stand am Fenster und schien

in den Anblick des Menschen- und Pferdegewimmels am anderen Ufer versunken, wo die Jungfrau gerade ihrer Lieblingsbeschäftigung in diesen Tagen nachging – Truppen mustern.

»Ich seh sie noch vor mir«, entfuhr es ihm plötzlich, »damals, am ersten Abend in Chinon. Wie eine große, graue Maus stand sie da und roch nach Holzkohlefeuer und Stallmist und Nächten im feuchten Stroh. Und schaut sie euch heute ...«

Der Erzbischof von Reims fiel ihm ins Wort. »Wirklich unglaublich!«, schnaubte er. »Vor einem halben Jahr hat sie noch Schafe gehütet und Schweine gefüttert. Und als sie mir vorgestern Abend im Schlossgarten begegnet, da traue ich meinen Augen nicht! Hautenge Stiefel bis über die Knie – nicht einmal ihre goldenen Sporen hatte sie abgenommen –, so ein rostbraunes Beinkleid aus Samt – genauso eng wie die Stiefel –, und ein silbergraues Seidenwams – mit Gold bestickt und genauso eng wie der Rest. Empörend! Die Eitelkeit in Person!«

»Ihr habt doch zu denen gehört, die sie in Poitiers geprüft haben, Herr Erzbischof«, staunte der König. »Und was ist dabei herausgekommen? Demütig, gottesfürchtig, ohne Fehl und Tadel, wenn ich mich recht entsinne!«

»Das gebe ich zu«, brummte der Erzbischof. »Damals haben wir uns einiges von ihr gefallen lassen, weil sie so drollig war. Aber von dieser drolligen Jeanne ist nichts mehr übrig. Und trotzdem lassen wir uns weiterhin alles von ihr gefallen!«

»Was lassen wir uns denn von ihr gefallen?«, brauste Alençon auf. »Dass wir alle Schlachten gewinnen, seitdem sie dabei ist? Dass sich da drüben das größte Heer versammelt, das wir je gesehen haben? Dass sie uns vormacht, wie schnell sich die Verhältnisse ändern lassen, wenn man nur will? Sooft ich durch die Straßen gehe, bekomme ich von allen Seiten zu hören: Das Königreich Frankreich geht glücklichen Zeiten entgegen. Was wollen wir denn mehr?«

»Und wenn ich durchs Schloss gehe«, ließ sich die schnarrende Stimme von Trémoille vernehmen, »dann höre ich von allen Seiten: Dieser Trottel von Alençon tanzt nach der Pfeife der Schäferin. Schon gut, schon gut – das mit Patay war gar nicht schlecht. Aber wer ist die in Wirklichkeit? Was denkt die sich bei dem ganzen Zauber? Was plant die, wovon wir nichts ahnen? Das da draußen, das ist doch kein Heer mehr! Das ist ein Volksaufstand!«

»Machen wir uns nichts vor«, eiferte sich der Graf von Vendôme. »Gegen ihren Willen läuft zurzeit überhaupt nichts. Wir würden alle lieber die Normandie erobern und den Gentlemen den Rückzugsweg nach England abschneiden. Aber nein, jetzt muss auf der Stelle der König gekrönt werden. Bloß weil ein siebzehnjähriges Hütemädchen uns erzählt, der liebe Gott hätte es gern so.«

»Viel schlimmer«, meldete sich der Erzbischof von Reims zu Wort. »Wenn Jeanne morgen auf die Idee käme, nicht den König, sondern sich selbst in Reims krönen zu lassen – wer könnte sie daran hindern? Das Volk würde mitspielen. Und die Armee auch!«

»Und die Kirche?«, krächzte Trémoille. »Diese Jeanne braucht doch nur mit dem Finger zu schnipsen und jeder Priester trällert für sie das Ave Maria. Ich sehe das Bild schon vor mir: Die Kathedrale von Reims, angefüllt mit grölendem Pöbel und besoffenen Soldaten. Und der Bischof von Orléans setzt der Jungfrau die Krone aufs Haupt. Tja, und dann heißt es: Ihre Majestät, Jeanne die Erste von Frankreich!«

»Das ist doch Unsinn!«, fuhr Alençon auf. »Sie hat uns damals offen und ehrlich ihre Pläne mitgeteilt, wir waren einverstanden und sie hat sich dran gehalten. Wir haben nur nicht geahnt, wie schnell alles gehen würde. Das mag euch unheimlich vorkommen, mir ist es das manchmal auch. Aber bis jetzt ist alles glänzend gelaufen. Sie hat noch keinen einzigen Fehler gemacht. Und nach der Krönung wird der König die Chance haben, die Herzen der Menschen so zu erobern, wie Jeanne das in den letzten Monaten geschafft hat.«

»Unser lieber Alençon hat sicher Recht«, krächzte Trémoille. »Je schneller der König gekrönt wird, desto besser. Damit endlich allen klar wird, wer eigentlich in Frankreich regiert!«

Jeanne hätte aus der Haut fahren können. Wie lange wollten sich die Herrschaften denn noch beraten? »Komm«, sagte sie zu La Hire, »wir reiten voraus.« Und am nächsten Morgen brachen sie mit einer kleinen Truppe aus Lanzenreitern und Armbrustschützen auf. Der König würde mit dem großen Rest des Heers schon nachkommen. Und diesmal würde wohl auch der Frettchenkrauler nicht fehlen.

Gedankenverloren trabte Jeanne auf der Straße nach Reims La Hire hinterher. Vor fünf Monaten hatte sie diesen Weg schon einmal genommen. Damals war sie nur nachts geritten, auf einem Pferd für sechzehn

Franken. Unaufhörlich hatte es geregnet. Und einmal hatten Wölfe geheult. Nichts hatte sich verändert, hier, im burgundischen Gebiet: zerstörte Gehöfte, verwilderte Felder. Wie lange würde sie von hier nach Vaucouleurs, nach Domrémy brauchen? Zwei Tage? Vielleicht auch nur einen – sie konnte jetzt viel besser reiten, und die Flüsse führten kein Hochwasser mehr. Ob sich ihr Vater in Reims wohl blicken lassen würde? Ob er sie nach wie vor wohl in der Maas ersäufen wollte? Und Onkel Laxart – würde sie den wieder sehen? Oder den alten Dickschädel Baudricourt? Bei der Erinnerung an die Wortgefechte, die sie sich mit ihm geliefert hatte, musste Jeanne lächeln. Und im nächsten Augenblick gegen die Tränen ankämpfen, als ihr Jean de Metz einfiel. Der gute Jean. Schön, wenn der auch käme.

Am nächsten Morgen beschloss Jeanne dann doch, auf den König zu warten. Einen Tag später kamen sie angeritten, der König und Herr Trémoille einträchtig nebeneinander, Trémoille auf einem mächtigen Schlachtross, fast so dick wie er selbst. Und dahinter das ganze Heer. Weil sich unterwegs kein einziger bewaffneter Burgunder gezeigt hatte, war der König guter Laune.

Doch als sie vier Tage darauf vor die Tore der Stadt Troyes kamen, fanden sie alle Zugbrücken hochgezogen, alle Fallgatter heruntergelassen und wurden mit drei Kanonenkugeln begrüßt.

Der König jammerte. Er hatte gute Gründe, sich einen solchen Empfang nicht bieten zu lassen, denn Troyes war die Stadt seiner Schande. Mit Grauen erinnerte er sich daran, dass sich der Vater des jetzigen englischen

Königs vor neun Jahren hier eigenmächtig zum König von Frankreich ausgerufen hatte – unter dem Jubel der Bürger! Nein, diese Verräter mussten sich ergeben, diesmal verstand er keinen Spaß! Aber was tun? Erst einmal Zelte aufschlagen und Kriegsrat halten – in sicherer Entfernung von den Kanonen von Troyes.

Am Abend bahnten sich Jeanne und Alençon ihren Weg durch das Gewimmel dieses riesigen Heerlagers, als sie durch den Rauch der Lagerfeuer hindurch einen Mönch in brauner Kutte bemerkten. Wo er vorbeikam, johlten die Soldaten, doch das lag nicht an ihm. Das lag an den drei Frauen in langen, weißen Gewändern, die ihm ängstlich auf den Fersen folgten. Alençon schlug in gespieltem Entsetzen die Hände vors Gesicht.

»Oh, oh, oh!«, stöhnte er. »Ich höre Flügelschlagen. Bruder Richard schwebt heran. Der kann fliegen, der sammelt Jungfrauen, und was das Schlimmste an ihm ist: Der kann zehn Stunden lang ohne Pause predigen. Wir dürfen ihm auf keinen Fall in die Fänge geraten!«

Er nahm Reißaus; Jeanne jedoch blieb. Auf so einen war sie neugierig, so einen konnte sie womöglich gebrauchen. Denn schlecht wäre es nicht, wenn sich außer ihr selbst und Aulon noch einer von ihnen auf Wunder verstünde. Eindrucksvoll sah er allerdings nicht gerade aus – ein Würstchen mit einer Hakennase, deutlich kleiner als sie selbst.

Kaum hatte er sie entdeckt, blieb er ruckartig stehen. Er starrte sie an, schlug plötzlich mit wehenden Ärmeln mehrere Kreuzzeichen in die Luft, brüllte dazu Lateinisches, ließ sich dann von einer seiner Jung-

frauen eine Schale reichen und verspritzte schwung-
voll Weihwasser in ihre Richtung, was Amina mit
wildem Kopfschütteln quittierte.

»Na bravo!«, lachte Jeanne. »Kommt ruhig näher, ich
werde nicht davonfliegen! Großes Ehrenwort!«

Die Umstehenden brachen in Gelächter aus. Bruder
Richard trippelte mit seinen Jungfrauen heran, ließ
sich vor ihr auf die Knie fallen und breitete die dünnen
Arme aus, als wollte er Amina an sein Herz drücken.
Da sprang Jeanne vom Pferd, fasste ihn unter die
Arme und stellte ihn auf die Beine.

»Selige Jungfrau«, sprudelte er sogleich im Flüsterton
los, »ich bin Bruder Richard. Der berühmte Bruder
Richard! Lasst mich in Eure Dienste treten. Ich habe
2981 Wunder vollbracht! Ich habe dreißig Tote aufer-
weckt! Ich kann mich unsichtbar machen, ich kann
fliegen! Ich kann Kirchenglocken drei Stunden lang
läuten lassen, ohne dass eine Hand den Glockenstrang
berührt! Wenn ich predige, heulen die Dämonen im
Umkreis von einer Meile vor Wut! Ich bin vom Herzog von Burgund persönlich – persönlich! – aus Paris
vertrieben worden, weil ich den Untergang der Engländer vorhergesagt habe! Im nächsten Jahr werden
große Dinge geschehen, und eine Jungfrau ...«

»Potzblitz!«, fiel ihm Jeanne ins Wort. »Ich staune,
Bruder Richard. Ich staune. Wie viele Wunder, sagt
Ihr, habt Ihr bisher vollbracht?«

»2981.«

»Wir brauchen mehr von Eurer Sorte!« Sie klopfte
ihm auf die Schulter. »Bruder Richard, ich schlage vor,
wir teilen uns die Arbeit. Ihr predigt die Engländer aus
Frankreich hinaus und ich prügele sie hinaus. Und

jetzt vollbringt Euer 2982. Wunder und löst Euch ganz schnell in Luft auf.«
Damit bestieg sie ihr Pferd und ließ ihn mitsamt seinen Jungfrauen stehen.

Später erfuhr Jeanne, dass Bruder Richard hochentzückt von ihr in die Stadt zurückgekehrt war und dort mit Donnerstimme verkündet hatte, die Jungfrau besitze alle Macht der Welt und könnte sogar mit ihrem ganzen Heer durch die Stadtmauer hindurchmarschieren, als wäre sie aus Papier. Leider glaubten sie ihm kein Wort. Die Stadttore jedenfalls blieben verschlossen.

Fünf Tage lang trafen sich die Herrschaften zur Besprechung im Zelt von Trémoille, für Jeanne eine halbe Ewigkeit. Die meisten Heerführer waren für Angriff, Trémoille für sofortigen Rückzug und Auflösung des Heers, und der König wusste nicht, wofür er war. Wollte er überhaupt gekrönt werden? Nicht einmal das wusste er so genau. Wer hatte ihm dieses Abenteuer eingebrockt? Die Jungfrau! Dann sollte die Jungfrau ihm auch aus der Klemme helfen. Am sechsten Tag wurde die Jungfrau gerufen.

Als Jeanne das Zelt betrat, saß der König mit hängenden Schultern und trübsinniger Miene auf seinem vergoldeten Klappstuhl. Die Heerführer standen ratlos herum. Und Trémoille empfing sie mit hochrotem Kopf und den Worten: »Auf Eurem Mist ist diese Krönungsidee gewachsen! Jetzt haben wir den Schlamassel!«

Jeanne würdigte ihn keines Blickes.

»Unsinn!«, fuhr sie ihm über den Mund. »Ohne Euch hätten wir diese Nuss längst geknackt!« Und sogleich warf sie sich dem König zu Füßen (das hatte sich bewährt).

»Edler Herr Karl«, flötete sie verführerisch sanft. »Werdet Ihr tun, was ich Euch jetzt sage?«

Der König nickte. »Wenn Eure Heiligen durch Euch sprechen, gewiss.«

»Dann«, sagte Jeanne jetzt sehr viel lauter, »befehlt dem Heer, mit der Belagerung zu beginnen! Sofort! Bei meinem Köter – nichts ist leichter, als Troyes zu erobern! Ich verspreche Euch: In drei Tagen sind wir in der Stadt, auf die sanfte oder die unsanfte Tour!«

Nun, das war deutlich. Eigentlich war dem König Gewalt zuwider, er zuckte ja schon beim Anblick einer Heugabel zusammen. Doch ein König, der wegen drei Kanonenkugeln verschreckt seine eigene Krönung abbläst? Der wäre lächerlich und das war noch schlimmer. Deshalb beugte er sich nach reiflicher Überlegung zu Jeanne hinunter, reichte ihr die Hand und nickte wieder.

Trémoille platzte der Kragen. Schweißperlen spritzten von seiner Stirn, als er den König anfuhr: »Warum ernennt Ihr die Jungfrau nicht gleich zum Oberbefehlshaber der Angriffstruppen?«

Zu seinem Entsetzen fanden alle diesen Vorschlag gut. Dunois meinte sogar, dies sei die erste göttliche Eingebung seines Lebens. Und damit war Jeanne befördert – zur Oberbefehlshaberin des französischen Heers!

Jeanne ließ sich das nicht zweimal sagen. Sie sprengte auf Amina los. Und wenn Trémoille darauf spekuliert hatte, dass sie sich furchtbar blamieren würde, dann hatte er sich gründlich getäuscht. Fünf Tage hatte Jeanne Zeit gehabt und kannte deshalb längst die Schwachstellen der Verteidigungsanlage von Troyes: ein Loch in der Stadtmauer, das man nur notdürftig gestopft hatte, oder die Stelle, wo der Wassergraben am leichtesten zu überwinden war. Jetzt war sie überall gleichzeitig, wies jedem Heerhaufen seine Stellung zu, ließ Sturmleitern zusammentragen, den Wassergraben mit Reisigbündeln auffüllen und die Kanonen so platzieren, dass sie auf die Geschütze hinter den Mauerzinnen und aufs Stadttor zielten. Trémoille, der Jeanne noch nie in Aktion erlebt hatte, wurde von Stunde zu Stunde gereizter. Männer, die sich von niemandem auf der Welt, der nicht La Hire hieß, etwas sagen ließen, gehorchten ihren Befehlen. Selbst die vornehmsten Ritter brachte sie dazu, mit anzufassen. Und vor Sonnenuntergang war alles für den Angriff vorbereitet.

»Tja, mein lieber Herr Trémoille«, sagte Dunois und lächelte so eisig wie in seinen besten Zeiten, »das muss der Neid Euch lassen: Es war Eure Idee. Meinen Glückwunsch. Und wie die Jungfrau das gemacht hat – ein besserer Schlachtplan wäre auch mir nicht eingefallen. Euch vielleicht?«

Jeanne war atemlos und stolz und glücklich, als sie sich in dieser Nacht in ihr Zelt zurückzog, und doch sah sie dem nächsten Tag mit gemischten Gefühlen entgegen. Sicher, sie kämpfte gern. Blitzschnell handeln, den Gegner überrumpeln, klare Verhältnisse schaffen – das war ihre Sache. Aber möglichst ohne Blutvergießen. Vor dem Blutvergießen graute ihr. Deshalb lag sie lange noch wach und betete zur heiligen Margarete, dass den Bürgern von Troyes der Schreck rasch genug in die Glieder fahren möge, damit sie morgen nicht wirklich Ernst zu machen brauchte. Nur kein neues Blutvergießen!, flehte sie. Bitte, kein neues Gemetzel!

Und am nächsten Morgen zeigte sich wieder einmal, dass auf die heilige Margarete Verlass war. Noch bevor Jeanne ihre Rüstung angelegt hatte, rasselte die Zugbrücke nieder, fuhr das Fallgatter kreischend in die Höhe, und eine Gruppe würdiger, schwarz gekleideter Herren trat aus dem Schatten des Stadttors heraus ins strahlende Licht der aufgehenden Julisonne. Man geleitete sie zum Zelt des Königs. Und da es angesichts von Kanonen und Sturmleitern und einem Heer von zwölftausend Mann nicht viel zu verhandeln gab, einigte man sich rasch: Abzug aller englisch-burgundischen Truppen aus der Stadt und triumphaler Einzug des Königs in Troyes!

Was dann kam, das war Jeanne alles bestens vertraut: die Menschenmengen, die Begeisterung, die Hochrufe, die Gesänge und Posaunenfanfaren. Wie oft hatte sie nicht schon diese glänzenden Augen gesehen und auch die zitternden Hände, die ihr Heiligenbilder und Kleidungsstücke von Kranken entgegenstreckten, in der Hoffnung, sie würde jedes Teil berühren, weil das Glück bringen sollte.

»Berührt sie doch selbst!«, rief sie ein ums andere Mal der Menge zu, winkte dabei und lächelte. »Meine Finger sind keinen Deut besser als eure!«

Doch für den König war alles neu. Für ihn war es das erste Mal. Nie zuvor war er zum donnernden Geläut der Glocken durch fahnengeschmückte Gassen geritten. Und in seinem ganzen Leben hatte ihm noch keiner zugejubelt. Er ritt neben Jeanne, versuchte wie sie zu lächeln, versuchte wie sie zu winken und beobachtete dabei, dass alle Augen nur einen Menschen suchten – Jeanne. Hatte Trémoille nicht Recht? War sie etwa nicht die heimliche Königin Frankreichs?

17. Kapitel

Jeanne bezweifelt, dass sie am Ziel all ihrer Wünsche ist.

Die Nuss war geknackt und das Heerlager vor Troyes wurde abgebrochen. Ein Durcheinander war das, fast wie in einer Schlacht, fand Jeanne, die gemächlich zwischen den verkohlten Resten der Lagerfeuer umherritt. Da drüben, das glutrote, das war Trémoilles Zelt. Unglaublich, was von den Knappen alles hinausgeschleppt wurde! Zusammengerollte Teppiche, schimmernde Brokatmäntel, kostbare Pelze (mitten im Sommer!), diverse eisenbeschlagene Holztruhen, mit denen sich vier Männer gleichzeitig abmühten, ein vergoldeter Badetrog, ein Frettchen im Käfig und zwei komplette Rüstungen mit Harnischen, so gewölbt wie die Segel der Lastkähne auf der Loire und fast genauso groß.

Jeanne sah mit offenem Mund zu, wie all dies und noch viel mehr auf zwei schwere, vierrädrige Wagen verladen wurde. Sie selbst teilte sich einen Wagen mit La Hire, Aulon und ihren Brüdern, und sogar der König kam mit einem einzigen Gepäckwagen aus! Schließlich wurden unter lautem Geschrei riesige Lederplanen darübergezurrt, die Gespanne aus kraftstrotzenden Ackergäulen zogen an, und ab ging's, nach Reims.

Kaum jemand arbeitete in den goldgelb wogenden

Kornfeldern. Sich selbst überlassen graste das Vieh träge auf den ersten abgeernteten Äckern. Umso mehr Reisende verstopften die Straße, einige beritten, die meisten zu Fuß, Volk aus allen Gegenden Frankreichs. Die Aufrufe der Herolde, zur Krönung nach Reims zu kommen, hatten ihre Wirkung getan.

Jeanne achtete kaum darauf, ihr gingen diese Bilder von Protz und Prunk nicht aus dem Kopf. Alles, was mit diesem Menschen zusammenhing, hatte den Beigeschmack von Unersättlichkeit und Gier. Bisher hatte sie jeden Gedanken an ihn verscheucht, war ihm so gut es ging aus dem Weg gegangen, hätte nicht einmal seinen Namen freiwillig in den Mund genommen. Unheimlich war er ihr. Aber jetzt, auf dem langen Ritt nach Reims, fasste sie sich doch ein Herz und befragte ihren schönen Herzog.

»Trémoille?«, knurrte Alençon heiser und schaute sich nach allen Seiten um. »Trémoille ist die Made und der Speck in einer Person. Trémoille ist reicher als alle anderen zusammen. Was glaubst du, wer seit Jahren den König durchfüttert? Was glaubst du, wer all diese schönen Schlachten bezahlt? Was glaubst du, wer für die Rüstung geblecht hat, in der du steckst?« Er schnäuzte sich und spuckte aus. »Ohne Trémoille läuft gar nichts. Und deshalb hat auch bis vor kurzem alles nach Trémoilles Pfeife getanzt. Bis zu dem Tag, an dem du aufgetaucht bist.«

Jeanne lief es eiskalt den Rücken hinunter. Ihre eigene Rüstung – eine milde Gabe von Trémoille? »Und seither?«, fragte sie mit zitternder Stimme.

»Seither?« Alençon lachte kurz auf. »Du bist das Schlimmste, was ihm passieren konnte. Seither hört der König nicht mehr auf ihn. Trémoille hat alles, wirklich alles versucht, dich aufzuhalten. Aber die kleine Jeanne hat ihn einfach umgepustet. Seither? Seither tanzt er zähneknirschend nach deiner Pfeife.« Er kicherte in sich hinein. »Ich möchte nicht bei ihm Frettchen sein. Zwei haben schon dran glauben müssen bei seinen Wutanfällen! Einfach zerdrückt.«

Jeanne wusste nicht, ob sie lachen oder schreien oder ohnmächtig kopfüber auf die Straße fallen sollte. In Wirklichkeit hatte sie also nur nebenbei gegen Engländer und Burgunder gekämpft! In Wirklichkeit hieß ihr schlimmster Feind also Trémoille! Jeanne fröstelte in ihrer heißen Rüstung. Mit Engländern und Burgundern konnte sie es aufnehmen, das ja. Aber mit den prall gefüllten Schatztruhen des Herrn Trémoille nicht, so viel war klar.

»Umgepustet«, murmelte sie. »Umgepustet, ja. Aber nicht weggepustet.«

»Wegpusten kann man ihn nicht«, sagte Alençon ernst. »Das haben schon viele versucht. Einen davon hat er beim Abendessen vor aller Augen erwürgt. Und den Nächsten eigenhändig in der Loire ersäuft. Bisher hat noch keiner so lange die Ehre gehabt, Trémoilles Feind zu sein, wie du.«

Er schwieg und sah stur geradeaus, auf das Menschengewimmel, das sich endlos hinzog bis zum Horizont. Nach einer Weile klopfte er ihr mit seinem Eisenhandschuh aufs Schulterblech und sagte aufmunternd: »Nicht den Mut verlieren, Jeanne. Bei dir traut er sich nicht. Du hast zu viele Freunde – solange du siegst.«

Doch um Jeannes Stimmung war es geschehen. So kurz vor dem großen Ziel hätte sie am liebsten alles hingeschmissen. Nach der Krönung würde sie aber auf jeden Fall aufhören. Todsicher. Bevor sie eigenhändig von Trémoille ersäuft würde. Zur Abwechslung hätten dann die Engländer mal wieder was zu lachen.

Da schrak sie wie vom Blitz getroffen zusammen. Verwirrt schaute sie um sich. Hatte nicht eben jemand ›Jeannette!‹ gerufen?

Tatsächlich! Da stand, am Wegesrand, schnaufend und winkend, ihr Onkel Laxart!

Augenblicklich lief Jeanne puterrot an. Sie lenkte ihr Pferd aus dem endlosen Strom von Rittern und Wagen heraus, stieg ab, schüttelte ihre Haare und ging auf ihn zu.

Bei ihm standen vier Männer aus Domrémy, alles alte Bekannte.

»Jeannette!«, brüllte Laxart. »Wir hätten dich ja im Leben nicht erkannt, wenn nicht einer von denen da drüben gerufen hätte: ›Da kommt die Jungfrau!‹ Wie soll man dich denn in diesen Klamotten umarmen?« Lachend stürzte er auf sie zu, nahm ihren Kopf zwischen seine Pranken und schmatzte ihr einen Kuss auf die Stirn. »Sag, mal, das hätt ich ja nie gedacht, wie du damals angekommen bist und gesagt hast, du müsstest Frankreich retten«, sprudelte er weiter. »Hat alles prima geklappt, was? Wie machste das bloß, dass du immer gewinnst?«

»Wie ich dadas mache?«, stotterte Jeanne und versuchte zu lächeln. »Kennt ihr denn nicht das ... das Domrémylied?«

Alle fünf schüttelten die Köpfe.

»Nö«, trötete Laxart.

Jeanne begann leise zu singen: »Ja, so macht man das, ja, so macht man das ...« Laxart und die anderen bogen sich vor Lachen, aber am Ende der zweiten Strophe versagte ihr die Stimme. Sie brach in Tränen aus, rannte zu Amina, zog ein goldbesticktes Wams aus ihrer Satteltasche, drückte es Laxart wortlos in die Hand, umarmte ihn, so gut es ging, saß auf und galoppierte los, querfeldein, bis sie Alençon wieder eingeholt hatte.

Laxart und seine Freunde sahen ihr sprachlos nach. »Is wohl 'n Paradiesvögelchen geworden«, brummte einer.

Als sich das Heer des Königs Reims näherte, verließen die englisch-burgundischen Truppen Hals über Kopf die Stadt. Die Stadtväter kamen dem König bis vors Stadttor entgegen, überreichten ihm feierlich den Schlüssel der Stadt – und dem nächsten triumphalen Einzug stand nichts mehr im Wege.

Jeanne ritt mit ihrem weißen Banner allen anderen voran, neben sich nur den König. Der Trubel war unbeschreiblich. In den Türmen der gewaltigen Kathedrale dröhnten die Glocken. Auf allen Plätzen hatten sie Gerüste aufgebaut, wo Gaukler über den Köpfen der Menge zappelten und tanzten. Jeder Brunnen war mit Brettern abgedeckt, darauf fiedelten und sangen die Spielleute aus Leibeskräften. Vor der Kathedrale schwebte ein Seiltänzer in den Lüften. Und alle schrien: »Es lebe König Karl!«

Jeanne war glücklich, dass sie den Menschen immer neue Gründe zum Feiern lieferte, diesmal zwar keinen Sieg, aber doch wenigstens eine Krönung. Wahrscheinlich war in Frankreich seit Menschengedenken nicht mehr so viel gefeiert worden wie in den letzten Monaten, seit die Bauerngöre den Herrn Trémoille umgepustet hatte.

Jeanne wurde in einem der vornehmsten Gasthäuser von Reims einquartiert, in der Herberge ›Zum gestreiften Esel‹. Es herrschte ein unglaublicher Lärm, ein unheimliches Gedränge, sowohl im Haus als auch auf der Straße davor. Wegen der Neugierigen musste der ›Gestreifte Esel‹ sogar von Soldaten mit Spießen und Streitäxten abgeriegelt werden. Alle übrigen Gäste teilten sich zu dritt oder zu viert eine Kammer, und war sie noch so klein. Nur Jeanne hatte ein Zimmer für sich.

Es war ein hektischer, anstrengender Tag gewesen. Jeanne schwirrte der Kopf und sie war – auch wenn sie das nie zugegeben hätte – ein wenig erschöpft. Doch weil man bei dem Lärm sowieso nicht schlafen konnte, saß sie spät in der Nacht trotzdem noch mit Aulon und La Hire in ihrem Zimmer zusammen bei einem Krug Wein. La Hire erzählte gerade mit wilden Gesten, dass der König in helle Aufregung geraten war, als herauskam, dass die Engländer die Krone entführt hatten, die in einem Kloster der Stadt aufbewahrt worden war.

»Und was soll ich euch sagen? Da zaubert Trémoille genüsslich eine Ersatzkrone aus einer seiner Kisten! Würde mich nicht wundern, wenn er obendrein noch einen Ersatzkönig dabeihätte!«

In diesem Augenblick gab es auf dem Flur Streit. »Nimm deinen Bratenspieß weg! Ich bin Jacques Darc, der Vater der Jungfrau«, hörte Jeanne eine vertraute Stimme schimpfen. »Das haben schon viele behauptet«, gab der Wachtposten vor ihrer Tür rüde zurück. Jeanne sprang auf, stürzte hinaus – und prallte gegen ihren Vater!

Sie zog ihn herein, beschwichtigte den Wächter, bekam wie durch einen Schleier hindurch mit, dass Aulon und La Hire aufstanden, irgendeine Höflichkeit murmelten und sich verdrückten. Und da stand sie nun allein mit ihm im Zimmer. Wiedersehensfreude drückte sein Gesicht nicht gerade aus.

»Wie ein Strauchdieb wird man hier behandelt, wenn man seine eigene Tochter sehen will!«, polterte er los. »Deine Wachen da unten haben mich fast nackt ausgezogen! Und dieser Witzbold vor deiner Tür hätte mich fast aufgespießt! Hast du dir Schinder gemietet, Jeanne?«

Jeanne starrte wie geistesabwesend vor sich auf den Tisch, spielte mit ihrem Becher und summte leise: »... ja, so macht man das, ja, so macht man das ...«

»Aber nicht bei uns in Domrémy!«, schnaubte ihr Vater. Dann fuhr er sich mit der Hand übers Gesicht, wischte sich etwas aus den Augen und kam unsicher näher. »Übrigens ein nettes Lied«, sagte er jetzt ganz ruhig. »Hab's unterwegs gehört. Hast ja wohl alles ziemlich gut gemacht, Jeanne.«

Er schluchzte laut auf. Jeanne sah ihn an. Tränen liefen ihm übers Gesicht. Da hielt es sie nicht mehr. Sie warf die Arme um ihn und drückte ihn an sich, so fest wie noch nie in ihrem Leben, und weinte hemmungslos.

»Ich bin so stolz auf dich, Jeannette«, flüsterte er mit tränenerstickter Stimme. Zum ersten Mal sah sie ihren

Vater weinen. Jeanne wollte ihn gar nicht wieder loslassen.

»Setz dich doch«, sagte sie schließlich und bot ihm Wein an. Ihr Vater winkte ab. Beide wischten sie sich die Tränen aus dem Gesicht. Dann begann er stockend, von zu Hause zu erzählen. Dass es der Mutter gut gehe, aber leider, einer habe ja daheim bleiben müssen, um die Wirtschaft zu führen, jetzt, wo auch Jean und Pierre nicht mehr da seien und die Ernte vor der Tür stehe und er sowieso nicht mehr wisse, wie er das alles schaffen solle.

»Lass dir dieses Jahr von den Nachbarn helfen«, sagte sie. »Wenn ich zurückkomme, bringe ich dir einen Engländer als Knecht mit. Vielleicht Herrn Talbot, den haben wir kürzlich gefangen.«

»Quatsch«, brummte ihr Vater. »Mir kommt kein Gentleman ins Haus.« Er legte seine Hand auf ihre. »Jeannette, wann kommst du zurück? Ich werde das Haus erweitern lassen, damit du ein Zimmer für dich allein hast. Und Michel will dich immer noch, obwohl seine Eltern jetzt ganz dagegen sind.«

Jeanne entzog ihm ihre Hand.

»Dagegen? Weshalb?«

»Das kannst du dir doch denken. Nachdem du die ganze Zeit mit Soldaten zusammengelebt hast.«

»Was meinst du damit, Vater?«

»Was ich meine?« Er lief rot an. »Dass meine Tochter sich so lange Jungfrau nennen darf, wie sie will. Nur glauben müssen wir das ja wohl nicht!«

Jeanne sprang auf und feuerte ihren halb vollen Becher durchs Zimmer. Der Wächter steckte den Kopf durch die Tür. »Raus!«, schrie sie ihn an. »Und du auch, Vater! Komm wieder, wenn dir nicht mehr nach Beleidigungen zu Mute ist!«

Ihr Vater stand auf und umklammerte die Tischkante. »Pass bloß auf, dass dir kein schwarzer Ziegenbart wächst!«, brüllte er sie an. Dann riss er die Tür auf, räumte mit einer Armbewegung den Wächter aus dem Weg und stampfte davon.

Der Wächter verdrehte die Augen und stieß einen tiefen Seufzer aus.

Was war denn los mit ihr? Das Banner in ihrer Hand zitterte. Sie hatte doch bisher immer einen kühlen Kopf bewahrt – beim Angriff auf die Brückenfestung von Orléans genauso wie vor der Schlacht von Patay. Doch jetzt, als sie in feierlicher Langsamkeit die Stufen zur Kathedrale hinaufschritt – gleich vor ihr der König und hinter ihr die vornehmsten Edelleute Frankreichs –, da hatte sie das Gefühl, dass ihre Kräfte sie verließen.

Über ihr türmte sich die Kathedrale zu einem weißen Gebirge auf. Von den Seitenwänden des Portals blickten steinerne Propheten ernst und kalt auf sie herab. Und dann hörte sie es, fühlte es vielmehr, wie ein leises, unterirdisches Pochen. Wie wenn tief unten in der Erde eine Pauke geschlagen würde. Ein dumpfes Dröhnen, das selbst ihr Banner erzittern ließ. Jeanne erstarrte, blieb stehen und wurde von Alençon sanft weitergeschoben.

Im letzten Moment erst, als sie das weit geöffnete Portal schon fast erreicht hatte, fiel ihr Blick auf die Figur einer jungen Frau, die als Letzte in der Reihe der steinernen Heiligen stand. Hoch gewachsen, mit kleinen,

nur eben angedeuteten Brüsten unter dem lang herabfallenden Gewand und einem Lächeln auf den Lippen. Nicht bloß dem Anflug eines Lächelns wie bei
jener anderen daheim, in ihrer dunklen Nische, sondern einem freudestrahlenden Lächeln! Jeanne glaubte geradezu, durch das Läuten der Domglocken und
die Gesänge der Priester hindurch ihr helles, beglück-
tes Lachen zu hören. Ja, diese Freude kannte sie, die
hatte sie selbst unzählige Male erlebt und jetzt, in diesem Augenblick, da spürte sie sie wieder. Und als sie
ins Dunkel der Kathedrale eintrat, zitterte ihr Banner
nicht mehr.

Chorgesang hallte durch den gewaltig hohen Kirchen-
raum. Rings um den Altar bauten sich die Priester auf.
Der König nahm auf einem roten Sessel vor den Altar-
stufen Platz. Die Adligen ließen sich auf gepolsterten
Stühlen in der ersten Reihe nieder. Und wo war ihr
Platz hier?

Nicht unter den anderen. Nicht bei der Masse des
Volks, der Soldaten und Bürger und Bauern, die jetzt
hereinströmten. Nicht bei den singenden Priestern, die
den Altarraum füllten. Und auch nicht bei den Adligen. Für sie blieb nur ein Platz in dieser Kirche: der
neben dem Altar, auf dem die Krone lag! Als die Herrschaften sich setzten, ging Jeanne als Einzige weiter,
wandte sich am Altar um, sodass sie die funkelnde
Farbenpracht der Festgewänder und Kirchenfenster
vor sich sah, und stellte ihr Banner ab. Es war das einzige Banner hier – in dem ganzen, weiten Kirchen-
raum war kein anderes zu sehen. Aber dieses Banner
hatte in den letzten Monaten überall dort geweht, wo
es am heißesten hergegangen war, wo ein Sieg nach

dem anderen errungen wurde. Es war nur recht und billig, dass es im Augenblick ihres größten Triumphs nun auch dabei sein durfte.

Die Krönung dauerte fünf Stunden. Aus nächster Nähe erlebte Jeanne mit, wie der König sich bis aufs Hemd entkleidete und mit dem Gesicht nach unten auf den kalten Steinplatten vor dem Altar ausstreckte. Und wie der Erzbischof von Reims sich neben den König legte und ihm mit einer goldenen Nadel je einen Tropfen des heiligen Öls auf Stirn, Schultern, Ellbogen und Hände träufelte. Als der König sich wieder erhob, hatte er aufgehört, der edle Herr Karl zu sein. Da war er der gesalbte König von Frankreich! Und als die höchsten Adligen des Reichs ihm nun zu Jubelgesängen gemeinsam die Krone aufs Haupt setzten, da hielt es Jeanne nicht länger aus. Sie lehnte ihr Banner gegen den Altar und warf sich vor ihm auf den Boden.

»Edler König!«, rief sie mit zitternder Stimme. »Jetzt hat sich Gottes Wille erfüllt! Von heute an wird keiner mehr die Augen davor verschließen können, dass Ihr der wahre König Frankreichs seid, auch die Engländer nicht! Von dieser Stunde an werdet Ihr einen Sieg nach dem anderen erringen!«

Da brach aus tausend Kehlen der Jubel los. Hochrufe und Trompetenstöße ließen die Pfeiler der Kathedrale erbeben. Der Zug formierte sich aufs Neue, und Jeanne schritt stolz und glücklich an der Seite des Königs durch ein Spalier strahlender, schluchzender, weinender Menschen auf das gleißend helle Sommersonnenlicht zu, das durchs weit geöffnete Portal hereinströmte. Und als sie auf den Vorplatz hinaustrat, da hätte sie am liebsten der jubelnden Menge mit lauter

Stimme zugerufen: Die Jungfrau hat einen Entschluss gefasst! Die Jungfrau wird weiter an der Seite des Königs kämpfen, bis der letzte Engländer auf einem Schiff nach England sitzt! Doch weil allein der König seine Entschlüsse in dieser Form verkünden durfte, behielt Jeanne ihre Absicht im Augenblick noch für sich.

18. *Kapitel:*

Jeanne fragt sich bang,
ob womöglich doch alles
umsonst gewesen ist.

Im Galopp sprengte Jeannes Herold über die staubige Hauptstraße der kleinen Stadt Crépy nördlich von Paris. Unter der großen Buche vor dem Gasthof ›Zum Grünen Bären‹ zügelte er seinen Apfelschimmel und glitt mit einem Ächzen aus dem Sattel. Der ›Grüne Bär‹ galt als die vornehmste Herberge von Crépy, aber vornehm war er offenbar nicht. Der Herold übergab sein Pferd einem Stallknecht und brüllte durch die offene Tür in die düstere Wirtsstube hinein: »Die Jungfrau kommt!«
Stille. Dann polterte es auf der Treppe und eine rundliche Wirtin erschien keuchend im Türrahmen.
»*Die* Jungfrau?«
»*Die* Jungfrau.«
»Jesusmaria!«
Und schon war sie wieder verschwunden. Der Herold trat ein, warf mit einem breiten Grinsen seine Schuppenhandschuhe auf einen Tisch am Fenster und ließ sich daneben auf einen Hocker fallen. Er wusste, welches Schauspiel ihn nun erwartete.
Und schon ging's los. Als Erstes brüllte die Wirtin das Haus zusammen. »Albert! Wo steckst du? Die Jungfrau kommt! Jawohl, *die* Jungfrau! Welche denn

216

sonst? Sofort zwei Schafe schlachten! Régine! Sag dem
Priester Bescheid! Pauline! Alle Gäste ausquartieren!
Raus! Irgendwohin! Und Bettwäsche wechseln! Su-
zanne! Die Böden neu einstreuen! Michel! Frisches
Heu in den Stall und alle Klepper, die noch drin sind,
raus!«
Und nun wurde es erst richtig laut. Getrampel im ganzen Haus. Kinder schossen lärmend durch die Wirtsstube und stoben draußen in alle Richtungen auseinander. Hausknechte schafften Reisetruhen und Beutel herunter und türmten alles unter der Buche auf.
Als Nächstes beförderten sie aufgebrachte Gäste vor
die Tür. Schafe blökten, Pferde wieherten, in der Küche prasselte das Herdfeuer auf. Ein atemloser Priester traf ein. Bettler lagerten sich zu beiden Seiten des
Eingangs. Händler zogen mit ihren Handkarren voller Jungfrau-Jeanne-Artikel vor dem Gasthof auf und
machten sich die besten Plätze streitig. Kinder mit
glänzenden Augen stellten sich bei der Buche auf. Kirchenglocken begannen zu läuten. Eine Magd bestreute
den Fußboden mit frischem Stroh. Die Rossknechte
des ganzen Städtchens lauerten auf die Gelegenheit,
wenigstens eins der zwölf edlen Pferde der Jungfrau
versorgen zu dürfen. Und mitten in diesem Durcheinander probte der Priester noch einmal das Domrémylied mit den Kindern. Ja, doch, etwas in dieser Art
hatte der Herold erwartet.
Kurz vor Sonnenuntergang traf die Jungfrau ein. Das
heißt, es erschienen Berittene auf der Hauptstraße,
ein großer Haufen Kriegsknechte und Ritter in stau-
bigen Rüstungen, die im letzten Abendlicht rötlich
aufschimmerten. Der Kinderchor legte los, ging aber

im Glockengeläut und Geschrei der erregten Menschenmasse unter. Wer von denen war denn nun die Jungfrau? Sommersprossen soll sie haben, hieß es. Die Kriegsknechte saßen ab, drängten die Schaulustigen zurück und bahnten eine Gasse durch die Menge. Jetzt kam sie! Und wirklich, sie hatte Sommersprossen! Und hinter ihr die größten Helden Frankreichs. La Hire! Alençon! Und ihr treuer Aulon! Die Jungfrau winkte, lächelte, drückte ein paar Kindern die Hände, warf den Bettlern Geldstücke zu – und schon war sie im ›Grünen Bären‹ verschwunden.

Jeanne sah sich kurz um. Kerzen erleuchteten die Wirtsstube. Heller Feuerschein drang aus der Küche. Es duftete nach Lammbraten. »Schön habt Ihr das gemacht«, sagte sie zum Wirt. Dann ging sie mit Aulon aufs Zimmer, ließ sich die Rüstung abnehmen und wusch sich den Staub von Gesicht und Händen.

Als sie wieder die Wirtsstube betrat, kam Alençon gerade von draußen herein.

»Seht euch das an«, grinste er. »Das verkaufen sie hier in Crépy. Die Jungfrau als Brosche, zum Anstecken!«

Er zeigte seine neuste Erwerbung herum, eine kleine silberne Schmiedearbeit, die die Jungfrau mit ihrem Banner hoch zu Ross darstellte. Alençon besaß bereits eine ganze Sammlung solcher Jungfrau-Jeanne-Artikel, darunter Medaillons zum Umhängen und Bildchen, die man am Zaumzeug über der Stirn seines Pferds anbringen konnte.

»Darf ich Euch ausnahmsweise ›mein verrückter Herzog‹ nennen?«, sagte Jeanne nur.

Sie ließen sich gerade die ersten Bissen Lammbraten schmecken, als eine junge Frau an ihren Tisch trat und

218

Jeanne in verlegen gestammelten Worten bat, bei einer Taufe Pate zu stehen. Von drei Leibwächtern begleitet, ging sie hinüber zur Kirche, begrüßte die freudestrahlenden Eltern und streichelte das Neugeborene, ein Mädchen. Es wurde auf den Namen Jeanne getauft.

»Ein schöner Name«, sagte Jeanne mit einem zerstreuten Lächeln.

Beim Hinausgehen bemerkte sie in einer Nische eine sonderbare Heiligenfigur. Sie trat näher heran – und traute ihren Augen nicht: Da stand ein Mädchen in Ritterrüstung mit weißem Banner und einem angeklebten Heiligenschein auf dem kurz geschnittenen Haar, die Augen fromm zum Himmel verdreht! Entgeistert rief sie den Priester.

»Welche Heilige ist denn das?«, fragte sie ziemlich barsch.

Der Priester errötete und faltete die Hände vor der Brust.

»Das seid Ihr«, murmelte er mit niedergeschlagenen Augen.

»War das Eure Idee?«

»Es war ... Alle wollten es. Alle halten Euch hier für eine Heilige.«

»Hochwürden«, flüsterte Jeanne. »Wenn ich morgen zum Beten in diese Kirche komme, will ich dieses Bild da nicht mehr sehen. Und bitte redet Euren Schäfchen diesen Unsinn aus. Habt Ihr mich verstanden? Mit Heiligen kenne ich mich ziemlich gut aus. Und ich weiß, dass ich keine bin.«

Wieder im ›Grünen Bären‹, zogen sich bald darauf alle gesättigt und todmüde in ihre Zimmer zurück. Nur Jeanne und Aulon blieben bei einem Krug Brunnen-

wasser in der Wirtsstube sitzen. Allmählich breitete
sich tiefe Stille aus. Jeanne hatte etwas auf dem Herzen, das spürte Aulon seit Tagen. Er stieß sie freundschaftlich an. »Was ist denn los mit dir, Jeanne?«
Sie seufzte. »In Reims habe ich zwei Entschlüsse gefasst, Aulon«, sagte sie traurig. »Bei euch zu bleiben
und dem König nicht mehr reinzureden. Ich weiß
nicht, welchen davon ich mittlerweile mehr bereue.«
»Jeanne«, sagte Aulon beschwörend. »Die Menschen
lieben dich mehr denn je! Für dich läuft alles prima!«
»Und für Frankreich läuft alles beschissen. Verzeih
mir, Aulon, aber nach Reims hätte es doch jeder Franzose mit zehn Engländern aufgenommen. In vier Tagen wären wir vor Paris gewesen, in zweien hätten
wir die Stadt erobert – fertig. Stattdessen ziehen wir
seit drei Wochen planlos durch die Gegend und fres-
sen Staub. Niemand begreift, was der König eigentlich will. Und jeden Tag gehen mehr von unseren Leuten stiften. Dein Freund Pestizien, oder wie der hieß,
gehörte zu den Ersten, die sich verdrückt haben. Und
der Rest ist ein schlapper Haufen geworden.« Sie
nippte lustlos an ihrem Becher. »Sag doch selbst,
Aulon – der König kann's einfach nicht. Der ist ein
solcher Weichling. Ich hätte große Lust, nach Hause
zu gehen.«
»Jeanne«, sagte Aulon leise. »Überleg dir das noch
mal. So nah an Paris wie heute Abend waren wir noch
nie.«
»Ich weiß.« Jeanne lächelte müde. »Außerdem könnte
ich auch gar nicht nach Hause. In Domrémy würden
drei burgundische Soldaten ausreichen, mich gefangen
zu nehmen. Die Chance würden die sich nicht entge-

hen lassen. Ich kann doch nicht jedes Mal mit zwanzig Armbrustschützen zum Wasserholen gehen. Und offen gesagt, ich weiß auch nicht, ob ich noch große Lust hätte, Wasser holen zu gehen. Aber was mich am meisten beunruhigt: Jeden Tag sehe ich burgundische Gesandte um Trémoilles Zelt schleichen. Die hecken doch irgendwas aus!« Sie sah ihm in die Augen. »Aulon, ich habe das Gefühl, ich sitze in der Falle.«

Aulon lehnte sich auf seiner Bank zurück. »Jeanne«, sagte er sehr bestimmt. »Jetzt komm wieder zu dir. Bis vor drei Wochen war hier weit und breit alles englisch! Seit der Krönung läuft eine Stadt nach der anderen zwischen Reims und Paris zum König über! Du siegst an allen Fronten – ohne einen Tropfen Blut zu vergießen! Jetzt müssen wir nur noch Paris erobern!«

Jeanne schwieg. »Ich weiß nicht«, murmelte sie nach einer Weile. »Und wenn es diesmal schief geht?«

»Komm, lass uns schlafen gehen«, sagte Aulon in väterlichem Ton und stand auf. »Ameisen sind unbesiegbar.«

Zwei Wochen später kletterten Jeanne und Alençon über steile Leitern ins Obergeschoss einer Windmühle. Diese Windmühle stand auf der Kuppe eines Hügels, und als sie durch die Dachluke schauten, da lag vor ihren Augen in der Ebene die Stadt Paris – zum Greifen, zum Riechen, ja fast zum Schmecken nah.

Jeanne stockte der Atem. So etwas Gigantisches hatte sie noch nie gesehen. Aber so etwas Gigantisches gab es sonst auch nirgendwo, nirgendwo auf der Welt. Orléans war ein Dorf dagegen. Die dunklen Schatten schwerer Wolken am blauen Sommerhimmel wanderten über ein verschachteltes Gewirr von Häuserdächern, Kaminen, Windmühlen, Wehrtürmen, Kirchen und Klöstern, das sich bis zum Horizont erstreckte. Davor, in der Ebene, wimmelte es von riesigen Viehherden für die Schlachthöfe von Paris, von Pferdegespannen mit schweren Planwagen und Kriegsvolk aller Art. Und dieses Monster von einer Stadt schützte sich mit einem doppelten Grabenring und einer mächtigen Stadtmauer gegen seine Feinde.

Auch Alençon war beeindruckt. »Die größte Stadt der Christenheit«, murmelte er. »Hunderttausend Einwohner. Und keiner davon ist auf unseren frisch gebackenen König gut zu sprechen.«

Jeanne schlug ihm beherzt auf die Schulter. »Kopf hoch, mein schöner Herzog«, sagte sie munter. »Nicht mehr lange, und wir werden in einer Pariser Schenke auf unseren Sieg anstoßen. Und hinterher in weiche Pariser Betten fallen.«

Nein, Jeanne war in den nächsten Tagen nicht kleinlauter als sonst. Sie hätte lieber heute als morgen angegriffen. Aber manchmal hielt sie sich des Nachts die Ohren zu, wenn der Wind von Süden wehte und hässliche Geräusche in ihr Zelt drangen – das Rumpeln von Kanonen zum Beispiel, die über die Stadtmauer gezogen wurden, oder das Hämmern der Steinmetze, die ununterbrochen, Stunde um Stunde, neue Kanonenkugeln zuschlugen. Es war wirklich keine Zeit zu verlieren. Doch immer noch zögerte der König den Befehl zur Erstürmung hinaus.

Dann endlich, am Morgen des 8. September, war es so weit. Der Angriff begann. In kurzer Zeit verwandelte

sich der nördliche Mauerabschnitt in einen Hexen-
kessel aus Kanonendonner, Flammenblitzen, Funkenregen und schwarzem Qualm. Armbrustpfeile jagten
in dunklen Wolken hin und her. Und mitten in diesem
Getöse, mitten in diesem Hagel aus Pfeilen und Ku-
geln, beaufsichtigte Jeanne das Auffüllen des Wasser-
grabens gleich unterhalb der Stadtmauer. Im Schutz
von großen, fahrbaren Holzschilden schafften ihre
Männer Reisigbündel, Äste und Planken in die Nähe
dieses Grabens und stießen sie dann ins Wasser.
Wie endlos lang das dauerte! Ein Reisigbündel nach
dem anderen versank spurlos in der trüben Brühe.
Der konnte doch nicht bodenlos sein, dieser Graben!
Jeanne verlor die Geduld.
»Zielt dort auf die Mauerzinnen!«, schrie sie den
Kanonieren zu. »Ich geh nach vorn!«
Sie kletterte zum Graben hinunter und prüfte die
Wassertiefe mit dem Schaft ihres Banners. Da fehlte
doch gar nicht mehr viel! Noch ein paar Dutzend
Bündel – und die Sturmleitern konnten endlich auf-
gestellt werden.
»Weiter!«, winkte sie ihren Leuten zu. »Mehr Holz!
Schneller!«
Da schrie sie auf, knickte ein, brach zusammen und
wälzte sich stöhnend neben ihrem Banner im Dreck.
Aus ihrer Beinschiene am linken Oberschenkel ragte
ein Pfeil. Und oben auf der Stadtmauer grölten sie vor
Freude. Jeanne kroch keuchend den Erdwall hinauf
und ging hinter dem Kadaver eines Packpferds in Deckung. Vorsichtig löste sie die Beinschiene. Der Pfeil
steckte nicht allzu tief im Fleisch. Sie nahm all ihren
Mut zusammen und zog ihn eigenhändig heraus.

Als Gilles angelaufen kam, lag sie immer noch blutverschmiert und lehmverkrustet hinter dem Packpferd und brüllte Befehle. Sie wehrte sich heftig – Gilles hob sie trotzdem auf und trug sie wie ein Kind auf den Armen zu ihrem Pferd. Ihr Page Louis kratzte das Banner aus dem Schlamm und brachte es hastig in Sicherheit. Ein Arzt wurde gerufen, er stellte eine harmlose Fleischwunde fest. Dennoch. Weil die Jungfrau außer Gefecht war, verließ alle der Mut. Schon zogen die ersten Hauptleute ihre Truppen zurück. Und noch vor Sonnenuntergang wurde der Angriff überall eingestellt.

Schlimmer als der Schmerz peinigte Jeanne die Wut über diese Blamage. Aber aufgeben? Auf gar keinen Fall! »Du wirst sehen, morgen schlafen wir in Pariser Betten!«, rief sie Aulon noch zu, als sie auf Krücken zur Lagebesprechung in Trémoilles glutrotes Zelt humpelte.

Doch diesmal hatte sie zu viel versprochen. Kaum waren alle Heerführer versammelt, verkündete Trémoille mit krächzender Stimme: »Es ist der unerschütterliche Wille des Königs, die Belagerung von Paris auf der Stelle abzubrechen! Siebenhundert unserer Männer sind gefallen! Die Jungfrau ist schwer verletzt! Jeder weitere Angriff ist sinnlos!«

Aus. Ende der Vorstellung. Niemand sagte ein Wort. Alençon und La Hire sahen sich kopfschüttelnd an und zuckten die Schultern. Wenn der König nicht mehr wollte, waren sie machtlos. Jeanne verlor vor Wut fast die Besinnung. Wenn Gilles sie nicht gestützt hätte, wäre sie womöglich zum zweiten Mal an diesem Tag zusammengebrochen.

In dieser Nacht gelang es auch ihrem Bruder Pierre nicht mehr, seine Schwester zu trösten.

Als Jeanne am nächsten Morgen verschlafen den Türlappen ihres Zelts zur Seite schlug, trug ihr der Wind einen neuen, unbekannten Geruch zu. Sie stutzte. Nach erloschenen Lagerfeuern roch es heute, nach Kot und kaltem Schweiß und dem heißen Atem der Verwundeten. Jeanne ließ sich Amina bringen, streichelte ihr liebevoll den Hals und saß auf. Und als sie zwischen zusammengerollten Zelten, wartenden Packpferden, verkohlten Holzscheiten und zerbeulten Rüstungen durchs Lager ritt, dämmerte ihr, dass so der Pesthauch der Niederlage roch. Wenn sie vorüberritt, schauten die Männer weg und schwiegen. Aber hinter ihrem Rücken fluchten sie wieder hemmungslos. Jeanne kämpfte gegen die Tränen. Ihre letzte Hoffnung war La Hire.
Als sie ihn sah, stapfte er fluchend um ein Geschütz. Wie damals. Und wie damals trug er seinen rosaroten Glöckchenmantel. Sie saß ab und humpelte zu ihm hinüber. Er blickte auf.
»Herr La Hire«, rief sie ihm zu und lächelte mühsam, »ich habe viel von Eurer Tapferkeit gehört. Aber ich habe nicht gewusst, wie abscheulich Ihr flucht. Wie wär's mit: Bei meinem Köter? Wenn Ihr das sagt, hör ich's für mein Leben gern.«
La Hire warf ihr einen langen, ernsten Blick zu und schüttelte dann sein Rabengefieder. »Jungfrau, Jungfrau«, brummte er, »fast hättest du's geschafft. Gemeinsam hätten wir's fast geschafft. Gemeinsam würden wir's immer noch schaffen.« Er brachte ein schie-

fes Grinsen zustande. »Wenn du der König wärst und ich die Jungfrau.« Dann zog er sie an sich und drückte ihr ungeschickt einen Kuss auf die kalte Stirn. »Nicht deine Schuld, Jungfrau«, sagte er heiser. »Und meine auch nicht. Wir sind für klare Verhältnisse. Der König nicht. Der weiß nicht einmal, was das ist. Und deshalb kämpft La Hire von heute an wieder auf eigene Faust. Engländer gibt's überall. Mach's gut, Jungfrau.«

»Adieu, La Hire«, flüsterte Jeanne und zupfte ihn am Ziegenbart. Dann wandte sie sich ab und humpelte so schnell es ging zu Amina zurück.

»Wer weiß, vielleicht reiten wir beide schon bald wieder mit angelegter Lanze nebeneinander her?«, rief er ihr nach. »Ich hätt schon Lust! Bei meinem Köter!«

Gegen Mittag zog La Hire mit seinen Leuten sang- und klanglos ab. Und anderntags brach das ganze Heer auf. Nach Sieg sah dieses Heer jetzt nicht mehr aus. Schon auf dem Rückweg nach Gien löste es sich auf. Jedem war klar, dass der König genug gekämpft hatte und sich nur noch nach seinen Schlössern an der Loire sehnte. Nach der Ankunft in Gien schickte er dann auch die letzten Ritter mit ein paar dürren Dankesworten nach Hause.

Und dann kam der Moment, vor dem sich Jeanne am meisten gefürchtet hatte. Es klopfte und Alençon betrat mit einem verlegenen Lächeln ihr Zimmer. Er sah immer noch wie ein großer Junge aus. Aber nicht mehr, als wäre er ständig auf dem Sprung. Jeanne schickte die Zofe hinaus, die gerade dabei gewesen war, ihren Nacken auszurasieren.

»Du willst dem König weiter Gesellschaft leisten?«, fragte er wie nebenbei.

226

»Was bleibt mir anderes übrig?«, sagte Jeanne mit einem Achselzucken. »Ich bin eine lebende Legende. Lebende Legenden haben kein Zuhause.«

»Ich wohl. Ich habe eins«, sagte er nachdenklich. »Ich habe eine junge Frau und eine kleine Tochter. Sie heißt übrigens Jeanne, diese kleine Tochter.«

»Davon habt Ihr mir nie etwas erzählt«, sagte Jeanne.

»Sie muss jetzt ungefähr sechs Jahre alt sein«, fuhr er fort, ohne sie anzusehen. »Und in diesen sechs Jahren war ich höchstens vier Monate mit ihnen zusammen. Fünf Jahre habe ich bei den Engländern im Turm gesessen und sieben Monate bin ich mit dir herumgezogen und habe Frankreich gerettet. Weißt du, ich sehne mich ein bisschen nach den beiden, nach ihr und ihrer Mutter.«

»Macht es kurz, mein schöner Herzog.«

Alençon trat einen Schritt auf sie zu und nahm sie in den Arm. »Die Zeit mit dir war die schönste meines Lebens«, sagte er. Dann wandte er sich abrupt um und ging hinaus.

»Die Zeit mit dir war die schönste meines Lebens«, sagte Jeanne leise, als die Tür hinter ihm ins Schloss gefallen war.

19. *Kapitel*

Jeanne könnte aus der Haut fahren
– und tut es auch.

Der Herbst kündigte sich an. Kalt wehte es abends um die dicken Rundtürme des Schlosses von Sully, wo der König seit Wochen zu Gast war. Wem gehörte wohl dieses trutzige, graue Schloss, in dem es einen ganzen Raum voller Frettchenkäfige gab? Es gehörte dem Herrn Trémoille, dem Kanzler des Königs und reichsten Mann von Frankreich. Und in diesem Schloss hatte nun auch Jeanne ihre Zimmer. Wenn sie aus dem Fenster blickte, sah sie direkt auf den Wassergraben, der das ganze Gebäude umgab. Aber sie blickte nicht oft aus dem Fenster.

Es fehlte ihr an nichts. Nur an Beschäftigung. Nur an Freunden. Kalt zog es zu jeder Stunde durch die Gänge dieses Schlosses. Wenn sie dem Schlossherrn dort begegnete, spielte er den Väterlichen und lächelte herablassend. Aber wenn sie im Kronrat von neuen Kämpfen und neuen Siegen sprach, behandelte er sie wie ein übergeschnapptes Burgfräulein und fuhr ihr über den Mund.

Einmal wurde er besonders scharf. Das war, als Alençons Brief eintraf. Er möchte Jeanne zurückhaben, schrieb er. »Jetzt ist es an der Zeit, die Normandie zu erobern und den Gentlemen den Rückzugsweg nach England abzuschneiden«, schrieb er. »Die Jungfrau und ich – ein besseres Gespann hat Frankreich nie gesehen. Wenn die Jungfrau mitkommt, ist die Normandie so gut wie erobert.«

»Nein!«, brüllte Trémoille. Und wenn Trémoille Nein! brüllte, dann gab der König ihm Recht. Einen anderen Geldgeber hatte er nun mal nicht. Und solche Kriege waren teuer.

Wenigstens war ihr noch Gilles geblieben, der verrückte Herr de Rais, der jetzt wieder mit blauem Lidschatten und blauem Bart auftrat. Mit dem konnte sie Musik hören, der las ihr auch die Post vor. Denn weitere Briefe trafen in Sully ein, Briefe für Jeanne die Jungfrau. Hilferufe allesamt. Die Bürger von Reims fühlten sich von den Burgundern bedroht und flehten sie an, ihnen aus der Klemme zu helfen. Und die Städte zwischen Reims und Paris, die sich dem König freiwillig ergeben hatten, befürchteten einen englischen Angriff und baten sie um Beistand.

Jeanne sah Gilles ratlos an. Der zuckte nur die Schultern. »Schreib ihnen«, seufzte sie, »sie sollen den Mut nicht verlieren. Die Jungfrau hat sie nicht vergessen. Und der König wird sie nicht im Stich lassen.«

Sie ahnte, dass der König sie doch im Stich lassen würde. Sie ahnte, dass dieser König lieber bis zum Ende seines Lebens mit den burgundischen Verrätern verhandeln würde, als sich noch einmal zu einer neuen Schlacht aufzuraffen. Sie ahnte, dass der Herzog von Burgund dem Herrn Trémoille Geld dafür bezahlte, damit er dafür sorgte, dass es so blieb. Und sie wusste, dass sie im Augenblick nichts daran ändern konnte.

Sie war ›kaltgestellt‹, wie Gilles sich ausdrückte. Um ihr den Trübsinn wenigstens für ein paar Stunden zu vertreiben, schlug er vor, ihr das Schreiben beizubringen. Jeanne war begeistert. Sie nahm feierlich auf einem bequemen Lehnstuhl in Gilles' Bibliothek zwischen kostbaren Bucheinbänden aus grünem Samt und rotem Leder Platz, griff zur Feder und kritzelte los. Das war schwieriger, als sie gedacht hatte. Sie warf alle Buchstaben durcheinander und krakelte und kleckste sich etwas zurecht, dass Gilles die Haare zu Berge standen. Jeanne hatte ihn noch nie so verzweifelt erlebt.

»Jeanne, meine liebe, liebe Jeanne!«, entfuhr es ihm. »Stillsitzen! Ein Lehnstuhl ist kein Pferd. Und eine Feder keine Lanze! Hast du denn überhaupt kein Mitleid mit dem armen Papier?«

Weit würde sie es in dieser Kunst nicht bringen, so viel war sicher. Immerhin konnte sie wenigstens ihren Namen schreiben (wenn auch nicht ganz fehlerfrei), als Gilles ihr eines Tages aus heiterem Himmel eröffnete: »Jeanne, das ist unsere letzte Übungsstunde.«

Sie fuhr herum. »Wollt Ihr mich etwa auch verlassen, Herr de Rais?« Sie starrte ihn entgeistert an.

Gilles nickte und befingerte nervös seinen Dolch. »Hier in Sully ist es nicht zum Aushalten«, stöhnte er. »Wie in einem Krankenhaus. An der Loire warten drei bezaubernde Schlösser auf mich. Und ganz entzückende Freunde. Komm mich doch eines Tages besuchen, Jeanne. Dann hören wir zusammen den ganzen Tag wunderwunderschöne Musik.«

Anderntags brach er auf. Er trug seinen goldenen Mantel. Außer einem Haufen Lanzenreiter gingen auch zwei Planwagen mit auf die Reise. Auf dem ersten saß sein Kinderchor. Auf dem zweiten stapelte sich seine Bibliothek, in Fässer verpackt. Jeanne hörte noch die Räder über die Zugbrücke rumpeln. Sie hätte nie gedacht, dass sie beim Abschied des Herrn de Rais weinen müsste. Gott segne dich, Gilles de Rais.

Jetzt hatte sie nur noch Aulon. Der wohnte in einem anderen Teil des Schlosses. Wenn sie sich begegneten, zwinkerte er ihr zu. ›Ameisen sind unbesiegbar‹, sollte das heißen. Aber Jeanne glaubte nicht mehr daran. Denn offensichtlich hatte der König inzwischen andere Pläne mit ihr. Das dämmerte ihr jedenfalls, als sie eines Tages zu ihm gerufen wurde.

Der König räusperte sich. »Liebes Fräulein Jeanne«, lächelte er so müde wie eh und je, »wir brauchen Eure Hilfe. Da gibt es eine Frau, die nennt sich Catherine de Rochelle. Die hat Visionen oder Träume, so wie Ihr.«

»So wie ich?«

»Ja. Wenigstens behauptet sie das. Nun, also. Diese Catherine hat uns erzählt, dass jede Nacht eine bleiche Dame bei ihr auftaucht und ihr alle möglichen Geheimnisse verrät. Zum Beispiel, dass irgendwo, da und da, furchtbar viel Gold vergraben sein soll. Nun, jetzt wüssten wir also gerne, was es mit dieser geheimnisvollen Dame auf sich hat. Könnt Ihr das wohl herausfinden?«

»Allerdings«, sagte Jeanne trocken. Und begab sich – ziemlich wütend über diesen blödsinnigen Auftrag – in den Gasthof, in dem sich Catherine de Rochelle aufhalten sollte. Sie stampfte in die Wirtsstube – und blieb wie angewurzelt stehen. Neben einer jungen Frau mit einfältigem Gesicht hockte da ein alter Bekannter von ihr, ein Mönch in brauner Kutte. Bruder

Richard! Er sprudelte sofort los, von neuen Wundern und neuen, besseren Zeitaltern, aber Jeanne unterbrach ihn und wandte sich seiner Begleiterin zu.

»Ihr seid Catherine de Rochelle? Gut. Heute Nacht werden wir uns Eure blasse Dame gemeinsam ansehen.«

Nach Einbruch der Nacht legte sich Jeanne zu ihr ins Bett, ließ sich etwas von ihren Kindern erzählen und starrte mit aufgerissenen Augen in die Dunkelheit. Sie bemühte sich, wach zu bleiben, aber irgendwann schlief sie dann doch ein, ohne von dieser Dame auch nur den kleinen Finger gesehen zu haben. Am nächsten Morgen behauptete Catherine, die Dame sei tatsächlich erschienen, ganz kurz, nachdem Jeanne eingeschlafen sei. Und Bruder Richard wollte seine Hand dafür ins Feuer legen, dass Catherine die reine Wahrheit sprach. »Wunder über Wunder!«, hauchte er Jeanne glückselig ins Ohr.

Diesmal legte sich Jeanne schon Mittags schlafen. Abends ließ sie sich wecken und starrte dann wieder Seite an Seite mit Catherine stundenlang in die Finsternis. Fast hätte sie einen Schreikrampf bekommen, als sie sich vorzustellen versuchte, La Hire könnte sie jetzt sehen. Oder Baudricourt! Sie blieb auch tatsächlich die ganze Nacht wach, aber eine Dame zeigte sich nicht, keine bleiche, keine bläuliche und auch keine gelbschwarz gestreifte. Im ersten Morgenlicht zog sich Jeanne ihre Kleider über und riet dieser Schwindlerin, brav zu ihrem Ehemann zurückzukehren und in Zukunft die Finger vom Hellsehen zu lassen. Dem König berichtete sie, Catherine de Rochelle sei eine Lügnerin, an ihren Visionen sei nicht das Geringste dran. Er verzog sein Gesicht wie ein enttäuschtes Kind – aber zumindest in diesem Punkt vertraute er ihr weiterhin voll und ganz.

Das konnte ja heiter werden! Offenbar war sie jetzt bei Hof für Geister und Gespenster zuständig. Königliche Oberhofhellseherin, welche Ehre! Wenn sie bloß wüsste, wie sie diesen Glaskasten zerschlagen könnte, in dem sie saß! In dem sie sich wie ein gefangenes Frettchen im Kreis drehte. Wenigstens erlaubte der König ihr manchmal auszureiten. Sie ritt dann mit Amina zum Loireufer, ließ sich von einem Fährmann übersetzen und besuchte die Mönche des Klosters Fleury auf der anderen Seite des Flusses. Die hatten eine herrliche, alte Kirche. Zwei lange Reihen von hohen, zartgrün schimmernden Säulen trugen das fein geschwungene Deckengewölbe. Und sie sangen so schön, diese Mönche. Alles hier, die Kirche, die Gesänge, die Freundlichkeit der Mönche, alles konnte sie für kurze Zeit darüber hinwegtrösten, dass ihre Himmlischen sich immer seltener sehen ließen. Zwar forderten sie Jeanne dann wie eh und je auf, Frankreich zu retten und alle Engländer endgültig zu vertreiben. Doch ihre Stimmen wurden von Mal zu Mal dünner und kläglicher. Mehr als ein Wimmern war kaum noch zu vernehmen. Und immer häufiger war Jeanne zum Heulen zu Mute.

Der Winter kam. Eines Nachts fiel ihr kurz vor dem Einschlafen ein, dass sie vor ein paar Tagen achtzehn Jahre alt geworden war. Dann kam Weihnachten, das feierte sie ohne den König bei den Mönchen von Fleury. Längst hatte sie vergessen, dass sie um diese Zeit eigentlich wieder zu Hause sein wollte.

Und dann, im Frühjahr 1430, erhielt sie einen Brief aus Compiègne. Oh, sie erinnerte sich gut. Compiègne war eine große Stadt nördlich von Paris und ihre Bewohner hatten ihr damals einen besonders herzlichen Empfang bereitet. Dieser Brief verhieß nichts Gutes. Sie zeigte ihn einem Schreiber des Königs, dem sie vertrauen konnte.

Als der Schreiber diesen Brief las, gruben sich immer tiefere Falten in seine Stirn. Er bedeutete wirklich nichts Gutes. »Jungfrau, reißt mir jetzt nicht den Kopf ab«, sagte der Schreiber mit gedämpfter Stimme, »aber die Bürger von Compiègne, die Euch diesen Brief schreiben, wissen von einem großen englisch-burgundischen Heer, wohl siebentausend Mann stark, das auf ihre Stadt zumarschiert. Und der Herzog von Burgund hat gedroht, alle Einwohner männlichen Geschlechts, die älter als sieben Jahre sind, zu erschlagen, falls die Stadt ...«

»Danke«, unterbrach ihn Jeanne und riss ihm den Brief aus der Hand. Sie konnte sich leicht vorstellen, wie sie sich die ganze Zeit ins Fäustchen gelacht hatten, der Herzog von Burgund und seine englischen Freunde. Wie sie einen Witz nach dem anderen gerissen hatten über diese dämliche Jungfrau und ihren Trottel von König. Sie hastete durch die Gänge. Sie riss Türen auf. Sie suchte den König. Und als sie die Tür zum Speisesaal aufstieß, saß er da an einer gedeckten Tafel und schlürfte mit Trémoille um die Wette widerlich glitschiges Muschelfleisch in sich hinein. Austern nannten sie das Zeug. Vor ihrem Tisch hopste ein halb nacktes Mädchen zur Musik zweier Fiedler. Und auf allen Gesichtern erstarrte das Grinsen.

Mit einer Handbewegung brachte Trémoille die Fiedler zum Schweigen.

»Haben wir Euch gerufen?«, krächzte er drohend.

Jeanne stürmte an den verdutzten Spielleuten und Pagen vorbei auf den König zu. Trémoilles Frettchen zog den Kopf ein. Sie warf den Brief auf die leer gelutschten Austernschalen, die den halben Tisch bedeckten, und sah dem König ins Gesicht.

»Was unternehmt Ihr, um Compiègne zu retten?«

Der König wich ihrem Blick aus. »Wir verhandeln. Das wisst Ihr doch.«

Jeanne versuchte sich zu beherrschen. »Edler König, habt Ihr noch nicht bemerkt, dass die Burgunder Euch auf der Nase herumtanzen?«, sagte sie leise. »Wenn sie jetzt Compiègne erobern, dann war alles umsonst. Alle Erfolge, alle Siege, alle Wunder – alles umsonst! Dann holen sie sich alles zurück, eins nach dem anderen, auch Orléans! Und am Ende schnappen sie sich – Euch.«

Trémoilles aufgedunsenes Gesicht färbte sich glutrot. »Lasst Euch nichts sagen von diesem Floh, der auf dem Mist aufgewachsen ist«, zischte er. »Hört nicht auf diesen kleinen Blutsauger!« Er führte eine neue Auster an seine Lippen und beförderte ihren schlüpfrigen Inhalt mit einem saugenden Geräusch aus der Schale in seinen Schlund.

Der König spielte stumm mit einer leeren Muschel. Tropfnase, Triefaugen, mürrischer Mund – es war noch dasselbe Gesicht. Aber es war nicht mehr derselbe Mensch. »Musik!«, rief er, ohne aufzusehen, aber es blieb still. Die Spielleute hatten sich schon verzogen.

»Edler König«, raunte Jeanne ihm zu, »stellt Euch nur tot. Aber ich werde beweisen, dass ich noch lebe!« Und damit stampfte sie aus dem Saal.

Sie brauchte eine Armee. Sie brauchte eine eigene Armee. Sie ließ zwei Pferde satteln. Sie ging zu Aulon und zerrte ihn förmlich hinter sich her. Sie ritt mit ihm aus, unter den hohen Pappeln am Loireufer über die weiten, menschenleeren Wiesen. Wo es nach Fluss und Freiheit roch. Wo ein milder Frühlingswind wehte. Und wo niemand sie hören konnte.

»Aulon, ich brauche eine Armee«, sagte sie. Aulon hatte sie noch nie so ernst erlebt. »Der König verrät unsere Städte. Die Krönung hat überhaupt nichts gebracht. Nur, dass er jetzt nicht mehr stottert. Ansonsten hat er alles falsch gemacht. Er hat die Engländer wieder zu Atem kommen lassen. Und jetzt lässt er sogar unsere Städte im Stich. Menschen, die dem König vertraut haben, weil sie der Jungfrau vertraut haben.« Jeanne ereiferte sich immer mehr. »Und wie stehe ich jetzt da? Wie eine Verräterin! Aber die Jungfrau ist keine Verräterin. Sie ist auch keine Heilige. Sie ist auch kein Wundertier. Aber Verlass ist auf sie! Wenn auf die Jungfrau kein Verlass mehr ist – auf wen denn sonst? Wo steckt denn Alençon? Wo steckt denn La Hire? Wo steckt denn Dunois? Sitzen alle auf ihren Schlössern und spielen mit ihren Kindern Hoppehoppereiter.«

»La Hire spielt mit seinen Kindern Hoppehoppereiter?«, staunte Aulon.

»Na gut. Der vielleicht nicht. Der scheucht englische Viehdiebe.«

»Weil er machtlos ist, solange der König nicht mit-
spielt«, ereiferte sich jetzt auch Aulon. »Genauso
machtlos wie wir beide.«

»Aulon!«, rief sie und ließ ihren Blick über den ge-
liebten Fluss mit seinen Sandbänken und bewaldeten
Inseln schweifen, »wir sind nicht machtlos! Wir brauchen nur eine Armee. Ich kann diese Menschen nicht
enttäuschen. Und ich werde ihnen beweisen, dass sie
sich nicht geirrt haben. Dass ich ihr Vertrauen noch
immer verdiene. Dass auf die kleine Jeanne aus Domrémy Verlass ist.« Sie lachte ihn an. »Ich besitze Geld,
Aulon. Besorg mir eine Armee! Aber zügig! Und ohne
dass der König es merkt!«

Mit einem Mal fühlte sie sich befreit. Begeistert sog sie
den frischen Wind in ihre Lungen, der so wie alle Tage
auch heute wieder durchs Loiretal wehte. Und jetzt
ließ sie Amina galoppieren, über die Uferwiesen, auf
denen die ersten gelben Blumen blühten. Und Amina
ging ab. Übermütig wie ein junges Fohlen ging sie ab.
Nie mehr falschen Hellseherinnen auf den faulen
Zahn fühlen! Jeanne jauchzte auf. Aulon kam kaum
hinterher. Im vollen Galopp winkte sie lachend den
Schiffern zu, die auf ihren schweren Lastkähnen langsam flussabwärts trieben. Und die Schiffer winkten
zurück und lachten auch. Das Leben war herrlich!
Endlich war es wieder herrlich!

Und Aulon besorgte eine Armee. Das war nicht
schwierig – überall lungerten arbeitslose Söldner he-
rum, die sich jedem anschlossen, der einen prallen
Geldbeutel vorweisen konnte. Sie lagerten am anderen
Ufer, ganz in der Nähe des Klosters, zwischen hohem
Gebüsch versteckt.

»Ganze zweihundert Mann«, knurrte Aulon. »Mehr war nicht drin.«

»Und wie unschwer zu hören ist, alles italienische Söldner«, lachte Jeanne. Ihr gefiel der Haufen. Wild sahen sie aus. Und solche Wilden brauchte sie jetzt. Trotzdem war sie erleichtert, als sie Pierre unter ihnen entdeckte. Sie lächelte ihm zu. Dass ihr anderer Bruder Jean wieder in Domrémy war, wusste sie längst und bedauerte es kaum. Sie hatte von Pierre immer mehr gehalten. Drei also aus der alten Truppe: sie, Aulon und Pierre. Und was die anderen taugten, würde sich zeigen.

Da erhob sich ein langer Kerl und kam auf sie zu. Er trug einen pechschwarzen Vollbart und eine lange Narbe lief ihm quer übers Gesicht.

»Hauptmann Baretta«, stellte er sich vor. »Es ist uns eine Ehre, für die Jungfrau kämpfen zu dürfen.«

Und weil es eine Ehre war, ließen alle den Gottesdienst über sich ergehen, den Jeanne nun zusammen mit den Mönchen auf der Uferwiese inszenierte. Sogar die anschließende Beichte ließen sie sich gefallen, auch wenn Aulon bei dem einen oder anderen mit ein paar Franken nachhelfen musste. Und schon schien es Jeanne, dass aus dem wilden Haufen ein halbwegs brauchbares Heer geworden war.

Jetzt brauchte sie sich nur noch vom König zu verabschieden. Noch einmal ritt sie über die Zugbrücke von Schloss Sully. Noch einmal ging sie durch die kalten Gänge und hoffte, Trémoille nicht zu begegnen. Und noch einmal ließ die Wache sie ungehindert die Gemächer des Königs betreten.

Der König stand reglos am Fenster und starrte hinaus.

»Ich reite nach Compiègne, edler König«, sagte Jeanne.

»Viel Glück«, sagte der König, ohne sich nach ihr umzuwenden. »Treibt es nicht zu wild. Lasst noch ein papaar Burgunder übrig, damit mein braver Trétrémoille noch einen findet, mit dem er weiter verhahandeln kann.«

20. Kapitel

Jeanne erfährt, dass sie so wertvoll ist wie ein König.

Endlich war sie wieder frei! Endlich fühlte sie sich nicht mehr von diesen Blicken aus zwei kleinen, zusammengekniffenen Augen verfolgt! Und die Menschen liebten sie immer noch! Nicht einmal das Domrémylied war in Vergessenheit geraten! »... Ja, so macht man das, ja, so macht man das ...«, summte sie glückstrahlend mit, wenn die Kinder in den Dörfern lachend und singend hinter ihr herliefen. Sie ritten nach Norden, immer nach Norden, Richtung Paris, und in jedem Ort, durch den sie kamen, erkannte man sie wieder – an ihrem Banner, das Louis vor ihr hertrug, und an ihren Sommersprossen. Und schneller, als sie mit ihrem wilden Haufen vorwärts kam, verbreitete sich die Kunde, dass die Jungfrau jetzt einen feuerroten, golddurchwirkten Mantel über ihrer Rüstung trug.

Nicht, dass Jeanne sich Illusionen gemacht hätte. Mit ihrer Miniaturarmee war sie keiner burgundischen und erst recht keiner englischen Streitmacht gewachsen. Aber irgendwer musste doch irgendetwas tun! Die Menschen sollten sehen, dass die Jungfrau zu ihrem Wort stand. Dass sie selbst dann noch kämpfte, wenn alles aussichtslos war. Aussichtslos? Dieses Wort gab es für sie gar nicht. Und bei ihrem bloßen Anblick

240

schöpften die verängstigten Bauern in den Dörfern, die besorgten Bürger in den Städten neuen Mut.

»Der König wird euch nicht im Stich lassen!«, rief sie ihnen überall zu. »Er hat mich nur vorausgeschickt! Bald werden wir wieder siegen!«

Was sollte sie sonst sagen?

Die allermeisten glaubten ihr. Manche waren sogar überzeugt, dass die Jungfrau allein, nur von ihren zweihundert Italienern unterstützt, mit allen Engländern dieser Welt fertig würde. Und als sie dann noch ein Wunder tat, war alles fast so wie früher.

Das mit dem Wunder kam so: In einem kleinen Städtchen warf sich eine junge Frau vor ihrem Pferd in den Straßenstaub. Jeanne saß ab und half ihr auf. Sie weinte herzzerreißend.

»Was ist denn mit Euch?«, fragte Jeanne freundlich.

»Meine arme Tochter!«, jammerte sie. »Sie gibt kein Lebenszeichen von sich!«

Jeanne erfuhr, dass ihre Kleine vor drei Tagen auf die Welt gekommen war und dass der Priester sie nicht taufen wollte, weil niemand sagen konnte, ob sie nun tot war oder noch lebte.

»Sie kommt doch in die Hölle, wenn sie nicht getauft ist«, wimmerte die Mutter. »Aber wenn Ihr sie lebendig macht, heilige Jungfrau ...«

Nun, das war eigentlich ein Fall für Bruder Richard. Aber was Bruder Richard konnte, das traute sich Jeanne schon lange zu. Sie begleitete die Frau in die Kirche, wo der Säugling leblos auf einem Bettchen aus Stroh vor dem Altar lag. Der kleine Körper war ganz blau angelaufen.

Jeanne kniete vor ihm nieder und betete. Sie betete

zwei Stunden. Da riss das Kind auf einmal sein Münd-
chen auf und gähnte und nahm menschliche Farbe an.
Der Priester wurde gerufen und taufte es schnell auf
den Namen ›Jeanne‹. Und bevor die dankbare Mutter
vor ihr auf die Knie fallen und ihr die Hände küssen
konnte, war Jeanne schon wieder aufgesessen und zog
mit ihren Leuten davon.

»Alle Achtung«, sagte der Hauptmann Baretta, der
neben ihr ritt, ganz ernst. »Fabelhaft. Das kann nicht
jeder.«

Und dann meldeten sich plötzlich ihre Himmlischen
zurück. Das war am Ostersonntag in Melun, früh-
morgens. Jeanne hatte gerade den Hauptleuten der
königlichen Garnison ein paar aufmunternde Worte
gesagt und inspizierte jetzt die Stadtmauern. Sie ging
allein. Sie konnte selbst beurteilen, ob die Kanonen
da standen, wo sie bei einem Angriff am nützlichsten
waren, oder ob die Wachmannschaft verstärkt werden
musste. Ja, sie war ganz in ihrem Element, als sie die
Wehrgänge ablief und sich auf den Ecktürmen überlegte, welche Seite der Stadtmauer sie wohl als Erstes
bestürmen würde, wenn sie der Feind wäre.

Da leuchtete vor ihr am Ende eines überdachten
Wehrgangs ein Licht auf, heller als die Sonne, und
Jeanne erschrak beinahe so heftig wie beim ersten
Mal. Sie sank mit wild pochendem Herzen auf die
Knie und sah, wie die heilige Margarete und die hei-
lige Katharina auf sie zugeschwebt kamen. Und als ih-
re Gesichter zum Greifen nah waren, da bewegten bei-
de die Lippen. Jeanne, sagte die heilige Margarete,
und ihre Stimme war so kräftig wie früher, du wirst in
Gefangenschaft geraten. Erschrick nicht, Jeanne, sag-

te die heilige Katherina, Gott wird dir helfen, dein Leiden zu ertragen. »Wann wird das sein? Wann?«, schrie Jeanne auf. Das dürfen wir nicht verraten, sagte die heilige Margarete. »Ich will nicht in Gefangenschaft kommen! Lieber will ich sterben!«, schrie Jeanne. Was auch geschieht, sagte die heilige Katherina, Gott meint es gut mit dir. Du hast uns nie enttäuscht. Und damit zogen sich die beiden zurück. Das Licht verblasste, und vor ihr lag im Dämmerlicht dieses trüben Tags wieder der menschenleere Wehrgang.

Soldaten fanden Jeanne reglos am Boden kauernd. Sie halfen ihr auf die Beine und brachten sie zu ihren Leuten, die sie im Schlosshof schon längst zurückerwartet hatten.

»Was ist denn mit Euch los?«, fragte Baretta besorgt. »Ist das ein solcher Sauhaufen hier, dass Ihr den Kopf so hängen lasst?«

Jeanne sah ihn an. Lange sah sie ihn an, sodass Baretta schon glaubte, sie sei vielleicht nicht ganz richtig im Kopf. Und plötzlich lächelte sie und schlug ihm kräftig auf die Schulter. »Anker lichten!«, rief sie. »Aulon! Und Ihr, Hauptmann Baretta! Aufgesessen! Wir reiten nach Compiègne! Wir greifen sie an! Wir befreien Compiègne!«

Als sie sich Compiègne näherten, wurde es gefährlich. Jeanne erfuhr, dass englische und burgundische Truppen, insgesamt siebentausend Mann, die Stadt bereits ganz eingeschlossen hatten. Und dass vor ein paar Tagen zweitausend frische englische Soldaten an der französischen Küste an Land gegangen waren.

»Jungfrau, mit Verlaub«, wagte der Hauptmann Baretta da einzuwenden, »wir sind zu wenige. Wenn sie uns erwischen, hauen sie uns in Stücke.«

»Bei meinem Köter!«, fuhr Jeanne ihn an. »Wir sind genug!«

Jetzt hätte sie einen Colet de Vienne gebraucht. Da zeigte sich, dass der gute Aulon einen Schleichweg durch die Wälder kannte. Und tatsächlich gelangten sie unbemerkt im Morgengrauen vor das südliche Stadttor. Die Wachen erkannten sie, ließen die Zugbrücke herunter, und kurz darauf waren sie in Sicherheit.

Jeanne hatte schon stärkeren Jubel erlebt, als sie jetzt mit ihrem Banner durch die Straßen zum Palast des Stadthauptmanns ritt. Einige machten sich über den wilden Haufen lustig, den sie bei sich hatte. Aber den meisten fiel doch ein Stein vom Herzen, als sie die Jungfrau sahen.

»Herzlich willkommen«, begrüßte sie der Stadthauptmann im prachtvollen Audienzsaal seines Palasts. »Hoffentlich war es kein Fehler von Euch zu kommen. Unsere Lage, würde ich sagen, ist ziemlich aussichtslos.«

»Aussichtslos?« Jeanne schüttelte den Kopf. »Das Wort kenne ich nicht. Wenn ich mich recht entsinne, habe wir ziemlich genau vor einem Jahr Orléans befreit.« Sie lächelte ihn an. »Dasselbe machen wir jetzt mit Compiègne.«

Der Stadthauptmann war nicht allein. Ein Ritter erhob sich und kam auf sie zu, der war schwarz von Kopf bis Fuß. Schwarzes Haar, schwarzer Spitzbart, schwarzer Mantel. »Poton de Chantray«, stellte er sich vor. »Mein Freund La Hire lässt Euch grüßen.«

244

Jeanne wäre ihm fast um den Hals gefallen. »Wie geht's denn dem Zorn Gottes?«, lachte sie.

»Er jagt Engländer. Also geht's ihm gut.« Poton grinste.

Dann nahm er sie mit auf die Stadtmauer. Genau wie in Orléans verlief auch hier gleich vor der Mauer ein Fluss. Und wie in Orléans führte auch hier eine Brücke hinüber, die am anderen Ufer durch eine kleine Festung gesichert war. Nur dass die Festung hier noch von den eigenen Leuten gehalten wurde.

»Hinter diesem Gestrüpp da hinten haben die Burgunder ihr erstes Lager«, erklärte Poton. Jeanne hatte es längst an den Rauchfahnen erkannt. Und auch die anderen Rauchfahnen, die weiter rechts und weiter links hinter dem Ufergebüsch aufstiegen, waren ihr nicht entgangen.

»Heute Nachmittag greifen wir die da drüben an«, sagte sie entschlossen. »Wie groß ist Eure Armee?«

Poton runzelte die Stirn. »Dreihundert Mann«, knurrte er.

»Zusammen also fünfhundert. Plus einen Poton de Chantray. Plus eine Jungfrau. Unbesiegbar, würde ich sagen.«

Poton zuckte die Schultern. Von La Hire wusste er, dass die Jungfrau keinen Widerspruch duldete.

Und am Nachmittag ging es tatsächlich los. Fünfhundert Pferde donnerten über die hölzerne Brücke und galoppierten unter dem Torbogen der Brückenfestung hindurch ans andere Ufer. Fünfhundert Ritter zückten ihre Schwerter und lenkten ihre Pferde auf das Burgunderlager zu. Allen voran Poton, Aulon und Jeanne. Ihr weißes Banner entfaltete sich über ihr im Wind und ein feuerroter Mantel wehte ihr von den Schultern. Jeder sollte von weitem schon wissen: Da kommt die Jungfrau! Und diesmal zog auch sie ihr Schwert aus der Scheide.

Die Burgunder sahen sie kommen, als es schon fast zu spät war. Sie griffen zu den Waffen, doch da war Jeanne schon mitten unter ihnen. Was für ein prachtvolles Schwert das war, ihr altes Kreuzfahrerschwert! Was für wuchtige Hiebe man damit austeilen konnte! Ihre Feinde fielen oder sie flohen. Aber dann wurden es immer mehr. Und plötzlich kamen sie von allen Seiten, Engländer und Burgunder! Sie musste zurück, zurück! Es waren zu viele. Schon brachten sich ihre Leute in wilder Flucht über die Brücke in Sicherheit. Nur zwei waren noch bei ihr, Poton und Aulon. Sie schlug wild um sich, nach allen Seiten. Da hob sich an der Brückenfestung kreischend die Zugbrücke. Sie war von Feinden umzingelt. Ein Zurück gab es nicht mehr. Poton wurde niedergeschlagen, Aulon überwältigt. Jeanne riss Amina noch einmal herum, um ihn herauszuhauen.

Da bemerkte sie aus den Augenwinkeln einen Burgunder. Sah ihn von hinten kommen, holte auch noch zum Schlag aus, aber schon hatte er ihren Mantel gefasst und sich mit seinem ganzen Gewicht darangehängt. Sie verlor den Halt und stürzte rücklings zu Boden. Für einen Augenblick war alles still. Totenstill. Aufrichten konnte sie sich nicht mehr. Es hätte auch nichts mehr genützt.

Jemand zog ihr das Visier vom Gesicht. Erst sah sie nur das helle Grau des Abendhimmels. Dann sah sie Köpfe, immer mehr Köpfe. Schlammbespritzte, blut-

246

verschmierte, schweißüberströmte Köpfe. Mit glotzenden, grinsenden, von teuflischer Schadenfreude verzerrten Gesichtern. Und dann brach ohrenbetäubendes Geschrei los. Sie fielen sich brüllend in die Arme. Sie warfen ihre Helme in die Luft. Sie tanzten vor Glück.

Jeanne schloss die Augen. Jungfrau, Jungfrau, hörte sie durch den Lärm hindurch die leise Stimme La Hires. Fast hätten wir's geschafft.

Sie nahmen ihr das Schwert ab. Sie führten Amina fort. Sie prügelten sich um ihren Helm. Sie stießen sie vor sich her in ein Zelt. Sie drückten sie auf einen Stuhl und fesselten sie. Sie stellten fünfzig Mann als Wache ringsum auf – und fürchteten trotzdem, Jeanne mit ihren Zauberkräften könnte ihnen durch die Luft entwischen.

Aber eine Stunde später saß sie immer noch auf ihrem Stuhl, als der Zelteingang zur Seite geschlagen wurde und der Herzog von Burgund eintrat. Er kam nicht allein. Ein Fackelträger begleitete ihn und der Mann, der bis zu dieser Stunde sein ganzes Leben aufgeschrieben hatte. Der Herzog nämlich ließ alles, was er sagte und dachte und tat, sofort aufschreiben, weil er fest davon überzeugt war, dass auch in ferner Zukunft noch alle Welt sich für die geringste Kleinigkeit in seinem Leben interessieren müsste. Schließlich war er der Herzog von Burgund!

Der Herzog spazierte einmal um Jeanne herum, was der Mann, der sein Leben aufschrieb, sogleich eifrig notierte, winkte dem Fackelträger, dies und das an ihr besonders zu beleuchten, und betrachtete sie von allen

Seiten. Die Neugier war eine ansteckende Krankheit, jetzt hatte sie sogar den Herzog von Burgund befallen. Was er sah, enttäuschte ihn allerdings: ein Mädchen, wie er schon tausende mit flüchtigem Blick gestreift hatte. Ein Engel, die? So sahen keine Engel aus. Eine Hexe, die? So sahen keine Hexen aus. Nichts als ein abgekämpftes, sommersprossiges Bauernmädchen, dem die Tränen helle Streifen auf die staubverklebten Wangen gewaschen hatten. Und dennoch. Als er wieder vor ihr stand, konnte er ein triumphierendes Lächeln nicht unterdrücken.

»Wisst Ihr, wer ich bin?«

Jeanne nahm sich Zeit, ihn zu betrachten. Er trug einen weißen Pelzmantel über der Rüstung. Er hatte ein bleiches, glattes Gesicht und schmale, blutrote Lippen. Sein Nasenrücken war scharf und gebogen wie ein Türkendolch. Er zwinkerte unentwegt, offenbar fiel es ihm schwer, ihren Blick zu ertragen. Obwohl er nicht älter als dreißig sein konnte, war sein schmaler Schädel fast kahl. Jeanne ahnte, wer das war.

»Nein«, sagte sie. »Es reicht, wenn Ihr wisst, wer ich bin.«

Aus dem Gesicht des Herzogs verschwand das Lächeln. »Allerdings weiß ich, wer du bist«, flüsterte er. »Du bist die fetteste Beute meines Lebens. Du machst mich auf einen Schlag um zehntausend Goldfranken reicher, ganz egal, an wen ich dich verkaufe. Nur deshalb darfst du dir diese kleine Frechheit erlauben, ohne dass ich dich zertrete wie einen Wurm.« Der Herzog vergewisserte sich, ob sein Schreiber auch mitschrieb.

»Eure Heldentaten scheinen sich nicht herumzuspre-

248

chen«, bemerkte Jeanne mit einem Seitenblick auf den Schreiber.

Das bleiche Gesicht des Herzogs kam näher. »Und mit deinen Heldentaten, mein Kind, ist es nun für immer vorbei«, zischte er. »War ein kurzes Vergnügen. Wärst besser bei deinen Schafen geblieben. Hättest besser nicht auf den lieben Gott gehört.«

Jeanne blickte ihm ungerührt ins Gesicht. »Mein Leben war schön, auch wenn es im Augenblick vielleicht nicht so wirkt«, sagte sie ruhig. »Und wenn ich Euch ansehe – Ihr macht mir nicht den Eindruck, als wäre Euer Leben auch nur halb so schön gewesen. Der Hass hat euch hässlich gemacht. Und die Gier noch hässlicher.«

Der Herzog holte zum Schlag aus. Dann besann er sich. Ein Herzog, der sich an einem Bauernmädchen vergreift – das würde keinen guten Eindruck auf die Nachwelt machen. Er ließ die Hand wieder sinken.

»Ach, Jungfrau«, lächelte er spöttisch, »belügt Euch nicht selbst. Wer von uns beiden hat wohl das bessere Geschäft gemacht?« Er wandte sich zum Gehen.

»Ihr«, sagte Jeanne. »Die besseren Geschäfte machen immer die, die zu feige sind, den eigenen Kopf hinzuhalten.«

Der Herzog zögerte. Dann kam er zurück und beugte sich über sie. Das flackernde Licht der Fackel ließ seine Nase als weiße Sichel hervortreten und seine Augen in dunklen Höhlen verschwimmen.

»Was nützt mir ein abgeschlagener Kopf?«, flüsterte er. »Und was nützt er dir? War es das wirklich wert?«

»Herzog von Burgund«, sagte Jeanne und versuchte seinem kalten Atem auszuweichen. »Bei Eurer Geburt

habt Ihr so um die sechstausend Goldfranken gekos-
tet. Und jetzt kostet Ihr immer noch so um die sechstausend Goldfranken. Ich war vor einem Jahr weniger
wert als ein Huhn im Topf. Und jetzt koste ich zehntausend Goldfranken. Was würdet Ihr sagen? Hat es
sich gelohnt?«

Da schlug der Herzog zu. Im nächsten Moment riss
er dem Schreiber das Buch aus der Hand, schleuderte
es zu Boden und stampfte mit wehendem Pelzmantel
hinaus in die Nacht.

21. *Kapitel*

Jeanne muss einsehen, dass
die Himmlischen andere Pläne
mit ihr haben.

Haderte Jeanne mit ihrem Schicksal? Ja, das tat sie. Nicht so sehr ihretwegen. Ein schneller Tod wäre ihr zwar lieber gewesen als die Gefangenschaft. Sie hatte ihm ja oft genug ins Auge gesehen, dem Tod, und war niemals zurückgezuckt. Aber auch die Gefangenschaft ertrug sie irgendwie, in der Hoffnung, dass ihre Himmlischen schon einen Ausweg finden würden, bevor sie vor Langeweile gestorben wäre.

Wirklich verzweifelt aber war sie wegen des Gemetzels, das der Herzog von Burgund den Bürgern von Compiègne angedroht hatte, und weil sie ihnen im Augenblick beim besten Willen nicht zu Hilfe kommen konnte.

Im Übrigen fand sie nach zwei bangen Wochen, dass sich die Himmlischen mit ihrer Befreiung ungebührlich viel Zeit ließen, und beschloss sich selbst zu helfen. Die Kammer des Schlosses, in der sie gefangen gehalten wurde, hatte bloß einen dünnen Boden aus Dielenbrettern. Davon riss sie zwei heraus, zwängte sich durch den Spalt und ließ sich ins darunter liegende Stockwerk hinab. Sie fand sich in einem leeren Zimmer wieder, dessen Tür nur angelehnt war. Sie schlich hinaus auf den Gang, hörte dann an den Stimmen der Wächter, dass die ahnungslos plaudernd auf ihrer Stube beisammenhockten, und schloss sie ein, indem sie blitzschnell die Tür verriegelte. Ohne gesehen zu werden, gelangte sie in den Innenhof und fühlte zum ersten Mal seit Wochen wieder die Sonnenstrahlen auf ihrer Haut. Jetzt musste sie nur noch die Wächter am Tor überlisten. Sie huschte an der Mauer entlang und duckte sich hinter einen Brennholzstapel. Wenige Augenblicke später trat einer der Wächter ausgerechnet hinter diesen Stapel, um sein Geschäft zu verrichten. »Die Hexe!«, brüllte er los. »Die Hexe ist entwischt!« Jeanne wusste, dass Widerstand zwecklos war, und ließ sich abführen. Fast hätten wir's geschafft, hörte sie die leise Stimme La Hires.

Sie musste weg, die Hexe, an einen Ort, wo ihr jeder Gedanke an Flucht vergehen würde. Als die Pferde schon gesattelt waren, erlaubte man ihr noch, von einem Mitgefangenen Abschied zu nehmen – von Aulon. Er wurde in den Hof gebracht.

Jeanne sah ihn liebevoll an, so liebevoll, wie sie noch nie einen Mann angeschaut hatte. Nicht nur, dass sie sich ein paar Wunder mit ihm teilen musste. Ohne ihn hätte sie nicht einmal ihren allerersten Kampf überlebt. Und ohne ihn wäre sie im Preis nie und nimmer auf zehntausend Goldfranken gestiegen. Sie sah ihn an und brachte kein Wort heraus. Der Abschiedsschmerz schnürte ihr die Kehle zu. Aulon brachte ein trauriges Lächeln zustande.

»Bei meinem Köter!«, sagte er und zwinkerte ihr zu. Das war alles. Große Worte hatte er nie gemacht. Dann wurde sie mit Händen und Füßen aufs Pferd gefesselt und von einem Haufen Lanzenreiter durch

Wälder, endlose Wälder, immer weiter nach Norden verschleppt.

Bei Einbruch der Dunkelheit erreichten sie Schloss Beauregard. Es war ein großes Schloss mit vielen Türmen und es gehörte dem hässlichsten Ritter, den Jeanne je gesehen hatte: Sein Gesicht bestand hauptsächlich aus Löchern, seit sie ihm in irgendeiner Schlacht die Nase und ein Auge und noch ein bisschen mehr weggehauen hatten. Von diesem Tag an hatte Jeanne einen Turm für sich. Oder genauer: ein Turmzimmer in zwanzig Metern Höhe. Wenn sie aus dem Fenster schaute, sah sie unter sich nichts als Wald. Aber sie schaute nicht oft aus dem Fenster.

Am zweiten Abend wurde sie von einem Wächter über Treppen und Gänge in ein hell erleuchtetes Zimmer geführt. Jeanne machte sich auf eine neue unangenehme Begegnung gefasst und staunte deshalb nicht schlecht, als sie sich nicht einem Mann, sondern drei Frauen gegenübersah. Die älteste erhob sich und kam ihr mit ausgestreckter Hand entgegen.

»Bis jetzt waren wir nur drei Jeannes«, sagte sie freundlich. »Jetzt sind wir endlich vier. Herzlich willkommen.«

Vor Erleichterung versagten Jeanne fast die Knie. Sie ließ sich auf einen Stuhl fallen. Wie sich herausstellte, war die eine die Tante des hässlichen Ritters, die zweite dessen Ehefrau und die dritte seine Tochter. Und alle hießen sie Jeanne. Sie boten ihr Wein und Gebäck an und unterhielten sich mit ihr. Die Tochter musste in ihrem Alter sein, ein schüchternes Mädchen mit langem, blondem Haar. Nach einer Weile fasste sich die jüngste Jeanne ein Herz.

»Was ist mit deinen Kleidern?«, fragte sie zaghaft. »Du läufst ja wie ein Junge herum. Ich ... ich kann dir welche von meinen abgeben.«

»Bloß nicht!«, wehrte Jeanne mit gespieltem Entsetzen ab. Und dann beugte sie sich zu ihr und sagte ganz ernst: »Ich verrate Euch jetzt ein Geheimnis: Jeanne die Jungfrau läuft immer wie ein Junge herum. In Frauenkleidern wäre sie nur irgendeine beliebige Jeanne. Und ... ich bitte Euch: Davon gibt's doch nun wirklich genug!«

Die Damen lachten herzlich. Und die Tochter wurde immer mutiger.

»Gib's zu«, platzte sie heraus, »du behältst deine Männerkleidung nur an, weil du fliehen willst!«

»Na klar will ich fliehen!«, gab Jeanne gut gelaunt zurück. »Das würdet Ihr an meiner Stelle doch auch, oder nicht?«

Jeanne, die Ehefrau, hob erschrocken die Hände. »Sag so etwas bloß nicht zu meinem Mann. Der glaubt sowieso, die Jungfrau könnte fliegen. Ich habe ihn mit Müh und Not davon abhalten können, dein Fenster mit Brettern zu vernageln.«

»Die Leute erzählen den größten Blödsinn über mich«, stöhnte Jeanne. »Sie haben auch immer behauptet, ich sei unverwundbar. Dass an meinem Körper Pfeile und sogar Kanonenkugeln einfach abprallen würden.« Sie knüpfte ihr Beinkleid so weit auf, dass jede von ihnen die Stelle an ihrem Oberschenkel sehen konnte, in der der Armbrustpfeil gesteckt hatte. Dann zog sie ihr Wams über die Schulter, sodass die große Narbe sichtbar wurde, die sie seit Orléans hatte. »Seht Ihr«, sagte sie leise, »so unverwundbar bin ich.«

Die Tochter rutschte näher heran und strich ihr mit den Fingern über die Narben.

»Die sind echt!«, staunte sie.

»Ja, die sind echt«, lächelte Jeanne. »Echte Narben in echtem Fleisch.«

Es war eine Wohltat, wieder unter Frauen zu sein. Jeanne musste jetzt häufiger an Hauviette denken. Oder an ihre Freundin für zehn Tage, die schöne Frau Boucher mit ihrem Riesenkarpfen. Sie gestand sich sogar ein, dass ihr die Kampfhähnchen mit ihrem Gehabe manchmal ganz schön auf die Nerven gefallen waren. Frauen waren nicht so entsetzlich großkotzig. Aulon allerdings ... Aulon war anders.

Und eine Woche später wünschte sie sich verzweifelt, die ganze Menschheit würde nur aus Frauen bestehen – als sich die Tür ihrer Turmkammer hinter den beiden widerlichsten Männern schloss, die sie je gesehen hatte. Ohne sich anzumelden, ohne anzuklopfen, war erst die Totenkopffratze des Schlossherrn in der Tür erschienen und dann die klapperdürre Gestalt eines Priesters mit den gehetzten Gesichtszügen eines Windhunds. Kein Wort der Begrüßung. Stattdessen hatte der Priester sie mit blutunterlaufenen Augen angestarrt wie ein Mastkalb, sich unentwegt die knochigen Hände gerieben und dann mit wildem Nicken in Richtung des Totenkopfs gezischt: »Eine Hexe, wie sie im Buche steht. Der Herzog verlangt viel. Aber ein solches Prachtexemplar von Hexe bekommt man auch nicht alle Tage zu fassen. Und die Engländer werden nicht knausrig sein.« Der Totenkopf hatte derweil nur stumm sein einziges Auge über die Dielenbretter wandern lassen. Im nächsten Augenblick waren sie wieder verschwunden.

Als Jeanne, die Tante, Stunden später ihre Kammer betrat, saß Jeanne immer noch zusammengekrümmt vor Angst auf der Kante ihres Betts.

»Was ist denn eigentlich los?«, wimmerte sie unter Tränen. »Warum werde ich nicht ausgetauscht? Gegen Talbot zum Beispiel? Warum bezahlt der König nicht für mich? Warum lässt er kein Geld sammeln, wenn er selbst keins hat? In ganz Frankreich würden die Menschen ihr letztes Hemd hergeben, damit diese verfluchten zehntausend Franken endlich zusammenkommen!« Aber der Tante war nichts davon bekannt, dass der König auch nur den Versuch unternommen hätte, Geld für ihre Befreiung zu sammeln.

Als am selben Abend zwei Jäger auf dem Heimweg am Schloss vorbeikamen, bemerkten sie im morastigen Graben unterhalb eines Turms ein lebloses Häufchen, das wie ein Mensch ausah. Sie kamen näher, bückten sich und kamen zu der Überzeugung, dass es sich nur um die gefangene Jungfrau handeln konnte. Sie hielten sie für tot und schleppten sie ins Schloss.

Aber Jeanne war nicht tot. Sie war nicht einmal ernsthaft verletzt. Trotz der schaurigen Tiefe, in die sie sich gestürzt hatte, fand der Arzt nicht einen einzigen gebrochenen Knochen. Sie lag drei Tage bewusstlos, kam wieder zu sich und fing sofort an, wutentbrannt und wie von Sinnen zu toben. Nur mit vereinten Kräften gelang es den drei Frauen, sie allmählich zu beruhigen.

Jetzt wusste Jeanne, dass die Himmlischen andere Pläne mit ihr hatten. Der Tod wäre ein Ausweg gewesen, doch wie durch ein grausames Wunder hatte sie ihren Tod überlebt. Die Freiheit wäre ein besserer Ausweg gewesen, doch Freisein erschien ihr jetzt bloß noch wie ein trauriger Traum. Die Himmlischen mussten sich also für sie das Schrecklichste ausgedacht haben, was sie sich überhaupt nur vorstellen konnte: verkauft zu werden an die Engländer!

Wie so oft traf Jeanne mit ihrer Ahnung ins Schwarze. Einige Wochen später überbrachte der Priester mit dem Windhundgesicht dem Herzog von Burgund eine zentnerschwere Truhe. Der Herzog ließ sie vor seinen Augen öffnen – und konnte ein befriedigtes Grinsen nicht unterdrücken: zehntausend Franken in reinem Gold schimmerten ihm da entgegen. Das Lösegeld für einen gefangenen König!
»Die Jungfrau gehört Euch, Bischof Cauchon«, schmunzelte er. »Es war mir ein Vergnügen, Eurem Herrn einen Gefallen zu tun.«

22. *Kapitel*

Jeanne kämpft zum letzten Mal
– und es ist nicht ihr schlechtester
Kampf.

Monatelang hatte Jeanne alles über sich ergehen lassen. Es war Herbst geworden und jetzt wurde es Winter. An manchen Tagen stürmte es so wie damals bei ihrem Einzug in Orléans, aber kaum noch jemand beachtete sie nun, wenn sie von einer Stadt in die nächste gebracht wurde, immer auf ihr Pferd gefesselt und immer von burgundischen Lanzenreitern und Armbrustschützen bewacht. Wohin die Reise ging? Sie wusste es nicht, man sagte es ihr nicht und allmählich wurde es ihr gleichgültig. Einmal kam sie ans Meer, in eine kleine Hafenstadt namens Le Crotoy.

Jeanne hatte das Meer noch nie gesehen und doch kam ihr an diesem Ort manches bekannt vor. Auch hier wurde sie wieder in einen Turm gesperrt – und genau in diesem Turm, vertraute ihr ein Mitgefangener an, sei Alençon von den Engländern damals festgehalten worden. Fünf Jahre lang. Wie oft hatte Alençon ihr davon erzählt, an den langen Abenden mit Gilles und La Hire in seinem Zelt!

Von ihrem Turmfenster aus sah Jeanne verwundert das Kommen und Gehen der Flut, die grauen Wellen, den fernen, unerreichbar fernen Horizont. Ein scharfer Wind wehte von England herüber. Sie fröstelte. Sie mochte das Meer nicht.

Als es nach Wochen weiterging, schnappte Jeanne ein Wort auf: »Rouen.«

Rouen, die große Hafenstadt an der Seine, war der Hauptstützpunkt der Engländer in Frankreich. Von dort aus dirigierten sie ihre Armeen. Dort hatte Bedford, der Stellvertreter des englischen Königs, sein Schloss. Mit stummem Entsetzen sah Jeanne daher an einem Dezembertag vor sich die düsteren Umrisse der Stadt Rouen im Dunst der Abenddämmerung auftauchen. Mit stummem Entsetzen ritt sie unter den grinsenden Dämonenfratzen der Wasserspeier an den Kirchendächern her durch die Straßen dieser Stadt. Und mit stummem Entsetzen betrat sie den Festungsturm des Schlosses von Rouen, der von nun an ihr Zuhause sein würde. Fünf englische Wächter empfingen sie mit hasserfüllten Mienen und schauerlichen Flüchen. Die waren nun ihre Gesellschaft, Tag für Tag, Nacht für Nacht.

Jeanne war daran gewöhnt, begafft zu werden. Das machte ihr nun am allerwenigsten aus. Besonders in den ersten Tagen wimmelte es in ihrem Gefängnis von Neugierigen, die von der Sorge getrieben wurden, die weltberühmte Gefangene könnte sich auflösen oder davonfliegen, bevor sie einen Blick auf sie geworfen hätten. Sogar von echten Paradiesvögeln wurde sie in Augenschein genommen. Und eines Nachmittags ließen ihre Wächter plötzlich erschrocken die Würfel fallen – da stand nämlich die Herzogin von Bedford in voller Pracht und Schönheit in der Tür!

Sie rauschte in Begleitung von drei stämmigen, älteren Frauen herein und fragte Jeanne, ob sie Klagen habe.

»Keine Klagen«, antwortete Jeanne mit bitterem Lächeln. »Schaut Euch nur um: alles bestens. Dort die Betten meiner Wächter. Hier mein Bett, das mit der Kette. Schläft sich wie daheim mit zehn Pfund Eisen um den Leib. Der Spalt da ist mein Fenster, an hellen Tagen fällt sogar etwas Licht herein. Und das Loch dort in dem Mauervorsprung ist mein Klo. Ihr seht, ich lebe nicht viel schlechter als Ihr.«

Die Herzogin zeigte jedoch keinerlei Interesse an diesen Einzelheiten. Immerhin glaubte Jeanne, so etwas wie Mitgefühl herauszuhören, als sie nach kurzem Schweigen sagte:

»Nimm es uns nicht übel, Jeanne, aber deine Richter haben uns gebeten, dich zu untersuchen. Zieh dein Beinkleid bitte aus und leg dich hin.«

Im nächsten Augenblick entfalteten zwei der stämmigen Frauen wortlos ein großes Betttuch, spannten es wie ein Segel und schirmten Jeannes Bett damit vor den Blicken ihrer Wächter ab. Die dritte ging in die Knie, drückte Jeannes Schenkel auseinander und betastete stumm die geheimste Stelle ihres Körpers. Dann nickte sie kurz.

»Die is' tatsächlich noch Jungfrau«, brummte sie.

»Und Hexe!«, schrie Jeanne verzweifelt auf. »Jungfrau und Hexe! Wie soll denn das gehen? Wie dumm sind die Engländer denn eigentlich?« Sie brach in Tränen aus und weinte herzzerreißend.

Die Herzogin streichelte ihr flüchtig übers Haar. »Ich werde dafür sorgen, dass du ein ordentliches Kleid bekommst, bevor du vor deine Richter trittst«, sagte sie begütigend. Dann konnte sie nichts mehr in diesem kalten, trostlosen Gemäuer halten und sie zog mit ihrem Gefolge schleunigst davon.

Tags darauf betrat tatsächlich ein Schneider Jeannes Gefängnis. Die Herzogin habe ihn geschickt. Ob er an ihr Maß nehmen dürfe? Es werde auch gewiss ein schickes Kleid werden. Jeanne nickte stumm. Doch als er mit seinem Maßband ihrem Busen zu nahe kam, streckte sie ihn mit einem gezielten Fausthieb zu Boden. Die Wächter schüttelten sich vor Lachen, sie wussten längst aus eigener Erfahrung, wie die Gefangene auf solche Berührungen reagierte. Unverrichteter Dinge suchte der Schneider das Weite.

Nein, nicht als hilfloses Weibchen im Büßerkleid – als Jeanne die Jungfrau wollte sie ihren Richtern gegenübertreten. Denn das war sie immer noch und trotz allem: Jeanne die Jungfrau, die gottgesandte Befreierin Frankreichs und Oberbefehlshaberin der französischen Armee. Und das blieb sie auch im tiefsten Kerker! Sie hatte daher dasselbe Wams und dieselbe Hose an, die sie bei ihrer Gefangennahme unter ihrer Rüstung getragen hatte, als sie vom Gerichtsdiener eines Tages in aller Frühe über den dunklen Schlosshof zur Schlosskapelle geführt wurde. Die Morgenluft war eisig. »Jetzt geht's der Hexe an den Kragen!«, grölte jemand von irgendeinem Turm. Der Gerichtsdiener stieß die Tür zur Schlosskapelle auf.

Die Kerzen auf den Richtertischen flackerten heftig, als Jeanne eintrat. Sie warfen ein zuckendes, tanzendes Licht auf die sechzig Gesichter, die sich in diesem Moment alle gleichzeitig nach ihr umdrehten. Ja,

Jeanne kannte diese Gesellschaft in Schwarz. Alles Männer der Kirche. Alle so gebildet, dass sie den hauchfeinen Unterschied zwischen dem lieben, lieben Gott und dem bösen, bösen Teufel kannten. Und wo war ihr Platz hier? Bis auf die beiden langen Tische, an denen sich ihre Richter gegenübersaßen, lag der ganze Raum im Dunkel. Ein matter Lichtschimmer allerdings fiel noch auf einen Stuhl, einen einzelnen leeren Stuhl, gleich vornean, vor den Tischen. Und dahin wurde Jeanne jetzt geführt.

Sie hatte sich kaum gesetzt, da zuckte sie zusammen. Den da, am anderen Ende, ihr genau gegenüber, den kannte sie, den hatte sie schon einmal gesehen. Das war der Priester mit dem gehetzten Windhundgesicht! Er richtete sich in seinem hohen Ledersessel auf, die schwarzen Augenbrauen zusammengezogen, die dünnen Lippen aufeinander gepresst, und warf ihr einen eisigen Blick zu. Aber das Blatt in seinen knochigen Händen zitterte!

Ran an den Speck!, fuhr es Jeanne durch den Kopf. Er gegen mich, ich gegen ihn! Eben noch hatte sie sich elend gefühlt, ausgelaugt von neun endlosen Monaten der Ungewissheit und Verzweiflung. Plötzlich atmete sie wieder freier. Plötzlich fühlte sie ihre Kräfte wiederkehren. Endlich bekam sie noch einmal die Chance zu einem großen, unvergesslichen Auftritt! Hatte sie nicht auch in Chinon, in Poitiers, ja eigentlich überall und immer alle Erwartungen übertroffen und jeden in Erstaunen versetzt? Warum sollte ihr das hier nicht wieder gelingen?

Nur – wozu das Ganze? Diese Gerichtsverhandlung. Und diese Unmenge von Experten des Glaubens? Wo-

262

zu? Selbst wenn hier alles voll gestopft mit Richtern wäre, wenn Richter auch noch an den Säulen hingen und in den Wandnischen hockten und wie die Fledermäuse unter der Decke flatterten – aus einer Jungfrau könnten sie auch dann keine Hexe machen! Das hatten ihre Kollegen in Poitiers schon nicht geschafft.

Nun gut, es war eine ungewohnte Art des Kampfes für sie, aber sie würde kämpfen. Und wenigstens ging es bei dieser Art des Kämpfens ohne Blutvergießen ab. Ran an den Speck! Sie fieberte ihrem ersten Sieg seit langer, langer Zeit entgegen.

»Schwöre!«, unterbrach Cauchons laute, knarrende Stimme die Stille. »Schwöre bei Gott, die Wahrheit und nichts als die Wahrheit zu sagen!«

»Nein!«, sagte Jeanne. Alle sechzig Köpfe flogen zu ihr herum. »Nein«, wiederholte sie. »Vielleicht wollt Ihr Dinge wissen, die Euch nichts angehen. Die würde ich Euch nie sagen. Und deshalb schwöre ich nicht.«

Das war ihnen noch nie passiert. Was für ein Tumult! Was für ein Gezeter!

»Sie muss schwören!«, riefen zwanzig auf einmal.

»Du musst schwören!«, keifte Cauchon.

»Ich muss nicht«, sagte Jeanne.

Nach längerem Hin und Her willigte sie endlich ein, die Wahrheit in allen Dingen zu sagen, soweit sie den Glauben betrafen. Ansonsten aber wollte sie sich die Fragen ihrer Richter erst einmal anhören. Und die fand sie nun wirklich ziemlich albern.

»Gibt es in eurem Dorf nicht einen besonders großen Baum, den ihr den ›Feenbaum‹ nennt?«

»O ja, den gibt es.« Jeanne nickte. »Eine Buche. Hochwürden Bartholomé hat jedes Jahr vor dieser

Buche aus dem Evangelium vorgelesen, um die bösen Geister aus ihrem Geäst zu vertreiben. Ein schöner Baum, er würde Euch gefallen.«

»Hast du nicht heimlich um diesen Baum getanzt?«

»Heimlich nicht«, antwortete Jeanne versonnen. »Als Kinder haben wir alle drumherum getanzt, einmal im Jahr, wenn der Frühling anfing. Das ganze Dorf versammelte sich dann. Und alle hatten kleine Kuchen dabei. Die Erwachsenen haben gesungen und wir Kinder haben getanzt. Das war der schönste Tag im Jahr, wenn es nicht geregnet hat.«

»Unter diesem Baum wuchs doch eine Zauberwurzel. Du gibst also zu, um diese Wurzel getanzt zu haben, wie es die Hexen tun?«

»Wer hat Euch denn das erzählt?«, sagte Jeanne trocken. »Von einer Zauberwurzel hat bei uns keiner was gewusst. Ihr könnt ja in Domrémy nachfragen.«

Herrje, so kam man nicht weiter. Cauchon fuchtelte mit den Armen, zum Zeichen, dass er selbst das Verhör fortsetzen wollte. Mit diesen Himmlischen war doch todsicher etwas faul! Er verzog seine Lippen zu einem dünnen Lächeln.

»Jeanne, du behauptest doch, du hättest den Erzengel Michael gesehen. Wie hat er denn ausgesehen? Ist er vielleicht ganz nackt gewesen?«

»Nackt?« Fast hätte Jeanne laut losgelacht. »Glaubt Ihr, Gott hätte kein Geld, um ihm Kleider zu kaufen?«

»Hat er denn Haare gehabt?«

»Warum sollte man sie ihm abgeschnitten haben? Ein Erzengel ist doch kein Mönch«, sagte Jeanne.

»Erinnerst du dich noch, wann du die Stimmen deiner Himmlischen zum letzten Mal gehört hast?«

264

»Allerdings. Gerade eben, als ich diesen Saal betrat und Euch sah«, sagte Jeanne.

»Und was haben sie dir gesagt?«

»Ich soll mich von Euch nicht einschüchtern lassen!«

Der nächste Tumult. Was für saudumme Fragen aber auch! Professor Courcelles fasste sich an den Kopf. Es müsste doch ein Leichtes sein, ihr wenigstens Mord anzuhängen! Er beugte sich vor.

»Jeanne, hast du dich jemals an einem Ort befunden, an dem Engländer ums Leben kamen?«

»Natürlich!« Diesmal konnte sich Jeanne das Lachen nicht verkneifen. »Das habt Ihr aber nett gesagt. Ja, man merkt gleich – Ihr habt schon mal eine Schlacht mit eigenen Augen gesehen.«

»Antworte auf meine Fragen! Was war dir lieber: dein Banner oder dein Schwert?«

»Mein Banner!«, rief Jeanne. »Mein Banner war mir hundertmal lieber als mein Schwert! Bei jedem Angriff habe ich mein Banner selbst getragen, weil ich niemanden töten wollte.« Dann beugte sie sich vor und sah ihre Richter scharf an. »Und das sage ich Euch: In sieben Jahren wird es in Frankreich keinen einzigen englischen Soldaten mehr geben! Nicht einen! Wir werden einen glänzenden Sieg erringen! Und Ihr alle, wie Ihr hier vor mir sitzt – Ihr werdet teuer bezahlen für das, was Ihr mir antut!«

Sie ließ sich in ihren Stuhl zurückfallen.

»So, und für heute bekommt Ihr nichts mehr aus mir heraus!«

In einem Nebenraum der Kapelle, hinter angelehnter Tür, saß ein Mann und klatschte lautlos in die Hände. Es war der Kardinal von England. Und durch den

Türspalt verfolgte ein achtjähriger Junge das Verhör. Das war der englische König.

Der Kardinal nickte dem kleinen König zu. »Was für eine großartige Frau«, murmelte er. »Seht sie Euch an, Majestät. Schade, wirklich jammerschade, dass sie keine Engländerin ist.«

23. Kapitel
Jeanne bleibt ›Jeanne die Jungfrau‹.

Nach und nach trafen alle sechzig Richter im Bischofspalast von Rouen ein. Unter dem protzigen Eingangsportal stampften sie den Schneematsch von den Schuhen und huschten dann die breite Treppe zum großen Versammlungssaal hinauf. Kaltes Winterlicht empfing sie hier, das durch die hohen Fenster auf fadenscheinige Wandteppiche fiel, die in verblichenen Farben von biblischen Wundern erzählten. Wofür allerdings heute keiner ein Auge hatte. Jeder strebte sofort dem mächtigen Marmorkamin zu, in dem ein behagliches Feuer prasselte, und naschte dann von den Walderdbeeren, die Cauchon herumreichen ließ. Trotzdem herrschte im ganzen Saal ein Schimpfen wie in einer Krähenkolonie. Sechsmal hatten sie diese Jeanne nun schon verhört, und jedes Mal hatte sie sich nach Kräften über sie lustig gemacht und ihnen ein böses Ende vorausgesagt. Manchmal hätte man glauben können, eine Angeklagte würde sechzig Richter verhören! Die Herren waren mit ihrem Latein am Ende.

»So etwas habe ich noch nie erlebt!«, erregte sich Courcelles. »Diese siegesgewisse Sturheit macht mich wahnsinnig! Jeder Mann hätte früher oder später die Nerven verloren, wenn er von sechzig Richtern verhört worden wäre. Und die? Die …«

»Übrigens werden die Engländer langsam ungeduldig«, unterbrach ihn ein anderer. »Die haben schon damit gedroht, sie nach London zu schaffen und einfach in die Themse zu werfen, wenn wir es nicht fertig bringen, sie nach Recht und Gesetz zu verbrennen.«

»Zur Not könnten wir sie ja foltern lassen«, schlug ein Dritter vor.

»Bloß nicht!«, fuhr Cauchon ihn an. »Ich wünsche einen schönen, makellosen Prozess. Sonst heißt es hinterher, wir hätten nicht sauber gearbeitet.«

»Folter wird auch gar nicht nötig sein«, versuchte der Vertreter der Inquisition die Gemüter zu besänftigen. »Das, was Ihr, lieber Bruder Courcelles, ihre ›siegesgewisse Sturheit‹ nennt, ist nichts anderes als Hochmut. Gotteslästerlicher Hochmut.« Er zerkaute genüsslich eine Walderdbeere. »Zwei Tatsachen sind doch gar nicht mehr zu bestreiten: Sie rebelliert gegen das Gesetz Gottes, indem sie sich als Mann verkleidet. Und sie rebelliert gegen die Kirche Gottes, indem sie behauptet, Gottes Willen selbst am besten zu kennen. Besser als wir, wohlgemerkt. Mit anderen Worten: Sie ist der Ungehorsam in Person.«

Courcelles schlug mit der Faust auf den Tisch. »Aber was sollen wir denn noch versuchen?«

»Foltern!«, empfahl der von eben schon wieder.

»Unsinn!«, fuhr ihm Cauchon über den Mund. »Der Herr Inquisitor hat Recht. Sie rebelliert gegen die Kirche – das ist es! Mit ihrer Besserwisserei rebelliert sie gegen Gott und die Kirche!« Er rieb sich die knochigen Hände. »Auflehnung gegen die Kirche, da ist der Scheiterhaufen gar nicht mehr weit. Und kein Wort mehr von Zauberwurzeln oder Mord! Das können wir später wieder rauskramen, wenn sie erst in der Falle sitzt.«

Und man beschloss, sie nur noch im kleinen Kreis zu verhören. Und zwar nirgendwo anders mehr als in ihrem Turm, wo englische Wächter und nackte Kermermauern ihr einziges Publikum waren. Die letzten Walderdbeeren schmeckten doppelt so gut.

Der Riegel knirschte und knarrend öffnete sich ihre Gefängnistür. Besuch? Nach so vielen endlosen Tagen und genauso vielen endlosen Nächten wieder Besuch? Jeanne hob den Kopf. Die Wächter ließen die Würfel fallen. Im Halbdunkel erkannte sie das Windhundgesicht. Und hinter ihm noch vier weitere Richter. Jeanne richtete sich mühsam auf. Stühle wurden hereingetragen. »Steh auf, wenn deine Richter kommen!«, hallte Cauchons schnarrende Stimme durch den kahlen Raum.

Jeanne erhob sich unsicher von ihrem Bett. Und damit keiner ihre Schwäche bemerkte, verschränkte sie trotzig die Arme vor der Brust.

»Jeanne«, krächzte Cauchon mit feierlichem Ernst, nachdem die Herrschaften alle Platz genommen hatten, »dein Starrsinn beweist uns, dass du uns missverstehst. Wir wollen nicht dein Verderben. Wir wollen dein Bestes. Wir wollen dich retten, wie es ja immer und überall die Aufgabe der Kirche ist, Seelen zu retten.« Er machte eine Pause. Die Köpfe hinter ihm nickten ernst. »Dieser schreckliche Verdacht, der auf dir lastet«, fuhr er dann mit süßlichem Lächeln fort, »vielleicht ist er ja unbegründet, nicht wahr? Wir würden das gerne glauben. Und am leichtesten könntest

du uns davon überzeugen, wenn du dich endlich ent-
schließen würdest, Frauenkleider zu tragen.«

»Nein.« Jeanne schüttelte müde den Kopf. »Ich fühle
mich sicherer so«, sagte sie mit einem Blick auf ihre
Wächter, die sich feixend im Hintergrund aufgebaut
hatten. »Und außerdem hat Gott nichts dagegen.«

Cauchons Miene verdüsterte sich schlagartig. »Nichts
dagegen?!«, donnerte er. »Frauen in Männerkleidern
sind Gott dem Herrn ein Gräuel, sagt die Bibel!«

»Mag sein«, seufzte Jeanne gelangweilt. »Aber bei
mir hat er nichts dagegen. Das weiß ich von meinen
Himmlischen.«

»Und wenn wir, die Vertreter der Kirche Gottes, nun
zu dem Ergebnis kommen: Deine Himmlischen sind
pure Einbildung? Sinnestäuschungen? Teufelswerk?«,
fuhr Courcelles sie an.

Jeanne warf ihm einen ungläubigen Blick zu. »Woher
wollt Ihr das wissen?«

»Jeanne! Wir sind die Kirche!«, fauchte er mühsam
beherrscht. »Und wir sagen dir: Du hast dich von Dämonen verführen lassen! Niemand kennt den Willen
Gottes besser als wir!«

»So schlau seid Ihr auch nicht«, winkte Jeanne ab.

»Was soll das heißen?«, schrie Cauchon sie an. »Soll
das heißen, du gehorchst lieber deinen Hirngespinsten
als der Kirche Gottes?«

Jeanne tastete mit einer Hand nach der Mauer. Sie
konnte nicht mehr so lange stehen.

Kirche Gottes? Davon hatten ihre Himmlischen nie
gesprochen. Die hatten sie mit keinem Sterbenswört-
chen erwähnt. »Alles, alles, was ich getan habe«, sagte
sie leise, »alles hab ich im Auftrag der Himmlischen

270

getan! Und die befehlen mir nicht, der Kirche zu gehorchen. Die befehlen mir, Gott zu gehorchen und keinem sonst!«

Jetzt hielt es sie nicht mehr auf ihren Stühlen. Jetzt sprangen sie auf und fauchten, schimpften und brüllten gleichzeitig auf sie ein. »Wir sind die Kirche – willst du gegen uns Recht behalten?« – »So reden nur Hexen!« – »Merkst du denn nicht, dass du die ganze Zeit dem Teufel auf den Leim gegangen bist?« – »Unterwirf dich, sonst bist du morgen tot!«

Beim Anblick dieser Gesichter erstarrte Jeanne. Sie fuhr sich mit dem Ärmel einmal über die Augen und verschränkte dann die Arme. Unterwerfen? Denen unterwerfen? Solchen Menschen, die schlimmer waren als alle Engländer zusammen – unterwerfen? Sie lachte. Plötzlich konnte sie nicht mehr an sich halten und lachte laut. »Euch unterwerfen?«, lachte sie. »Das kann ich nicht. Vergebt mir, aber das kann ich nicht. Und wenn ich dafür ins Feuer müsste!«

Die Mienen ihrer Richter hellten sich auf. »Eine Hexe«, murmelte Courcelles und stand auf. »Wie sie im Buche steht«, bestätigte Cauchon mit wildem Kopfnicken. »Wie sie im Buche steht.« Ohne sich noch einmal nach ihr umzusehen, machten sie sich davon. Und knirschend schob sich von draußen wieder der Riegel vor ihre Tür.

Wer siegen will, muss kämpfen. Angreifen, aufs Ganze gehen, den Feind nicht zu Atem kommen lassen, klare Verhältnisse schaffen. Die Freunde mitreißen, unbeirrbar an seine Sache glauben, kämpfen im Vertrauen auf den Sieg – und siegen! So hatte Jeanne einen Triumph

nach dem anderen gefeiert. Und selbst in Fesseln hatte
sie nicht aufgegeben, hatte weitergekämpft, hatte ihr
unsichtbares Banner geschwenkt und an den Sieg geglaubt. Jeder sollte wissen, dass er es mit der Jungfrau
zu tun hatte!

Aber der Sieg war in immer weitere Ferne gerückt.
Ohne Verbündete war auf Dauer kein Kampf zu gewinnen. Und sie war allein, vollkommen allein. Kein
Alençon, kein Gilles de Rais, kein La Hire hatte sich
je wieder blicken lassen. Und auch ihre Himmlischen
sprachen schon lange nicht mehr von Sieg. Zwar
sprachen sie manchmal noch von Rettung – aber mit
leisen, kläglichen Stimmen. Und woher auch sollte
Rettung wohl noch kommen? Kein Volksaufstand
hatte sie aus dem Kerker befreit, kein königliches
Heer Rouen erobert. Und jetzt stand sie auf einem
Holzgerüst, klammerte sich an ein wackliges Geländer
und blickte in Tausende von hasserfüllten Gesichtern.
Auf der einen Tribüne ihr gegenüber war die ganze
Gesellschaft in Schwarz versammelt. Auf der anderen
Tribüne saßen breitbeinig die hohen englischen Herrschaften. Und ringsumher, auf dem ganzen Friedhof,
zwischen Steinkreuzen und Grabmälern, drängte sich
eine riesige Menschenmenge, Männer und Frauen,
Engländer und Bürger von Rouen. Die schrien und
johlten, als könnten sie es kaum erwarten, sie in Flammen aufgehen zu sehen.

Neben ihr der Priester predigte Unsinn. Dass ihr König genauso vom Teufel besessen sei wie sie. Und dass
es nur einen wahren König von Frankreich gebe, das
sei der König von England. Jeanne hörte gar nicht
mehr hin. Bis sie angestoßen wurde.

»Jeanne, du stehst vor deinen Richtern«, brüllte ihr
der Priester ins Ohr. »Ich frage dich zum letzten Mal:
Willst du dich unterwerfen?«
Sie schwieg. Hexe! Hure! schrien die Leute. Steine flogen.
»Unterwirf dich!«, zischte der Priester. »Rette dein
Leben! Siehst du nicht den Karren des Henkers dort
hinten?« Er hielt ihr ein beschriebenes Blatt Papier
vors Gesicht. »Unterschreib das, sonst wirst du verbrannt!«
Sie wusste nicht, was da stand und was sie unter-
schreiben sollte. Sie wusste nur, es war ein herrlicher
Tag. Über ihr in den Bäumen zwitscherten die Vögel
und vom Fluss wehte eine Brise herüber, die duftete
nach Fisch und dem geteerten Holz der Lastkähne. So
hatte es auch an der Loire gerochen, in all den Städten, in denen ihr die Menschen zugejubelt hatten. In
denen ihr die Menschen auch heute wieder zujubeln
würden. Wie gern würde sie noch einmal die Loire
sehen, mit ihren Sandbänken und bewaldeten Inseln,
und die Luft der Freiheit atmen! Die Aussicht zu sterben war ein guter Grund zu kapitulieren. Der einzige
Grund. Mit zitternder Hand nahm sie die Feder, krakelte ein Kreuz aufs Papier, kleckste ein bisschen und
schrie: »Ich unterwerfe mich der Kirche Gottes!«
Da brach ein Geheul los. »Betrug! Brennen soll die
Hexe!« Die Engländer sprangen auf und zückten ihre
Schwerter. »Cauchon!«, schrie einer. »Jetzt hat der
König sein Geld zum Fenster rausgeworfen!«
Nur mit Mühe gelang es dem Kardinal von England,
seine Leute zu beruhigen. Dann nickte er Cauchon
zu. Der erhob sich und verkündete mit schnarrender

Stimme das Urteil: »Ich verurteile Jeanne, die sich die Jungfrau nennt, zu lebenslangem Kerker bei dem Brot der Trübsal und dem Wasser der Tränen!«

Und während sich die enttäuschte Menschenmenge verlief, um in den Wirtshäusern von Rouen ihren Ärger herunterzuspülen, ließ Cauchon sich durch Seitenstraßen in seiner Sänfte zum Schloss tragen. Dort verbeugte er sich tief vor dem kleinen König.

»Das mit dem Kerker, Majestät, das war nur ein Trick«, sagte er mit dünnem Lächeln in fließendem Englisch und rieb sich dabei die Hände. »Bedauerlicherweise dürfen nur rückfällige Hexen verbrannt werden – das Gesetz der Kirche verlangt es so. Aber jetzt werden wir schleunigst dafür sorgen, dass sie auch rückfällig wird.«

Und Jeanne? Sie wurde auf einem Karren zum Schloss zurückgebracht und war verzweifelt wie noch nie. Sie nahm die Dämonenfratzen der Wasserspeier nicht mehr wahr, die hoch über ihrem gebeugten Kopf von den Kirchendächern grinsten, und sie hatte auch kein Auge mehr für die wutverzerrten Gesichter der Soldaten, als sie durch den Schlosshof stolperte. Nicht einmal die Schreie derer, die sich schimpfend und fluchend aus den Fenstern lehnten, drangen jetzt noch an ihr Ohr. Und ohne dass sie es noch bemerkt hätte, schob sich knirschend hinter ihr der Riegel vor die Kerkertür – diesmal für immer.

Teilnahmslos ließ sie sich das Haar abschneiden, das während ihrer Gefangenschaft wieder lang geworden war. Teilnahmslos ließ sie sich auch den Schädel kahl rasieren. Und ohne ihre Wächter zu beachten, griff sie

274

nach dem Wollkleid, das man ihr aufs Bett geworfen hatte, legte ihre Männerkleidung ab und zog es über. Es war geflickt und verschlissen und es musste einmal rot gewesen sein. Ein Wächter las ihre alten Sachen vom Boden auf und stopfte sie in einen Lederbeutel. Aber er schaffte ihn nicht hinaus. Er stieß ihn einfach mit einem Tritt ans Fußende ihres Bettes und ließ ihn da liegen.

In dieser Nacht wehte ein Hauch vom Duft der blühenden Kastanienbäume im Schlosshof herein. Jeanne schlug die Augen auf. Durch den Spalt in der Mauer fiel ein dünner Streifen Mondlicht auf ihr Bett. Der Rest lag in völliger Finsternis. Sie atmete tief. Sie sog es ein, das Aroma der Kastanienblüten, bis ihr die Lungen zu platzen drohten. So roch das Leben. So duftete das Paradies. So hatten immer ihre Himmlischen geduftet. Durch das Schnarchen ihrer Wächter hindurch hörte sie eine Fliege summen. Die erste Fliege des Jahres. Wie klein musste sie noch sein. Und dann hörte sie Schritte, die über den Steinboden heranschlurften.

Jeanne schloss die Augen, sie wollte ihn nicht sehen. Er setzte sich auf ihr Bett. Er strich ihr übers Gesicht. Er berührte ihren Busen. Angekettet, wie sie war, konnte sie sich nicht wehren. Sie schüttelte sich. Er lachte leise.

»Endlich gehörst du mir, mein Lämmchen.«

Da wusste Jeanne, dass der Preis für ihr Leben zu hoch war. Dass sie sich niemals hätte unterwerfen dürfen. Wie lange hatte sie gekämpft, hatte sie durchgehalten und an den Sieg geglaubt! Und jetzt war sie doch noch zur Verräterin geworden. Jetzt hatte sie doch noch kapituliert – im letzten Augenblick! Zum ersten Mal hatte sie die Himmlischen enttäuscht. Zum ersten Mal hatte sie sich vor Gott blamiert und Jeanne die Jungfrau verraten. Aus Feigheit. Aus Angst vor dem Feuer. Jetzt wusste sie, was sie zu tun hatte. Sie ließ den Wächter über sich ergehen. Und das war das Letzte, was sie jemals noch über sich ergehen lassen würde.

Am nächsten Morgen konnte sie es kaum erwarten, dass ihr die Fesseln abgenommen wurden. Kaum fielen die Ketten rasselnd zu Boden, zerrte sie fieberhaft ihre alten Sachen aus dem Lederbeutel, stopfte das Kleid hinein und zog wieder Wams und Beinkleid an, vor den Augen ihrer grinsenden Wächter. Und als wenig später der Riegel knirschte und die Tür aufflog und Cauchon mit drei Richtern hechelnd in den Raum stürzte, da saß Jeanne auf der Bettkante und hatte sich zum letzten Mal verwandelt: Aus dem Mädchen im verschlissenen roten Kleid war wieder Jeanne die Jungfrau geworden!

Cauchon hatte genug gesehen. Der Teufel war also wieder Sieger geblieben. Einmal Hexe, immer Hexe, er hatte nichts anderes erwartet. Jetzt war keine Zeit zu verlieren. Als er über den Schlosshof hetzte, entdeckte er an einem Fenster das blasse Gesicht des kleinen Königs. Der schwarze Ärmel seiner Kutte fiel herunter und entblößte einen dünnen, weißen Arm, als er ihm aufgeregt zuwinkte.

»Es ist vollbracht!«, brüllte er hinauf. »Sie ist uns in die Falle gegangen!«

276

Am nächsten Tag stand der kleine König ganz allein auf dem Eckturm seines Schlosses, hielt sich an einer Zinne fest und beugte sich über die Brüstung. Es war kurz nach Sonnenaufgang, die Luft war kühl und er fröstelte. Mit unbewegtem Gesicht beobachtete er, wie sich der Hof unten mit Soldaten füllte, wie ein Maultierkarren sich seinen Weg durch die Menge bahnte und wie Priester in dem Festungsturm gegenüber verschwanden. Dann sah er, wie sie von zwei Geistlichen herausgeführt und von Soldaten auf den Karren gezogen wurde. Sie hatte ein langes, weißes Büßerhemd an, stand aufrecht und hielt sich an einem Priester fest, als die Maultiere anzogen und der Karren sich in Bewegung setzte. Der Karren wendete, die Soldaten formierten sich zu einem langen Zug, und als Karren und Soldaten das Schlosstor erreichten und in die Straße einbogen, verlor der kleine König sie aus den Augen.

Er rührte sich nicht von der Stelle. Es war ein sonniger Tag. Allmählich erwärmte sich die Luft und sein Schatten wurde kürzer. Und nicht für einen Augenblick ließ er den spitzen Kirchturm aus den Augen, der die Dächer von Rouen im Süden überragte. Er wusste: Dort lag der Marktplatz und dort hatte sich an diesem Morgen die ganze Stadt versammelt.

Der kleine König bewegte sich nicht. Mit starrer Miene blinzelte er zu dem spitzen Kirchturm hinüber. Und als die Sonne hoch am Himmel stand und ihm nun richtig warm wurde, da sah er gleich neben dem Kirchturm eine zarte, weiße Rauchfahne aufsteigen, die schnell dicker und dunkler wurde und sich bald als schwarze Qualmwolke in den Frühlingshimmel wälzte. Er hörte ein Summen wie fernes Donnergrollen und nacheinander begannen die Glocken der ganzen Stadt zu läuten. Später wurde es wieder still, die letzten Glockenschläge verhallten, die letzten Rauchwölkchen verwehten über den Dächern und die Sonne begann zu sinken.

»Majestät, Ihr könnt einem aber auch einen Schrecken einjagen!«, zeterte seine Amme erleichtert los, als sie ihn endlich oben auf dem Turm entdeckte. »Was macht Ihr denn hier? Wir haben Euch im ganzen Schloss gesucht. Jetzt habt Ihr die Verbrennung der Hexe verpasst!«

Auf dem Markt von Rouen fegte am selben Abend der Knecht des Henkers Asche und verkohlte Holzscheite zusammen, warf die Knochen auf einen Haufen und füllte alles in einen Sack. So, so, eine Heilige soll sie gewesen sein. Das hatte zumindest der Kardinal von England unter Weinkrämpfen geschrien, als sie in Flammen aufging – er selbst hatte es mit eigenen Ohren gehört. Nun gut, dann wurde ihm jetzt eben die seltene Ehre zuteil, die Überbleibsel einer echten Heiligen in die Seine zu werfen.

Da stieß er in der Asche auf etwas Fleischiges. Er zog es heraus und schüttelte den Kopf – sah ganz nach einem Herz aus. So was. Jetzt hatten sie doch extra Öl übers Holz gegossen, damit auch nur ja alles richtig verbrennt, und ausgerechnet ihr Herz übersteht dieses Höllenfeuer so gut wie unversehrt!

Hatte er eine Stimme gehört? Er richtete sich auf, reckte sich und schaute sich um. Niemand zu sehen, keine Menschenseele weit und breit. Die Zuschauertribünen waren längst wieder abgebaut und der Marktplatz

278

lag verlassen im letzten Abendlicht. Da bemerkte er ein kleines Mädchen zwischen den Ständen der Fischhändler, das hüpfte von einem Bein aufs andere und sang dabei leise vor sich hin. Alles, was der Knecht des Henkers aufschnappte, war: »… gewuhunken … ertruhunken … alle Engländer blass …« Dann plötzlich tanzte es wilder, drehte sich im Kreis und trällerte ausgelassen: »Ja, so macht man das, ja, so macht man das, bei uns in Domrémihihi …«

Wie es weiterging

Die Geschichte von Jeanne ist damit nicht zu Ende, wie überhaupt Geschichten immer weitergehen. Zwar war Jeanne nun wirklich tot. Aber die, die sie gekannt hatten, die mit ihr zusammen gekämpft hatten, die lebten noch. Pierre zum Beispiel, ihr Lieblingsbruder. Genau wie sie war er damals in burgundische Gefangenschaft geraten, doch bald darauf wieder freigelassen worden. Auch Aulon kam kurze Zeit später schon wieder auf freien Fuß und kämpfte weiter, ohne Jeanne. Gilles de Rais lebte seit seinem Abschied in Sully zurückgezogen auf seinen Schlössern an der Loire und vertrieb sich die Zeit mit Zauberei, Teufelsbeschwörungen und anderem finsterem Spuk. Alençon hingegen gehörte zu jenen, die weiterkämpften – das war er Jeanne schuldig. Und der französische König war wie ausgewechselt. Als Erstes warf er Trémoille hinaus. Dann brachte er den Herzog von Burgund dazu, in Zukunft mit ihm gemeinsame Sache gegen die Engländer zu machen. Und 1436, fünf Jahre nach Jeannes Tod, zogen Franzosen und Burgunder tatsächlich Seite an Seite als Sieger in Paris ein.
Der Krieg war damit allerdings noch nicht vorbei. La Hire und vor allem Dunois mussten noch viele Schlachten schlagen, bevor wirklich der letzte englische Bogenschütze auf einem Schiff nach England saß – wovon Jeanne ja immer geträumt hatte. Aber 1453 war es so weit. Nach 113 Jahren Krieg war der

Versuch der Engländer, Frankreich zu erobern, endgültig gescheitert. Frankreich war frei – und Jeanne, das stürmische Mädchen aus Domrémy, hatte die entscheidende Wende herbeigeführt.

Inhalt

Jeannes Geschichte   7

1. Kapitel   11
Jeanne erhält ein Angebot,
das anderen Mädchen wohl
nicht gemacht würde.

2. Kapitel   22
Jeanne macht eine nicht besonders
angenehme Erfahrung und zieht daraus
ihre eigenen Schlüsse.

3. Kapitel   33
Jeanne erlebt etwas, was noch
keiner erlebt hat – jedenfalls nicht
in Domrémy.

4. Kapitel   47
Jeanne stößt in einer sehr fremden
Welt gegen sehr dicke Mauern.

5. Kapitel   56
Jeanne legt sich ordentlich ins
Zeug, kommt aber trotzdem nicht
viel weiter.

6. Kapitel 70
Jeanne macht die Erfahrung,
dass sie nicht die Alte bleiben darf,
wenn sie ihr Ziel erreichen will.

7. Kapitel 83
Jeanne erlebt einige Abenteuer –
vorläufig die größten ihres Lebens.

8. Kapitel 94
Jeanne macht mit den Paradiesvögeln Bekanntschaft.

9. Kapitel 104
Jeanne macht sich neue Freunde
und neue Feinde.

10. Kapitel 118
Jeanne kommt in eine Welt,
in der Frauen eigentlich gar nichts
verloren haben.

11. Kapitel 131
Jeanne begreift, dass zwischen
englischem und französischem Blut
kein großer Unterschied ist.

12. Kapitel 145
Jeanne lässt sich nicht für dumm
verkaufen und manchmal weiß sie sogar
mehr, als sie eigentlich wissen kann.

13. Kapitel 155
Jeanne kommt so gerade eben
noch einmal davon.

14. Kapitel 165
Jeanne hat gute Gründe,
sich für die berühmteste Jeanne
der Welt zu halten.

15. Kapitel 179
Jeanne sieht sich zum ersten Mal
einer ganzen englischen Armee gegenüber.

16. Kapitel 191
Jeanne schwelgt in dem wunder-
baren Gefühl, dass nichts auf der
Welt sie mehr aufhalten kann.

17. Kapitel 204
Jeanne bezweifelt, dass sie am Ziel
all ihrer Wünsche ist.

18. Kapitel 216
Jeanne fragt sich bang,
ob womöglich doch alles
umsonst gewesen ist.

19. Kapitel 228
Jeanne könnte aus der Haut fahren
– und tut es auch.

20. Kapitel   240
Jeanne erfährt, dass sie so wertvoll ist
wie ein König.

21. Kapitel   251
Jeanne muss einsehen, dass
die Himmlischen andere Pläne
mit ihr haben.

22. Kapitel   258
Jeanne kämpft zum letzten Mal
– und es ist nicht ihr schlechtester
Kampf.

23. Kapitel   267
Jeanne bleibt ›Jeanne die Jungfrau‹.

Wie es weiterging   280

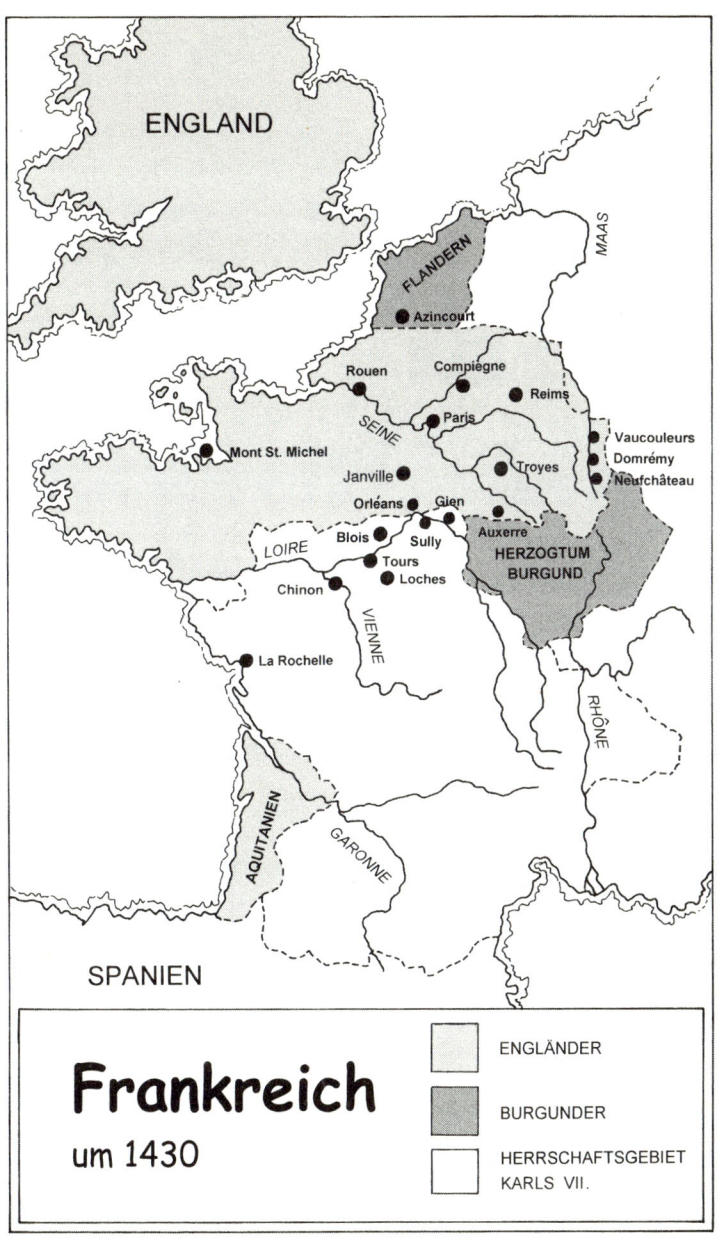

ENGLAND

FLANDERN

MAAS

Azincourt

Rouen   Compiègne   Reims

SEINE   Paris

Vaucouleurs
Domrémy
Neufchâteau

Mont St. Michel

Janville   Troyes

Orléans   Gien

Auxerre

LOIRE   Blois   Sully

HERZOGTUM
BURGUND

Tours
Chinon   Loches

VIENNE

La Rochelle

RHÔNE

SPANIEN

AQUITANIEN

GARONNE

Frankreich

um 1430

ENGLÄNDER

BURGUNDER

HERRSCHAFTSGEBIET
KARLS VII.

Leo Linder, 1948 im Rheinland geboren, studierte Graphik-Design, Film, Geschichte sowie spanische und italienische Sprache. Er arbeitete als Drehbuchautor, Kameramann und Filmregisseur sowie als Dozent für Film. Seit 1984 ist er Autor, Regisseur und Produzent und arbeitet für mehrere Fernsehsender, für das Institut für Film und Bild in Wissenschaft und Unterricht (FWU) sowie für die Gesellschaft für Technische Zusammenarbeit (GTZ). Darüber hinaus hat er seit 1989 zahlreiche Bücher zu kunst- und kulturhistorischen Themen sowie mehrere Reisebücher und Erzählungen veröffentlicht. Er beschäftigt sich seit vielen Jahren mit der Figur der Jeanne d'Arc, kennt die Schauplätze aus eigener Anschauung, hat umfangreiches Archivmaterial aufgearbeitet und bereits ein erzählendes Sachbuch für Erwachsene zu diesem Thema veröffentlicht. Dies ist sein erster Jugendroman.